Neil Smith
Jones

Aus dem Englischen von
Brigitte Walitzek

Schöffling & Co.

Die Übersetzung wurde freundlicherweise
vom Canada Council for the Arts gefördert.

Dieser Roman ist meiner Schwester,
Gail Smith, gewidmet.

Deutsche Erstausgabe

Erste Auflage 2024
© der deutschen Ausgabe:
Schöffling & Co. Verlagsbuchhandlung GmbH,
Kaiserstraße 79, D-60329
Frankfurt am Main 2024
Originaltitel: Jones
Originalverlag: Random House Canada
Copyright © 2022 by Neil Smith, this translation published by
arrangement with CookeMcDermid and Liepman AG.
Originally published in English by Random House Canada
Alle Rechte vorbehalten
Covermotiv: © unsplash.com/Annie Spratt
Einbandgestaltung: Schöffling & Co.
Satz: Fotosatz Amann, Memmingen
Druck & Bindung: Pustet, Regensburg
ISBN 978-3-89561-169-8
www.schoeffling.de

Prolog: Verdun, Montreal

Die Vorführung wird gleich anfangen. Ein paar Minuten nachdem sie das Licht ausmachen mussten, klettern Eli und Abi Jones aus ihren Betten. Sie ziehen die roten Polyestervorhänge auf, von denen Abi steif und fest behauptet, sie seien aus Samt, wie im Kino, und das Fenster verwandelt sich in eine Leinwand, über die Szenen aus der Gasse unter ihnen flimmern. Ihre »Spätvorstellung«, sagen sie dazu.

Die Geschwister, sieben und neun Jahre alt, leben mit ihren Eltern in einer beengten kleinen Wohnung über einem Laden namens Perrette's. Elis Bett steht auf der einen Seite des Zimmers, das von Abi auf der anderen.

Oft hören sie Milchflaschen gegeneinander klirren, wenn der Angestellte unter ihnen die Kühlvitrinen nachfüllt. Gegen Ende seiner Schicht macht er das Licht über der Hintertür an und stellt drei oder vier Schalen mit Katzenfutter an den morschen, zahnlückigen Lattenzaun zur Gasse. Das Futter lockt Katzen aus der ganzen Umgebung an. Manchmal kabbeln sie sich darum, manchmal fressen sie friedlich Seite an Seite. Auch Waschbären kommen. Gelegentlich ein Stinktier. Hunde, die von ihren Besitzern Gassi geführt werden, versenken ihre Schnauzen in den Schalen.

Heute, an einem stickigen Abend im Juli, taucht gleich zu Beginn der Spätvorstellung eine getigerte Katze auf. Während sie sich im Schatten der Gasse über das Futter hermacht, sagt Abi mit schweißglänzendem Gesicht zu ihrem Bruder: »Weißt du, dass ich eine Superkraft habe?«

Ihre Stimme klingt verzerrt, irgendwie spricht sie mehr

durch die Nase als durch den Mund. Wie ein Marsmensch, sagt Eli, der Abis eigenartig nasale Sprechweise als Einziger mühelos ins Englische übersetzen kann. »Was für eine?«, fragt er.

»Meine Seele kann meinen Körper verlassen und in den von Tieren gehen«, sagt sie. »Wenn sie durch die Nachbarschaft streifen, bin ich in ihnen. In ihren Körpern.«

»Und was ist mit deinem eigenen Körper, wenn du in ihnen bist?«

»Na ja, ich bin dann gleichzeitig hier und nicht hier. Als würde ich träumen.«

Eli würde gern mehr erfahren, aber eigentlich dürfen sie während der Spätvorstellung nicht reden, damit ihre Mutter, die Joy heißt und sonst mit zum Schlag erhobener Hand ins Zimmer gestürmt käme, sie nicht hört.

In der Gasse kommt ein rotäugiger Waschbär mit und hochgewölbtem Rücken angetappt, während die getigerte Katze frisst. Die beiden gestreiften Tiere geraten sofort aneinander. Die Katze faucht, der Waschbär knurrt und kreischt, bleckt die Zähne und stößt wütend die Futterschalen um. Die Katze ergreift die Flucht.

»Ich bin jetzt in diesem Waschbär.«

»Wie fühlt es sich an?«

»Richtig gut.« Abi wirkt ganz träumerisch, wie ein Medium in Trance.

Der Waschbär schlingt das überall verstreute Trockenfutter in sich hinein und watschelt mit vollgeschlagenem Bauch durch die Gasse davon.

Abis Seele kehrt in ihren Körper zurück. Sie zieht die roten Vorhänge zu, und es ist, als sei ein Film zu Ende. Die Geschwister klettern wieder in ihre Betten.

Im Dunkeln flüstert Eli: »Kannst du in jedes Tier gehen?« Er drückt seinen Teddy an sich, der säuerlich riecht, weil er ihn im Schlaf immer vollsabbert.

»Ja, in jedes. In Hunde, Pferde, Eichhörnchen. Ich war sogar schon in einer Taube.«

»Und was ist mit Menschen? Kann deine Seele auch in Menschen gehen?«

»Nein, nicht in Menschen … außer in einen.«

»Und in wen?«, fragt er, obwohl er glaubt, die Antwort bereits zu kennen.

Middlesex County, Massachusetts

Die Geschwister sind in einer Cumberland Farms-Filiale, die sie in Erinnerung an den Laden, über dem sie in Verdun gelebt haben, Perrette's nennen. Sie sind elf und dreizehn Jahre alt. Eli hat den Kaloriengehalt aller Schokoriegel, die es hier gibt, auswendig gelernt. »Frag mich ab«, sagt er.

Abi greift sich einen Riegel aus dem Süßwarenregal vor der Kasse. Jede Sorte liegt in einem eigenen kleinen Pappständer. »Reese's Peanut Butter Cups«, sagt sie.

Eli sitzt auf einem verschrammten Holzhocker hinter der Theke. »Ganz schön schwer. Äh, zweihundertzehn Kalorien?«

Sie sieht nach, nickt, stellt den Riegel zurück und hält ein Milky Way hoch.

»Zweihundertvierzig?«

Ein erneutes Nicken. Weiter geht es mit KitKat, Mars und Butterfinger, und jedes Mal liegt Eli richtig.

»Weißt du, was du bist, Jones? Ein *idiot savant*«, sagt Abi.

»Hä?«

»Das heißt, dass du gleichzeitig klug *und* dumm bist.«

Obwohl sie schon dreizehn ist, hat Abi die piepsig-hohe Gickelstimme einer Achtjährigen, aber dank einer Sprachtherapie klingt sie nicht mehr wie ein Marsmensch.

An diesem Nachmittag Anfang Juli ist keine Kundschaft im Laden. Die Klimaanlage ist so niedrig eingestellt, dass Eli trotz der Hitzewelle, die über Massachusetts hinwegschwappt, ein Sweatshirt trägt. Der Manager des Ladens hat dem Jungen erlaubt, seiner Mutter Joy zu helfen, so lange sie ihn aus ihrer eigenen Tasche bezahlt. Er fegt, feudelt, wischt Schmierflecke von den Glastüren der Kühlvitrinen, rückt Packungen in den Regalen zurecht und preist mit einem Handetikettierer Waren aus. Aber oft sitzt er einfach nur auf einem Hocker und leistet ihr Gesellschaft. Gelegentlich zerzausen Kundinnen ihm die Haare, wenn sie ihre Kartoffelchips oder Limos bezahlen. Vor einer Woche hat eine in einem trägerlosen Oberteil ihm mit der Bemerkung »Was für ein niedlicher Junge du doch bist!« fünfzig Cent zugesteckt. In der Hoffnung auf weitere Geldgaben hat er daraufhin auch andere Frauen liebreizend angelächelt, bis Joy der Flirterei mit einem »Hör auf, dich wie ein Perverser aufzuführen« ein Ende gemacht hat.

Im Gegensatz zu ihrem Bruder hilft Abi nicht im Perrette's. An diesem Tag hat sie nur auf ihrem Weg zur Leihbücherei vorbeigeschaut. Mit über den Boden schleifender Schlaghose, einer quer über den Oberkörper gehängten Hanftasche und einem Armband aus Kaugummipapierchen am Handgelenk, schlendert sie durch die Gänge und begutachtet den Kaloriengehalt von Marshmallows, Schokosirup und Tomatensuppe. »Dieses Knuspermüsli ist ja kein bisschen gesund!«, empört sie sich, die Schachtel in der Hand, mit vor Verwunderung offenem Mund. »Vierhundertvierzig Kalorien pro Portion. Da könnte man genauso gut einen doppelten Cheeseburger essen.«

Es gibt einen Grund für ihre obsessive Kalorienzählerei.

Kalorien spielen nämlich eine wichtige Rolle bei der »Großen Flucht«, Abis und Elis Plan, nach Manhattan durchzubrennen. Dort will Abi Fotomodell werden, weshalb sie extrem dünn bleiben muss. Mit ihren langen, glatten, weizenblonden Haaren, die an eine Charles-Manson-Anhängerin erinnern, ist sie auf jeden Fall hübsch genug, findet Eli. Auch er ist blond, aber seine Haare haben eher die Farbe hellen Packpapiers.

Dank Miss Clairol ist ihre Mutter die Blondeste von ihnen, aber Abi bezeichnet ihren Farbton als »tussiblond« und nennt Joy hinter ihrem Rücken »Tussiblondchen«. Im Augenblick ist Tussiblondchen hinten in der nach Desinfektionsmittel riechenden Toilette. »Haltet die Stellung«, hat Joy zu den Geschwistern gesagt, bevor sie abgeschwirrt ist. Sie trinkt während der Arbeit zu viel Kaffee und muss deswegen ständig pinkeln. Außerdem nutzt sie die Gelegenheit, um draußen eine zu rauchen.

Jetzt kommt sie zurück. Sie hat ihren Lockenhelm frisch mit Haarspray eingesprüht und ihren mattrosa Lippenstift nachgezogen, der in die winzigen Fältchen rund um ihren Mund ausblutet. Eins achtundsechzig groß und spindeldürr, ernährt sie sich hauptsächlich von Kaffee und Zigaretten – Kools mit Mentholgeschmack. Abi raucht Camel, und Pal, der Vater der Geschwister, Craven A. Auch Eli hat vor, sich diese schmutzige Angewohnheit eines Tages zuzulegen. Jetzt schon zeichnet er Zigarettenlogos in sein schwarzes Spiralheft und zerbricht sich den Kopf darüber, welche Marke er dann rauchen soll.

Als Joy hinter die Kasse gleitet, kommt ein Typ in einem strassbesetzten Cowboyhut herein, um Milch zu kaufen. Eli liebt es, den Bestand im Auge zu behalten. Sobald die Milch knapp wird, zieht er sich einen dicken Kittel über, geht in den Kühlraum gleich hinter den Vitrinen und füllt die Gitterfächer mit Gallonen- und Halbgallonenkanistern auf. Die Verkäufe hält er in seinem Spiralheft fest, damit er weiß, wann er wieder nachfüllen muss. Als der Cowboy weg ist, macht er einen Strich in die Ein-Gallonen-Spalte seiner Tabelle. »Jesus Murph«, schimpft Joy und outet sich damit als Kanadierin. »Was soll diese blöde Liste? Wir können die verdammten Kühlfächer von hier aus sehen!«

Abi kommt zurück an die Kasse. »Kann Eli kurz Pause machen?«, fragt sie. »Eine Rennmaus im Tom-und-Jerry hat sechs Junge geworfen.«

Elis Gesicht leuchtet auf, aber Joy verdreht die Augen. »Rennmäuse sind nichts anderes als Ratten, bloß mit besserem Ruf.«

»Sie sind keine Ratten, sondern kleine Kängurus«, protestiert Eli, der schon lange versucht, Joy weichzuklopfen, damit er sich ein Pärchen kaufen darf. »Rennmäuse haben keinen Eigengeruch, also stinken sie nicht. Beide, Männchen und Weibchen, kümmern sich um den Nachwuchs. Und sie paaren sich fürs ganze Leben.«

Bei Letzterem ist er sich nicht sicher, hofft aber, Joy damit beeindrucken zu können. Vergeblich.

»Fürs ganze Leben, dass ich nicht lache!«, lautet ihre Reaktion.

Niemand in Massachusetts sagt »dass ich nicht lache«, aber obwohl die Jones schon seit mehreren Jahren in Middlesex County leben, sagen Joy und Pal immer noch »Salon« statt Wohnzimmer, »Canapé« statt Couch und »Wohnung« statt Apartment.

»Du kannst mir glauben«, fügt Joy an Abi gewandt hinzu. »Männer fahren immer lieber zwei- als eingleisig.« Sie lacht über ihren eigenen Witz, ein lautes »Ha!«, das die Geschwister erschreckt. Dann fischt sie ihre rosa Kunstledertasche unter der Theke hervor, wühlt darin herum und gibt Eli ein paar Dollar. »Bring mir von Dunkin' einen Kaffee und einen Donut mit.«

Als die Geschwister das Perrette's verlassen, sagt Eli: »In dieser Tür müsste eigentlich ein Gewitter toben.« Wegen der aufeinanderprallenden Warm- und Kaltfronten, meint er, aber seine Schwester geht nicht darauf ein, sondern marschiert die Straße entlang.

Das Tom-und-Jerry liegt am Ende der Ladenzeile, aber als Eli hineingehen will, hält Abi ihn am Ärmel fest. »Das mit den Rennmäusen war gelogen«, gesteht sie ihm. Wie ihr Bruder ist sie eine gute Lügnerin und kann ein undurchdringliches Pokerface aufsetzen, aber jetzt wirken ihre haselnussbraunen Augen so durchtrieben wie die der Katze Morris auf dem Poster der Katzenfutterfirma 9Lives, das im Fenster des Ladens hängt.

Eli sieht sie fragend an und zerrt an seinem Sweatshirt herum, das ihm am Rücken klebt.

»Hershey«, sagt sie.

Ein Codewort. Sie schickt ihn auf eine Mission.

Hier drin würde es sogar einem Eis am Stiel kalt über den Rücken laufen, denkt Eli bei Rexall, wo die Klimaanlage noch kälter eingestellt ist als im Perrette's. Im Gang mit den Hautpflegeprodukten wirft er einen Blick auf die Aknemittel. Abi hat eine todsichere Methode gegen Pickel: Waschen mit der seifenfreien Waschlotion von Cetaphil, abtrocknen, eine halbe Stunde warten und dann reichlich Benzoylperoxid auftragen. »Der Trick besteht darin, die mildeste BP-Lotion zu nehmen, die zweieinhalbprozentige«, betont sie immer. »Sonst reagiert die Haut gereizt.« Auf der Junior High haben Kinder mit Problemhaut sie für ihre Beratung bezahlt. Eli stellt sich immer vor, wie seine Schwester Ratschläge erteilend in einer zusammengeschusterten Holzbude sitzt, ähnlich der von Lucy von den *Peanuts*. Falls sie es je schaffen sollte, Fotomodell zu werden, will sie das verdiente Geld für ein Medizinstudium beiseitelegen. »Die

Karriere eines Fotomodells dauert allerhöchstens fünf Jahre«, sagt sie immer, »während Dermatologen jahrzehntelang arbeiten können und haufenweise Geld scheffeln. Wir werden stinkreich sein.« Dieses »wir« gefällt Eli, es schließt ihn in ihre Pläne ein.

Ziel seiner Mission an diesem Julinachmittag ist das Abführmittel Ex-Lax, von Abi »Hershey« genannt. Es sei geradezu genial von den Herstellern von Ex-Lax, sagt sie, ihr Produkt genauso zu gestalten wie die Schokoriegel von Hershey, mit schokoladenartig schmeckenden Quadraten, die man einzeln abbrechen kann. »Genau wie Schokolade, bloß ohne die Kalorien«, sagt sie, als sei das der offizielle Slogan des Abführmittels. Ihr Hershey muss zumindest ein paar Kalorien enthalten, widerspricht Eli, aber Abi behauptet, dass diese paar Kalorien keine Rolle spielen. »Altes raus, Neues rein«, sagt sie und meint damit, dass man die alten Kalorien ausscheißen und mit dem Essen bei Null anfangen kann.

Außerdem steckt sich Abi den Zeigefinger in den Hals, um sich zu übergeben. An diesem Finger hat sie ungefähr auf Knöchelhöhe eine Schwiele, weil ihre Schneidezähne so oft darüber reiben. Allerdings ist sie eher nachlässig, wenn es darum geht, nach diesen innerlichen Reinigungsaktionen die Toilette sauber zu machen, und dann stößt Eli einen Seufzer aus, holt Reinigungsmittel und Küchenpapier, sprüht Sitzunterseite und Schüsselrand ein und wischt die Spritzer weg.

Im Rexall schlendert er an den Abführmitteln vorbei, bewegt kaum merklich den Arm und schnippt blitzschnell ein Hershey in den Ärmel seines Sweatshirts. Er ist ein viel besserer Ladendieb als seine Schwester, die den Kopf immer so hektisch dreht, dass die Angestellten auf sie aufmerksam werden. Eli würde jede Wette eingehen, dass er genauso gut ist wie Jack Dawkins, der Anführer der Kinderbande aus *Oliver Twist*, auch wenn dieser zerlumpte Straßenjunge Brieftaschen klaut, keine Abführmittel oder Pickelcremes.

Er verlässt den Laden, geht zu seiner Schwester, die bei den überquellenden Mülltonnen auf dem Parkplatz wartet, und steckt ihr das Hershey unauffällig zu – ein Spion, der geheime Unterlagen weiterreicht.

Abi versenkt die Schachtel in ihrer Hanftasche mit den Camels und dem Klappdeckelfeuerzeug aus Stahl, das Pal ihr geschenkt hat. »Jetzt will ich in die Bücherei«, sagt sie, und eine Weile gehen die Geschwister gemeinsam die Hauptstraße entlang. Die Sonne bleicht ihre Haare noch heller.

»Ich habe mir *Helter Skelter* zurücklegen lassen«, erzählt sie, »ein Buch über die Manson-Morde, mit Fotos von den Tatorten und von den abgeschlachteten Opfern. Aber die Bilder der Leichen wurden ausgeweißt.«

»Ausgeweißt?«

»Wie mit Korrekturflüssigkeit.«

»Wieso?«

»Weil niemand die grausigen Details sehen will.«

»Ich schon. Ich mag grausige Details.«

Die Geschwister verabschieden sich mit einem Winken, und Eli geht bei Rot über die Straße und zurück zum Perrette's.

Als er reinkommt, hebt Joy den Kopf: »Wo zum Teufel sind mein Kaffee und mein Donut?«

»Ups«, sagt er und macht auf dem Absatz kehrt. In der Tür zucken Blitze, kracht Donner. Nicht im wirklichen Leben, aber in der Fantasiewelt in seinem Kopf.

»Das Schlaueste, was Pal je gemacht hat, war, sich in den Arsch schießen zu lassen«, sagt Joy oft. Pal hat nämlich Granatsplitter im Hintern, ein Souvenir aus seinem Jahr als

Soldat in der kanadischen Armee. Wegen seiner in Korea erlittenen Verletzungen hat die kanadische Regierung ihm eine Ausbildung an einer Abendschule in Montreal bezahlt. Daher hat er ein Diplom als Maschinist, was wiederum zu einem Stellenangebot einer Firma in Massachussetts führte, die thermoelektrische Geräte herstellt.

»In den Staaten werden wir in einem echten Haus wohnen«, hatte Joy versprochen. Und tatsächlich haben sie in Middlesex County in echten Häusern gewohnt, allerdings wäre »in Teilen von Häusern« richtiger. In der einen Stadt war es eine Doppelhaushälfte, in einer anderen der spitz zulaufende oberste Stock eines Nurdachhauses, und jetzt, in der dritten, ist es ein einstöckiger, nach hinten herausgehender Anbau an einer maroden Villa. Dieser Anbau ist lang und schmal und sieht, laut Eli, aus wie ein an eine Lokomotive angehängter Eisenbahnwaggon.

Als die Jones die leere Hülse ihres Waggons vor zwei Monaten zum ersten Mal besichtigt haben, waren die Wohnzimmerwände von riesigen Nagellöchern durchsiebt, als hätte ein Gangster wild um sich geballert. Das Linoleum in der Küche war schäbig-kitschig (braun-oranges Blumenmuster) und außerdem schäbig-klebrig (jemand musste Limo verschüttet haben, ohne hinterher aufzuwischen). In dem Zimmer, das seins werden sollte, fand Eli Mäusekötel auf dem Boden des Schranks. Er ging zu seiner Schwester in das Zimmer, das ihres werden sollte. Seltsamerweise hatte es eine Tür, die nach draußen führte. Sie stand weit offen.

Waggon und Villa waren umgeben von einer mit hohen Gräsern bewachsenen Fläche von der Größe eines Footballplatzes. »Ab jetzt musst du nicht einmal mehr mit uns essen, Jones«, witzelte Eli. »Ab jetzt kannst du einfach rausgehen und grasen.«

Abi isst jede Menge kalorienarmes Grünzeug und so viele Möhren, dass ihre Handflächen so orange sind wie die

Oompa Loompas aus *Charlie und die Schokoladenfabrik*. »Vielleicht legt Pal ja einen Garten an«, sagte sie.

Pal war auf der Wiese, und die Geschwister beobachteten, wie er gegen die Gräser trat, die ihm fast bis an den granatsplittrigen Hintern reichten. Er legte eine Hand über die Augen, um sie abzuschirmen, und sah zum Himmel auf. Schwarze Vögel krächzten über ihm, Wolken jagten dahin. Pal schien sich mehr für diese Wiese als für den Waggon zu interessieren.

Aus dem Wohnzimmer war Joys heisere Stimme zu hören: »Wenn ich diese Bude erst einmal auf Vordermann gebracht habe, werdet ihr sie nicht wiedererkennen. Das alles wird richtig kuschelig werden. Ich habe ein Händchen für Inneneinrichtungen, ich habe Flair!«

»Hast du gehört, Polly Esther hat *Flair*«, spöttelte Abi. »Polly Esther« ist ein weiterer Spitzname für Joy, die eine Vorliebe für Synthetikstoffe hat. Außerdem kennt sie weder Maß noch Ziel, wenn es um Krimskrams und Nippes geht, »Bibelots«, wie sie dazu sagt, weil das französische Wort mehr Klasse hat. Ihre Devise lautet: Wenn es auf einem Tisch oder einer Kommode noch ein freies Plätzchen gibt, sollte man unbedingt ein Keramikhäschen draufstellen.

Von der offenen Tür aus beobachteten die Geschwister, wie Pal über die Wiese stapfte. Er hob einen heruntergefallenen Ast auf, schwang ihn wie eine Sense und schlug damit auf die Gräser ein.

»Sieht er nicht gramvoll aus?«, sagte Abi.

»Gramvoll« war ein Begriff aus *Erweitere deinen Sprachschatz*, einem Heftchen, das die Geschwister ständig zwischen sich hin und her reichten. Ihre Eltern waren beide mit 14 von der Schule abgegangen, und Abi sagte, »es fürchte sie«, auch als Erwachsene noch so zu reden wie die beiden, ein Ausdruck Joys, die oft sagt, irgendetwas »fürchte sie«. Die Eltern benutzen auch ständig doppelte Verneinungen wie »niemand nicht« und »niemals nicht«. Eli versucht, das selbst nicht mehr zu tun, was schwer ist, weil es sich so richtig anhört.

»Er sieht melancholisch und verzagt aus«, ergänzte Eli, um mit seinem neuen Vokabular zu punkten.

»Deprimiert. Weil er seinen großartigen Job verloren hat«, kam es von Abi.

Die Thermoelektronik-Firma hatte Pal entlassen, aber vor kurzem hatte er einen neuen, schlechter bezahlten Job in einem Haushaltswarenladen gefunden, und die Familie zog nun in diese neue Stadt, damit er es nicht so weit zur Arbeit hatte. Eli, der von Thermoelektronik nichts verstand, erschien es als eine Art höhere Berufung, Verkäufer in einem Haushaltswarengeschäft zu sein. Auf der Arbeit trug Pal eine Schürze aus Jeansstoff mit riesigen Taschen, in denen er ein kleines Känguru herumschleppen könnte, und Eli dachte, vielleicht könnte er seinem Vater bei der Arbeit zur Hand gehen und lernen, wie man Farben mischt oder wie die verschiedenen Schraubenköpfe heißen.

»Findest du es nicht ironisch«, sagte Abi, »dass Pal bei seinem Namen, der ja ›Kumpel‹ bedeutet, keine Freunde hat?«

»Das liegt an Korea.« Eli wiederholte nur, was Abi immer sagte. Sämtliche Schwächen Pals führte sie auf das Jahr zurück, in dem er auf der anderen Seite der Welt gekämpft hatte. Eli hätte gern grausige Details aus diesem Krieg gehört, aber Pal will nicht darüber reden. »Du bist noch nicht alt genug, Junge«, sagt er immer. Eli vermutet allerdings, dass er Abi in seine Geheimnisse einweiht, vielleicht wenn die beiden zum Vögelbeobachten in den Wald gehen, ohne ihn mitzunehmen, obwohl auch er Vögel mag.

»Und Joys Name, ›Freude‹, ist ja wohl eine absolute Ironie«, fuhr Abi fort. »Oder macht Tussiblondchen etwa einen freudigen Eindruck auf dich? Eher nicht. Unser Nachname dagegen ist weniger ironisch. Jones bedeutet nämlich ›Sucht‹, hast du das gewusst? Was angesichts der ganzen Säufer und Junkies, mit denen wir verwandt sind, absolut passt.«

Abi winkte Pal zu. »Komm und sieh dir mein Zimmer an«, schrie sie.

Pal stakste mit hoch angehobenen Knien durch das hohe Gras auf die Geschwister zu. Ihr Vater hatte lange Arme und Beine, eine schlaksige Figur und einen Wackeldackelkopf mit glatten, dunklen, seitlich gescheitelten Haaren. Abi sagte immer, zöge man ihm einen roten Pullover an, würde er aussehen wie der sanfte Mr Rogers aus der Kindersendung im Fernsehen. Eli war anderer Meinung. Für ihn sah Pal aus wie Norman Bates aus *Psycho*.

»Wusstest du, Junge, dass Pudel mehr oder weniger dieselbe DNA haben wie Affen?« Es ist kurz nach dem Unabhängigkeitstag, und Pal und Eli stehen im Tom-und-Jerry bei den Rennmäusen, als Pal einen hersheybraunen Toypudel entdeckt, der sich ständig um sich selbst dreht und nach dem eigenen Schwanz schnappt. Er befindet sich hinter einer Glasscheibe, hinter der halb durchgedrehte Hunde in übereinandergestapelten Käfigen gehalten werden. »Pudel und Affen«, fährt Pal mit einem weisen Nicken fort, »sind genetisch betrachtet miteinander verwandt.«

»Aber ist ein Pudel nicht eher mit dem Pekinesen da drüben verwandt als mit einem Primaten?«, fragt Eli.

Ein plattgesichtiger, triefnasiger Pekinese sitzt im Käfig unter dem Pudel. Die Spitze seiner rosa Zunge ist zu sehen.

»Anscheinend nicht. Die DNA-Stränge von Pudeln ringeln sich wie ihre Haare und bilden ein Muster wie das, das man bei Affen, insbesondere bei Schimpansen findet, wenn ich mich nicht irre.«

Und wie er sich irrt, denkt Eli, der im Naturkundeunterricht gelernt hat, dass die DNA von Schimpansen zu neunundneunzig Prozent mit der des Homo Sapiens übereinstimmt. Aber Pal hat seit jeher eine Art zu sprechen – langsam wie Molasse, wie ein Südstaatenprediger, bloß ohne den entsprechenden Dialekt – die einen davon überzeugt, dass der Typ weiß, wovon er da *pala*vert. Bis heute hat Eli Pals Ausführungen über so unterschiedliche Themen wie Weltraumreisen, Wetterzyklen, amerikanische Präsidenten oder den Kongo für bare Münze genommen. Doch an diesem Tag im Tom-und-Jerry fängt er an sich zu fragen, ob sein Vater vielleicht eine Schraube locker hat.

Er widerspricht ihm trotzdem nicht. Man sollte sein Glück nicht herausfordern. Gestern nämlich ist Pal mit einem Terrarium, einer Tüte Zedernspäne und einer Schachtel Kaninchenpellets, die wie frisch gemähtes Gras riechen, nach Hause gekommen. »Es ist Zeit, dass der Junge sein erstes Haustier kriegt«, hat er zu Joy gesagt, die keifte: »Die ganze verdammte Bude wimmelt vor Mäusen, und du willst mir noch mehr von den Viechern ins Haus schleppen?«

Joy ist mit einem deutschen Schäferhund aufgewachsen und betrachtet alle anderen Haustiere, sogar kleinere Hunde, als hirnloses Ungeziefer. Eli hätte liebend gern einen Schäferhund, aber die Familie zieht alle ein bis zwei Jahre um, und Hunde hassen Veränderungen, wie Joy behauptet. »Das bringt sie im Kopf total durcheinander.«

Im Tom-und-Jerry ruft Pal die Angestellte herbei, eine ältere Dame mit Schürze. Auf ihrem Kopf sitzt ein in Auflösung befindlicher, grau durchsetzter Knoten, der aussieht wie ein Nest, in dem sich eine Maus zusammenrollen könnte. Sie hebt die Drahtabdeckung vom Käfig der Rennmäuse und zieht eins der Tiere am Schwanz hoch, um das Geschlecht festzustellen. »Das hier ist ein Weibchen«, sagt sie zu Eli. »Siehst du die zwei Öffnungen? Anus und Vagina liegen dicht beieinander.« Das Rennmausweibchen rudert mit den

Vorderpfoten in der Luft herum. Die Angestellte setzt es zurück und greift sich eine andere Maus. »Das hier ist ein Männchen. Anus und Penis liegen weiter auseinander, und der Penis ist sozusagen innen versteckt. Siehst du die leichte Verdickung am Schwanz? Weißt du, was das ist?«

Eli schüttelt verlegen den Kopf.

»Das Skrotum«, sagt die Angestellte.

Eli entscheidet sich für das kleinste Männchen und das kleinste Weibchen im Terrarium, da sie am jüngsten sind, und je jünger sie sind, desto weniger Zeit haben sie auf die Liebe verzichten müssen, mit der er sie überhäufen wird. Er wird sie Barney und Bernice nennen. Die beiden werden in eine Pappschachtel gesetzt, die aussieht wie die Schachteln, in denen man seine Donuts mitbekommt.

Auf dem Beifahrersitz von Pals rostigem Rambler hält Eli die Schachtel auf seinem Schoß fest umklammert. Während das Auto durch die Straßen der Stadt kurvt, rutschen die Rennmäuse in der Schachtel herum. Ihre Krallen klingen wie kleine Schlittschuhe auf einer Eisbahn. Eli gibt den beiden telepathisch das Versprechen, das Hamsterrad aus Plastik zu klauen, das er in der Tierhandlung gesehen hat. Eine der Mäuse steckt die Schnauze durch ein Luftloch in der Schachtel und schnuppert. Das Auto stinkt nach Zigaretten. »Ich rieche Kools, Camels und Craven A«, sagt Eli mit quietschiger Mäusestimme.

»Joy hat Angst, dass du den Käfig verdrecken lässt und er dann alles vollstinkt«, sagt Pal. »›Blödsinn‹, habe ich zu ihr gesagt: ›Der Junge ist ein Sauberkeitsfanatiker. Gegen ihn würde sogar Meister Proper wie ein Schmutzfink aussehen.‹«

Das stimmt. Eli saugt sein Zimmer dreimal die Woche. Er hasst Staub. Außerdem verabscheut er Unordnung und Durcheinander. Sein Traum wäre ein japanischer Futon, den er jeden Morgen zusammenrollen und im Schrank verstauen könnte. Joy sagt, er ist ein Mönch; Abi sagt, er ist ein Asket.

»Danke für die Rennmäuse, Pal. Tausend Dank.«

»Dank Abi. Sie hat mich dazu gebracht, deine Mutter dazu zu überreden.«

Ein Ford schneidet den Rambler. Pal steigt auf die Bremse, den rechten Arm seitlich ausgestreckt, um Eli zu schützen, der, die Schachtel mit den Rennmäusen fest umklammert, nach vorne geschleudert wird. »Ins Hirn geschissen, oder was?«, brüllt Pal durch das offene Fenster. Der Ford hält an der Ampel auf der rechten Spur an. Mit hochrotem Kopf schwenkt Pal auf die linke Spur, hält neben dem anderen Auto, springt aus dem Rambler und lässt die Tür bei laufendem Motor offen stehen.

Korea, denkt Eli. Und: Es muss verstörend sein zu sehen, wie ein Doppelgänger von Norman Bates seinen schlaksigen Körper auf deine Motorhaube schmeißt und mit den Fäusten gegen deine Windschutzscheibe hämmert. Jedenfalls erschreckt es Eli jedes Mal, wenn er Zeuge einer solchen Szene wird, vor allem, da Pal kein gewalttätiger Vater ist. Im Gegensatz zu Joy hat er Eli noch nie geschlagen und hebt kaum einmal die Stimme, und doch kann er im Bruchteil von Sekunden von »die Ruhe selbst« auf »völlig außer Kontrolle« umschalten.

Der Fahrer des Ford, ein dicklicher Typ mit roten Hosenträgern, sieht eher fassungslos als verstört aus. Nach dem ersten Schock hievt er sich aus dem Auto. Pal rutscht von der Kühlerhaube. Die beiden Männer – der eine dick, der andere dünn – heben die Fäuste. Sie sehen aus wie Slapstickfiguren: Laurel und Hardy, die gleich aufeinander losgehen werden.

»Verdammte Arschgeige«, brüllt Laurel, als Hardy ihm die Faust auf den Kopf knallt.

In Middlesex County sagt man nicht »Arschgeige«, sondern »Arschloch«, denkt Eli grimmig. Er macht seine Tür auf, steigt aus und bleibt, die Rennmausschachtel in den Händen, auf dem Grünstreifen zwischen Straße und Bürgersteig stehen. Er ist eine Figur aus einem Buch, ein Junge, dem die Aufgabe anvertraut wurde, einen kostbaren Schatz vor dem bösen Drachen zu schützen. »Keine Angst, meine Lieblinge«, flüstert er. »Bei mir seid ihr sicher.«

Fahrer, die hinter Ford und Rambler halten mussten, drücken auf die Hupen. »He, ihr Deppen, fahrt endlich weiter!«

Die Kreuzung ist zu Fuß nur fünfzehn Minuten vom Waggon entfernt, also macht sich Eli auf den Heimweg, während Laurel Hardy in den Schwitzkasten nimmt. Wird Pal seinem Sohn die Hölle heißmachen, weil der sich verkrümelt? Unwahrscheinlich. Wenn Eli ihn wiedersieht, hat er den ganzen Vorfall wahrscheinlich längst vergessen. Nach einer Prügelei taucht Pal nämlich oft ab, manchmal tagelang, verschluckt vom bösen Drachen seiner Sucht, seines Jones.

Die Schachtel mit den Rennmäusen in den Händen, als wolle er einem König ein Geschenk darbringen, geht der Junge die Straße entlang. Er ist erfüllt von einer Mischung aus Freude und Angst. Als er fast zu Hause ist, fängt es plötzlich an zu regnen, obwohl die Sonne am Himmel strahlt. Der Teufel prügelt seine Frau und heiratet seine Tochter, denkt Eli. Es ist der französische Ausdruck für Sonnenschauer, den Abi ihm beigebracht hat. Er sucht den Himmel nach einem Regenbogen ab, aber es ist keiner zu sehen.

Als Joy die Milch einer Kundin eintippt, gleitet die Schublade der scheppernden Kasse heraus und knallt ihr in die Magengrube. Es ist der Tag nach Pals Verschwinden. Sobald die Kundin weg ist, steckt sich Joy gleich hinter der Theke eine Kool an und pafft los. Ihre Augen glühen wie die brennende Spitze ihrer Zigarette.

»Du darfst nur hinten auf dem Hof rauchen«, sagt Eli. Er lehnt an der Theke und klappt sein Heft auf, um die Milchtabelle zu überprüfen. Im selben Moment erhält er einen heftigen Schlag auf den Hinterkopf und sieht Sterne wie Willy Kojote nach einem Wettrennen gegen den Road Runner. »Mensch!« Er reibt sich den Kopf und funkelt seine Mutter an. »Warum hast du das gemacht?«

Joy sieht ihn wütend an, den Etikettierer, den sie ihm übergezogen hat, noch in der Hand, und faucht: »Füll die Milch nach.«

Er rutscht von seinem Hocker und schleicht sich mit schmerzendem Kopf und vor Tränen brennenden Augen. Sie hat ihn seit Ewigkeiten nicht mehr geschlagen. Als er noch klein war, hat sie ihm oft eine Haarbürste auf den Kopf gehauen, weil die Haare blaue Flecken verdeckten. Damals ging es bei ihren Streitereien meistens um Essen oder Kleidung. Mit sechs hat er nämlich aufgehört, Fleisch zu essen, das er als »Aas« bezeichnet und immer noch nicht anrührt, und noch heute trägt er keine grellen Farben oder auffälligen Muster, weil sie seinen Augen wehtun. Ein widerspenstiges, vorlautes, absonderliches Kind, behauptet zumindest Joy.

Solange er denken kann, hat er einen merkwürdigen Tick: Ständig zuckt er mit der rechten Schulter, zieht sie so hoch, dass sie fast sein Ohrläppchen berührt. Abi nennt es sein »Langzucken«. Wenn er nicht damit aufhört, wird Joy ihn in die Klapsmühle stecken.

Im Kühlraum langzuckt er fünfmal hintereinander und denkt, während er die Milchflaschen abzählt, über Methoden nach, seine Eltern umzubringen, ohne erwischt zu werden. Wo bekommt man Arsen her? Wie durchschneidet man den Bremsschlauch eines Autos? Welche Säuren lösen

Knochen auf? Er wird irgendetwas Drastisches unternehmen, schwört er sich, es sei denn, er und Abi verwirklichen ihre Große Flucht, und zwar pronto.

Als er aus dem Kühlraum kommt, fällt ihm auf, dass der Etikettierer nicht mehr zu sehen ist, wahrscheinlich unter der Theke versteckt. Joy hat sich ein bisschen beruhigt. Sie beäugt ihn, zieht an ihrer Kool und sagt: »Ich bin selbst mal mehrgleisig gefahren.«

»Pardon?«, sagt er. Niemand in Middlesex sagt »Pardon«. Er hasst das Wort mit seiner kanadischen Affektiertheit. Wieso hat er nicht einfach »Hä?« gesagt?

Sie grinst ihn vielsagend an, und ihm wird ganz flau im Magen, weil er genau weiß, dass sie ihm etwas anvertrauen wird. Er findet es furchtbar, wenn sie ihre schmutzigen kleinen Geheimnisse mit ihm teilt, diese angefusselten alten Pfefferminzbonbons, die sie aus den Tiefen ihrer Kunstledertasche hervorkramt.

»Ich habe deinen Vater betrogen.« Rauch strömt aus ihren Nasenlöchern, die dabei so groß werden wie Vierteldollarstücke. »Im Jahr vor deiner Geburt. Verstehst du?«

»Hä?«

»Muss ich deutlicher werden?« Sie sieht pikiert aus, als könne sie nicht fassen, wie begriffsstutzig er ist. »Ich meine, dass ich, als ich schwanger wurde, nicht genau wusste, wer der Vater war, Pal oder der andere.«

Er muss also ein Unfall gewesen sein. Hätte sie ihn um ein Haar abgetrieben? Läuft diese Unterhaltung darauf hinaus? Auf ihr Bedauern darüber, ihn behalten zu haben? Er kann seine Mutter nicht ansehen, sondern starrt stattdessen auf die Theke, auf das durchsichtige Plastiksparschwein mit den Restgeldmünzen, die Kunden für die Kriegsversehrten gespendet haben.

Die Möglichkeit, er könnte einen anderen Vater haben, versetzt ihm einen kleinen freudigen Stich, aber dann sagt

Joy: »Mach dir keine Gedanken. Du *bist* Pals Sohn. Wir haben einen Bluttest machen lassen. Ihr habt beide Blutgruppe 0-negativ, was selten ist.«

»Nur einer von hundert hat 0-negativ«, hat Pal einmal über ihre gemeinsame Blutgruppe gesagt. »Wir sind zwar Universalspender, brauchen aber selbst Blut der Blutgruppe 0.« Und fügte hinzu, falls einer von ihnen einen schweren Unfall haben sollte, könne der andere ihm Blut spenden. Und Joy warf ein, Eli würde Pals achtzigprozentiges Wodka-Blut ganz sicher nicht haben wollen.

»Wer war der andere?« murmelt Eli.

»Ein Typ in Verdun.« Sie zieht an ihrer Kool und bläst den Rauch in seine Richtung. »Er hat denselben Nachnamen wie wir. Du wärst also auf jeden Fall ein Jones geworden.«

Pal hat sechs Brüder, sechs weitere Jones. »Du hattest eine Affäre mit einem seiner Brüder?«, fragt er entsetzt.

»Natürlich nicht! Die sind doch allesamt Säufer, Junkies, Homos, Jesus-Freaks oder alles zusammen.«

»Mit wem dann?«

»Du kennst ihn.«

Sie versteckt die Zigarette unter der Theke, als eine Frau mit rotem Gesicht, dick mit Zinkoxid eingeschmierter Nase und auf dem Boden aufklatschenden Flip-Flops an die Kasse kommt, eine Tüte Käsebällchen und eine Flasche fettarme Milch in der Hand. Aber Eli ist zu durcheinander, um einen Strich in seine Tabelle zu machen. Ihm ist klar geworden, wer der andere Jones sein muss: sein Pate. Kein Pate im religiösen Sinn – er ist nie getauft worden –, sondern ein alter Freund Pals, der versprochen hat, sich um Eli zu kümmern, sollten seine Eltern beide von einem Bus überfahren werden oder so. Eli hat diesen Paten mit seiner pomadig glänzenden schwarzen Elvis-Tolle vor Jahren in der Wohnung in Verdun kennengelernt.

Als die Kundin weg ist, fragt Eli: »Carol Jones?«

Seine Mutter nickt. »Er hat mich zum Lachen gebracht«, sagt sie. »Anders als Pal, der kein bisschen komisch ist.«

Sie tätschelt Elis Kopf. Er zuckt zusammen. »Bluttest hin oder her«, sagt sie, »ich finde, du hast ein bisschen was von deinem Paten an dir.«

»Du findest, dass ich komisch bin?«

»Schon. Merkwürdig komisch. Und du riechst komisch.«

»Findest du?«

»Du riechst anders. Nicht schlecht. Aber anders. Ist nicht böse gemeint.«

»Das liegt sicher daran, dass ich kein Fleisch esse«, meint er, drückt die Ellenbeuge an die Nase und schnuppert. Er riecht nach Bastelkleber.

Mit zusammengekniffenen Augen sieht Joy aus dem Fenster, über den Parkplatz hinweg in die Richtung, in der Montreal zweihundertfünfzig Meilen weiter nördlich liegt. »Pal wollte Carol auf keinen Fall als deinen Paten haben, aber da habe ich mich auf die Hinterbeine gestellt.« Sie wendet sich vom Fenster ab und drückt die Zigarette im Aschenbecher unter der Theke aus.

Die Sache mit dem Paten, vermutet Eli, erklärt wahrscheinlich, wieso sein Vater Abi nähersteht als ihm. Vielleicht riecht er trotz des Bluttests den Paten an Eli. Vielleicht spielt er deshalb nie Ball mit ihm. Vielleicht geht er deshalb nur mit Abi zum Vögelbeobachten oder unternimmt lange Ausflüge mit ihr, ohne ihn mitzunehmen. Vielleicht berührt er seinen Sohn deshalb so gut wie nie.

Auf seinem Holzhocker sitzend versucht Eli, sich zu erinnern, wann Pal ihn das letzte Mal berührt hat. Letzten Sommer, als sie im Urlaub in Quebec waren, hat sein Vater ihn aus einem See gezogen, als er am Untergehen war und Wasser geschluckt hatte. Und als er noch klein war, hat Pal ihn Huckepack durch die Wohnung getragen, damit er den

Möbeln gute Nacht sagen konnte. »Gute Nacht, Resopaltisch. Gute Nacht, Fernsehsessel. Gute Nacht, Stereoanlage.« Normalerweise war der Mann dann schon angesäuselt und roch nach einer Mischung aus Pappe und Speck, wie immer, wenn er Whiskey getrunken hatte. Vielleicht, denkt Eli, braucht Pal erst einen anständigen Drink, bevor er ihm gegenüber Zuneigung zeigen kann.

Als Eli Glas splittern hört, fährt er mit wild hämmerndem Herzen im Bett hoch. Die Mansons, denkt er. Sie kommen durchs Fenster. Sie werden uns die Kehlen durchschneiden und mit unserem Blut STERBT, IHR SCHWEINE an die Wände schreiben.

Er wirft einen Blick auf die Digitaluhr auf seinem Nachttisch. Drei Uhr dreiunddreißig. Die drei Dreien glühen bedrohlich rot, drei Mistgabeln, deren Zinken auf ihn zielen.

Im Flur das Knarren einer sich öffnenden Tür. Das Klicken eines Lichtschalters. Ein paar Zentimeter Gelb sickern unter seiner Tür hindurch ins Zimmer. Die Stimme seiner Mutter im Flur, halb aufgebracht, halb besorgt: »Was zum Teufel hast du jetzt schon wieder angerichtet?«

Von irgendwo im Waggon kommt ein gurgelndes Ächzen, wie von einem überfahrenen Hund, der sterbend im Straßengraben liegt. Eli versucht, »Was ist los?« zu rufen, aber die Worte dringen nur als Quieken aus seinem Mund, kaum lauter als die kleinen Piepser, die Barney und Bernice von sich geben. Aufgeschreckt und alarmiert haben sich die Rennmäuse in ihrem Käfig auf Elis Kommode auf die Hinterbeine gestellt und schnuppern, was er dank eines silbrigen Mondstrahls, der durch einen Spalt in den Vorhängen ins Zimmer fällt, deutlich sehen kann. Er schlägt die Decke zurück, stellt die Füße auf den Boden, linst durch die Vorhänge und sieht die dunkle Silhouette des Rambler in der Auffahrt. Pal ist nach Hause gekommen. Er hat seine

Schlüssel verloren, vermutet der Junge, und ein Fenster eingeschlagen, um ins Haus zu kommen, statt an der Tür zu klingeln. Aller Wahrscheinlichkeit nach besoffen.

Pal kommt meistens mitten in der Nacht von seinen Sauftouren nach Hause geschlichen. Eli, der einen leichten Schlaf hat, hört oft, wie er sich würgend im Badezimmer übergibt, bevor er dann ins Bett stolpert. Trotz der späten Stunde schleppt sich der Junge dann ins Badezimmer, um die Kotzespritzer wegzuschrubben, weil er sonst nicht wieder einschlafen kann.

Jetzt tappen Schritte durch den Flur. Wahrscheinlich Joy, die vom Elternschlafzimmer am einen Ende des Waggons ins Wohnzimmer am anderen Ende geht.

»Um Gottes Willen!«, schreit sie.

Eli huscht aus seinem Zimmer und durch den Flur. In der Tür zum Wohnzimmer bleibt er wie angewurzelt stehen. Joy, die Haare ein Korallenriff aus rosa Lockenwicklern, kniet neben Pal, der ein großes, zusammengeknülltes, blutgetränktes Zierdeckchen an seinen Kopf presst. Das Zierdeckchen lag vorher auf dem gläsernen Couchtisch, aber dieser Tisch existiert nicht mehr – finito. Er ist zu Hunderten von Scherben zerplatzt, die glitzernd über den ganzen blättergemusterten Teppich verstreut sind. Der untere Teil des Tischs, nur noch ein Haufen verbogenes schwarzes Metall, trägt nun nichts mehr. Keramikfigürchen – ein angeschlagener Zirkusclown, eine kopflose Ballerina, ein zersprungener deutscher Schäferhund – liegen überall herum wie Leichen in den Trümmern eines abgestürzten Flugzeugs.

»Nicht reinkommen«, ruft Joy, die Hand abwehrend erhoben, als sei sie eine Schülerlotsin. »Du zerschneidest dir nur die Füße.«

Auch sie ist barfuß, aber ihre Füße haben eine dicke Hornschicht, fast wie die eines Hobbits. Vielleicht machen Glasscherben ihnen nichts aus.

Pal stöhnt. Seine Haare stehen hoch wie der Kopfschmuck eines Kakadus. Sein Gesicht hat die grünlich-weiße Farbe von Zahnpasta. In seinen zerquälten, blutunterlaufenen Augen spiegelt sich Scham. Er kann Eli oder Joy nicht ansehen, sondern starrt stattdessen einen umgekippten Hocker in der Nähe an. Anscheinend ist er über das Ding gestolpert und auf den Glastisch gekracht.

Joy zieht das blutige Zierdeckchen weg, legt einen Finger auf den oberen Rand von Pals spitz zulaufendem Ohr und hält es an seinen Kopf gedrückt. Quer über die ganze Ohrmitte verläuft ein langer Schnitt, aus dem Blut sprudelt. Die obere Hälfte des Ohrs ist nur noch durch einen Fetzen Haut, kaum dicker als ein Streifen Kaugummi, mit der unteren verbunden. Als Joy die obere Hälfte loslässt, klappt sie nach unten wie bei einem Bassett Hound.

»Mein Gott«, stöhnt sie. »Reife Leistung.«

Ihr Nachthemd ist blutverschmiert, Pals Jeanshemd erst recht. Elis Knie werden weich, als sammle sich sein eigenes o-negativ-Blut in seinen Füßen. Er lehnt sich gegen die Wand.

Pal stöhnt erneut. Er tut Eli leid, gleichzeitig aber ist er auch wütend. Mitleid und Wut: zwei gegensätzliche Gefühle, die aufeinanderprallen wie eine Warm- und eine Kaltfront.

»Steh nicht tatenlos rum«, keift Joy ihn an. »Geh und ruf einen Krankenwagen!«

Jetzt endlich hebt Pal den Kopf und sieht ihn an. »Kein Krangenwan«, lallt er. »Kein Pollsei, kein Pollsei.«

»Dein verdammtes Ohr fällt ab«, sagt Joy. »Du *musst* ins Krankenhaus.«

»Nein!«, brüllt Pal, der nicht mehr ganz so betrunken klingt.

Joy wendet sich wieder an Eli: »Dann geh und hol Abi. Sie kann ihn dazu bringen. Auf sie hört er.«

»Abi«, murmelt Pal und schließt die Augen.

Wo zum Teufel ist Abi? Das Mädchen könnte glatt ein Erdbeben verschlafen. Eli rennt durch den Flur zu ihrem Zimmer und stürmt, ohne anzuklopfen, rein. Das einzige Licht im Raum kommt von einer Nachttischlampe in der Form eines Bugs Bunny, der eine Karotte knabbert – ein von ihm für sie geklautes Geschenk, wegen der vielen Möhren, die sie isst.

Im schwachen Licht sieht ihr Bett leer aus. Er schaltet eine weitere Lampe ein. Abi ist nicht da. »Jones?«, ruft er, als könne sie sich unter dem Bett oder im Schrank versteckt haben. Auf dem Boden liegen Kleidungsstücke, aber es gibt keine Poster an den Wänden, keinen Nippes, nirgends. Auf dem Nachttisch kringelt sich eine rote Lakritzschnur (sechzig Kalorien), daneben steht ein Becher mit kaltem Tee (zwei Kalorien). Die Tür zur Wiese ist offen, also steckt Eli den Kopf raus. Die Nacht ist schwül und riecht komisch, wie ein alter Küchenschwamm. Der Mond, dreiviertel voll, taucht die Wiese in diesiges Licht.

Er kann sich denken, wo seine Schwester ist. In Manhattan. So nennt sie den großen, zusammengelegten Pappkarton, in dem der neue Kühlschrank der Nachbarn geliefert wurde. Vor ein paar Tagen hat sie eine Stelle auf der Wiese plattgetrampelt, den Karton hingelegt, eine große Manhattan-Karte darauf gemalt und Stadtteile wie Harlem, Upper West Side und Upper East Side, Central Park, Chelsea, Greenwich Village und SoHo eingezeichnet. Sie liegt gerne auf diesem Karton und liest ihre Leihbücher. Wenn es regnet, holt sie den Karton in ihr Zimmer.

Obwohl Eli barfuß ist, geht er, fast auf Zehenspitzen, über die provisorische Veranda aus Erde und Steinen und watet dann in das hüfthohe Gras hinein. Grillen führen ihre nächtliche Symphonie auf. Auf der Straße gleiten die Scheinwerfer eines Autos vorbei. In der Ferne ist das schrille Kläffen eines Hundes zu hören.

»Jones?«, ruft er so laut, wie das im Flüsterton geht, denn er hat Angst, die Russos zu wecken, die in der maroden Villa neben dem Waggon wohnen und in Krisensituationen sofort in Hysterie verfallen. Der kürzliche Tod ihrer Großtante führte zu endlosem Weinen, Wehklagen und Haareraufen. »Die Alte war schließlich kein Küken mehr«, lautete Joys Kommentar. »Sie war dreiundneunzig! Und die führen sich auf, als hätte der Tod sie aus heiterem Himmel getroffen.« Im schlimmsten Fall muss Eli vielleicht Mr Russo wecken und ihn bitten, Pal ins Krankenhaus zu fahren. Zu blöd, dass Joy nie den Führerschein gemacht hat.

Er stakst durch das taufeuchte Gras, das seine Schlafanzughose durchnässt, und betet, dass er auf keine Kröte tritt. »Jones«, ruft er noch einmal. Keine Antwort. Vielleicht ist sie doch nicht in Manhattan, denkt er, bevor er den Lichtstrahl sieht, der aus der Mitte der Wiese aufsteigt. Eine Taschenlampe, vermutet er, obwohl der Strahl fast außerirdisch wirkt. Im Kopf hört er das Fünfton-Motiv aus *Unheimliche Begegnung der dritten Art*.

Als er Manhattan erreicht, haben seine Augen sich an die Dunkelheit gewöhnt. Abi liegt bäuchlings auf ihrer Pappstadt. Sie trägt ein langes T-Shirt, so weiß, dass es geradezu leuchtet. Sie hat eine Taschenlampe und die Taschenbuchausgabe von *Amityville Horror* dabei, dessen Cover ein Holzhaus mit erleuchteten Viertelkreisfenstern zeigt.

»Pal ist auf den Glastisch gekracht und hat sich das halbe Ohr abgeschnitten«, sagt Eli. Seine Stimme klingt ruhig, trotz seiner zunehmenden Panik. »Alles ist voller Blut. Da drin sieht es aus wie nach dem Mord an Sharon Tate.«

Abi setzt sich auf.

»Und er will nicht, dass wir einen Krankenwagen rufen.«

Sie reibt sich die Augen, als hätte sie geschlafen, und lässt die Hand dann in ihren Schoß fallen. »Er will nicht, dass ein Krankenwagen mit heulender Sirene vor dem Haus vorfährt«, sagt sie. »Das wäre ihm peinlich, dafür ist er zu stolz.«

»Stolz? Worauf sollte der denn stolz sein?« Eli langzuckt zwei oder drei Mal.

»Ruf ein Taxi, Jones. In ein Taxi wird er einsteigen. Das ist leiser und wird ihn ohne Aufsehen ins Krankenhaus bringen.«

Sie klappt ihr Buch wieder auf und liest im Licht der Taschenlampe weiter. Ihre Ruhe verunsichert ihn. Und wieso ist sie um fast vier Uhr morgens hier draußen? Übt sie für die Große Flucht, eine Zeit, in der ihnen vielleicht nichts anderes übrig bleiben wird, als im Central Park auf Pappkartons zu schlafen?

Er will nicht allein in den Waggon zurückgehen. Schick mich nicht zurück, hätte er um ein Haar gebettelt. Er langzuckt noch einmal, bleibt noch eine Weile stocksteif unter dem Dreiviertelmond stehen und beobachtet seine Schwester beim Lesen. Winzige Mücken, von der Taschenlampe angezogen, umkreisen ihren Kopf.

Sie sieht zu ihm hoch. »Dieses Amityville-Haus«, sagt sie, mit dem Taschenbuch wedelnd, »ist nicht besonders gruselig für ein Spukhaus. Da kenne ich weit Schlimmere.«

Am sechzehnten Juli, dem Tag, an dem er zwölf wird, stößt Eli auf einen Rotfuchs, der auf Abis Papp-Manhattan döst. Weil er Geburtstag hat, hat Joy ihn früher aus dem Perrette's gehen lassen. Er ist den ganzen Weg nach Hause zu Fuß gelaufen und hat zum Schluss die Abkürzung über die Wiese genommen. Als er das lange Gras zerteilt und auf Manhattan zustapft, hebt der Fuchs den Kopf von den überkreuzten Pfoten, stellt die langen Ohren auf und nickt dem Jungen zu. Eli bleibt mit suppentellergroßen Augen gut zehn Schritte entfernt stehen. »Jones«, flüstert er und kommt sich lächerlich vor, aber hat Abi nicht immer gesagt, dass sie ihren Körper verlassen und sich in den von Tieren hineinversetzen kann?

Der Fuchs bewegt den Kiefer, als kaue er auf einem Dauerlutscher herum oder wolle etwas sagen. Er sieht glücklich aus, freundlich, ein kleines Hündchen, das hofft, getätschelt zu werden. Trotzdem weicht Eli zwei weitere Schritte zurück. Der Fuchs legt den Kopf schief, kratzt sich mit einer Hinterpfote am Ohr, erhebt sich vom Central Park und macht einen Schritt Richtung Midtown.

»Bist du der fantastische Mr. Fox?«

Der Fuchs nickt erneut. Sein Fell ist orangebraun, bis auf den weißen Fleck auf seiner Brust und die schwarzen Socken an seinen Pfoten. Er ist das Wundervollste, was Eli je gesehen hat. Trotzdem zwingt er sich, sich von diesem Geburtstagsgeschenk abzuwenden. Nicht weil er den Fuchs für tollwütig oder bösartig hält. Er möchte ihn bloß nicht stören. Wenn er im Central Park ein Sonnenbad nehmen will, sollte Eli ihn in Ruhe lassen.

In einem Nebel aus Dankbarkeit und Entzücken geht er leise auf den Waggon zu. Hin und wieder wirft er einen Blick zurück, um zu sehen, ob der Fuchs ihm folgt, aber der ist geblieben, wo er ist und genießt die Ruhe von Manhattan.

Nach der Wiese geht der Junge geradewegs auf die weiße Tür zu Abis Zimmer zu, statt um die Ecke herum zur Eingangstür, vor der eine Fußmatte verkündet, dass hier die Familie JONES wohnt. In Abis Zimmer sind die Vorhänge zugezogen. Vielleicht ist sie nicht da. Es ist fast zwei Uhr, vielleicht sitzt sie in der Bücherei oder klaut im Head Shop mit dem Poster von Alfred E. Neumann im Fenster eine Kette aus Holzperlen, oder radelt auf der Suche nach einem Geschenk für Eli durch die Stadt. Aber wenn sie zu Hause ist, will er ihr die Geschichte mit dem Fuchs sofort erzählen. Vielleicht können sie das Tier mit Pals Fernglas beobachten.

Eigentlich will Eli an die weiße Tür klopfen, aber in dem traumartigen Zustand, in dem er sich befindet, dreht er den Knauf und geht einfach rein. Drinnen ist es dunkel. Und kühl. Er bleibt stehen, blinzelt in dem von draußen hereinfallenden Licht und denkt erst, dass niemand da ist, dann aber erhebt sich eine verschwommene Gestalt vom Bett. Erschrocken zieht Eli die Luft ein.

Es ist Pal. Er hat seine gestreifte Pyjamahose an, doch sein Oberkörper und seine Füße sind nackt. Mit blitzenden Augen kommt er auf Eli zu. Ist er wütend, weil er an seinem freien Tag aus dem Nachmittagsschlaf gerissen wurde? Aber wieso schläft er in Abis Zimmer?

»Ich habe einen Fuchs gesehen«, murmelt Eli.

Pal sieht ihn finster an, auf dem Gesicht eine Mischung aus Angst und Wut, die Eli noch nie gesehen hat, wenigstens nicht gegen ihn gerichtet. Pals angenähtes Ohr ist von schwarzen Stichen überzogen, die wie Spinnenbeine aussehen, oder wie die Härchen, die rund um die Brustwarzen des Mannes sprießen. Er riecht nach Rauch und Schweiß und Old Spice. Die Spitze seines Penis wölbt den dünnen Stoff seiner Pyjamahose, und als Eli das sieht, ist er entsetzt.

»Ich bringe Abi ins Bett«, sagt Pal.

Erst da merkt der Junge, dass seine Schwester auch da ist. Er linst um Pal herum zum Bett. Die Decke ist bis ans Kopfteil hochgezogen, doch darunter ist eine Gestalt zu erkennen. Diese reglose Gestalt ist Abi.

»Aber es ist doch nicht Schlafenszeit«, sagt Eli.

»Deine Schwester hat Migräne.«

»Jones?«, ruft er. »Alles in Ordnung?«

Die Gestalt im Bett antwortet nicht, regt sich nicht.

»Verschwinde, Junge«, sagt Pal.

»Nein.«

Sein Vater hebt drohend die Hand.

Eli schüttelt den Kopf und weigert sich, sich zu rühren. »Jones?«, ruft er noch einmal.

Die Hand zischt auf ihn zu, trifft ihn voll im Gesicht. Bevor er reagieren kann, packt sein Vater ihn grob an den Schultern, schiebt ihn rückwärts aus dem Waggon und schließt die Tür, ganz behutsam, als wolle er Abis Kopfschmerzen nicht noch schlimmer machen.

Mit vor Schmerz brennendem Gesicht läuft Eli verwirrt über die Wiese. Trotz der heißen Julisonne zittert er. Er geht zurück nach Manhattan, hofft, dass der Fuchs noch da ist. Der listige Fuchs wird wissen, was zu tun ist, wird ihm helfen, aber das Tier ist weg. Eli legt sich auf die Pappnachbildung des Ziels der Großen Flucht, den Kopf in Harlem, die Füße in der Lower East Side, und legt die Hand an die Wange, die sein Vater geschlagen hat. Die Haut fühlt sich glühend heiß an.

Er hat mich berührt, denkt Eli.

Verdun, Montreal

Von ganz oben auf dem Sprungturm – die Junisonne brennt auf seine sommersprossigen, sich schälenden Schultern herab – blickt Eli auf die Fläche des türkisfarbenen Beckens. Es ist so lang, dass die Schwimmer am jenseitigen Ende nur noch kleine Fischchen sind. Während sie die Leiter hinaufgestiegen sind, hat Abi ihrem Bruder erzählt, in den Vierzigerjahren habe der Schwimmer, der olympisches Gold gewonnen und anschließend im Film den Tarzan gespielt hat, anlässlich der Einweihung des Freibads in Verdun das Band durchschnitten. Tarzans Schrei im Kopf rennt Eli über das Sprungbrett und stößt sich ab, während

Abi, die noch auf der Leiter emporklettert, ihm ein »Zeig's ihnen, Weißmüller!« zuruft. Der Sechs-Meter-Fall ist reine, atemberaubende Glückseligkeit, sogar besser als der steile Sturz in die Tiefe auf der Achterbahn im hiesigen Vergnügungspark La Ronde. Torpedogleich durchteilt er mit den Füßen das kalte Wasser, das so stark gechlort ist, dass es den Haaren der Geschwister einen grünlichen Schimmer verleiht, als hätten sie sich im Gras gewälzt. Ihre Großmutter, Joys Mutter, bei der sie hier in Verdun zu Besuch sind, lässt sie ihre Haare mit Kamillentee nachspülen, damit das Grün wieder rausgeht.

In ihrem weißen Bikini katapultiert sich Abi am vorderen Rand des Sprungbretts mit einem Radschlag in die Luft und taucht, während Eli sie vom Beckenrand aus beobachtet, praktisch ohne das kleinste Aufspritzen ins Wasser ein, was in seinen Augen bedeutet, dass sie Olympiaformat besitzt. Als sie wieder hochkommt, sieht er, dass sie ihr Oberteil verloren hat. Durch das Wasser hindurch kann er ihre dunklen Brustwarzen erkennen. Mist, denkt er, während Abi ohne zu ahnen, dass sie obenherum nackt ist, auf den Beckenrand zuschwimmt. Eli entdeckt das quallengleiche weiße Oberteil in der Nähe des Seils, das den tiefen Teil des Beckens abtrennt, und hechtet ins Wasser, obwohl es verboten ist, vom Beckenrand zu springen. Mit unter Wasser offenen Augen schwimmt er los und schnappt sich das Oberteil in dem Moment, in dem ein größerer Junge eine Arschbombe hinlegt und eine Explosion von Luftblasen auslöst. Er schwimmt zu seiner Schwester zurück, die sich, einen Arm über die Brust gelegt, an den Beckenrand klammert, die Augen so groß wie die leeren Kulleraugen der kleinen Waise Annie. Er reicht ihr das Oberteil, und irgendwie zwängt sie sich unter Wasser wieder hinein, bleibt dabei aber so lange unten, dass er schon fürchtet, ein Bademeister müsse sie hochholen und eine Mund-zu-Mund-Beatmung vornehmen.

Als sie später mit rissigen Lippen, geröteten Augen und platt an den Kopf geklatschten Haaren auf ihren Handtüchern sitzen, können sie über den Zwischenfall lachen. Eli bezeichnet Abi als »nackigsten Nackedei weit und breit« und öffnet die Papiertüte mit ihrem Proviant: Schokoriegel, Vanillemilch, Lakritz. Auf dem Weg ins Schwimmbad haben sie im Perrette's eingekauft, und er hat nicht mal was geklaut. In Kanada muss er nämlich ein besserer Mensch sein, ein ehrlicher, aufrechter Staatsbürger, weil sich die Amerikaner nicht genug darüber auslassen können, wie nett die Kanadier sind.

»In Kanada zählen Kalorien nicht«, informiert Abi ihren Bruder und stopft sich ein Cherry Blossom in den Mund, ein riesiges Gebilde aus Schokolade mit einer in Sirup schwimmenden Maraschino-Kirsche in der Mitte. »In den Staaten gibt es keine Cherry Blossoms«, fügt sie hinzu. »Sie sind wegen des Farbstoffs in der Kirsche verboten. Die Weicheier von Amis sind dem bisschen E 123 nicht gewachsen.«

Abi ist nicht mehr auf Diät, und Eli hofft halb, dass Montreal Manhattan als Ziel ihrer Großen Flucht ersetzen wird. In den letzten Wochen hat er sich neu in die Stadt verliebt. Wie in New York gibt es hier eine U-Bahn; sie heißt »Metro« und hat sechsundvierzig Bahnhöfe. Eli plant, sie alle mit seiner Polaroidkamera zu fotografieren und ein Album anzulegen.

Alle hier sprechen Französisch. In seinem schwarzen Notizbuch listet Eli alle möglichen französischen Ausdrücke auf und ist entschlossen, binnen eines Jahres zweisprachig zu sein. Die Geschwister lieben es, französische Ausdrücke und Redewendungen wortwörtlich zu übersetzen. Demzufolge heißt Löwenzahn für sie »Bettpisser«, wenn es draußen dämmert, befinden sie sich »zwischen Hund und Wolf«, und wenn sie niedergeschlagen sind, »haben sie die Kakerlake«.

In Montreal fühlen sie sich sicherer. Wenn die anderen Kinder in Massachusetts gemerkt haben, dass sie Kanadier sind, haben sie gern damit geprahlt, wie schnell Amerika Kanada im Kriegsfall auslöschen könnte. »In höchstens zwei Tagen«, haben sie gesagt. »Vielleicht sogar in höchstens zwei Stunden.«

Pal ist nicht in Montreal. Zu Beginn des Sommers hat er Joy, die Geschwister und die Rennmäuse zu Nanny gefahren, sie dort abgesetzt und sich sofort auf den Rückweg gemacht. Ihre Eltern haben sich »auf Probe« getrennt, wie Joy sagt. Werden sie sich scheiden lassen? Wird es zu einer Gerichtsverhandlung kommen? Eli stellt sich einen Richter in schwarzer Robe vor, der mit seinem Hammer auf den Tisch haut und »Ruhe im Gerichtssaal!« brüllt, da jede Verhandlung, in der Joy und Pal gegeneinander antreten, nur katastrophal ablaufen kann.

Während sich die Geschwister über ihren Proviant hermachen, sagt Abi: »Wie es Pal wohl geht? Ich wette, er hat die Kakerlake. Ich wette, er ist am Boden zerstört.«

»Und ich wette, er ist auf Kneipentour«, gibt Eli zurück, der nicht will, dass Abi an Pal denkt oder sogar Mitleid mit dem Kerl hat. Irgendwas ist faul an der Nähe und Vertrautheit zwischen den beiden. Oberfaul. Wann fährt der versoffene Mistkerl den Rambler endlich gegen eine Wand?, denkt Eli und ruft sich sofort selbst zur Ordnung. So zu denken ist *pas très canadien*. Er sollte seine Schokowaffel essen und seine schlimmen Gedanken in Schach halten. In ein paar Wochen wird er dreizehn. Zeit, endlich erwachsen zu werden.

Seine Schwester liegt rücklings auf ihrem Handtuch und kaut auf einer schnürsenkellangen Lakritzschnur herum. Obwohl sie im letzten Jahr gewachsen ist, fehlen ihr noch gute zwei Zentimeter zur Mindestgröße für Fotomodelle, nämlich 1,74. Unter dem Nabel hat sie ein apfelsinengroßes, hellbraunes Muttermal. Er selbst hat einen ähnlichen Fleck auf dem Rücken, aber seiner ist nur walnussgroß. Abi wird braun, er rot, deshalb zieht er sich sein T-Shirt über, ein schlichtes graues, etwas heller als seine anthrazitfarbene Badeshorts. Er mag Grau in allen Schattierungen, außerdem Weiß, Schwarz und Marineblau. All seine Sachen müssen in diesen Farben gehalten sein, sonst wird ihm schwindlig, wie auf den Calypso-Karussels im Vergnügungspark La Ronde, bei denen einem schon vom Zusehen schlecht wird.

Das Douglas, die Klapsmühle, in die Joy immer droht, ihn einweisen zu lassen, wenn sie von seinen Macken in Bezug auf Kleidung, Essen oder was auch immer genug hat, liegt in derselben Straße wie die Badeanstalt. Ein vierstöckiges Gebäude aus grauem Sandstein, mit Disneyland-Türmchen und Mansardendach mit Fenstern. Ob die Patienten Dauerkarten bekommen, damit sie die Badeanstalt besuchen können? Er gibt die Frage an seine Schwester weiter, und gemeinsam suchen sie die Menge nach Geistesgestörten ab. Zwei Frauen in ihrer Nähe tragen absurde Badekappen mit applizierten Blumen drauf, die aussehen wie die Dinger, die man in Badewannen klebt, um nicht auszurutschen. Ein Glatzkopf mit haarigem Rücken hat seine Badeshorts wie ein Preisboxer bis weit über den Bauch hochgezogen. Im Gegensatz dazu tragen andere Männer winzige Höschen, aus denen Büschel von Schamhaaren hervorquellen. »Das sind keine Verrückten«, sagt Abi. »Sondern Franzosen.«

Die Geschwister gehen noch einmal in den flachen Teil des Beckens und ziehen sich dann im Hauptgebäude um, das eine Artdéco-Fassade hat, innen aber schäbig, feucht und klamm ist. Die Männerdusche erinnert Eli an die Gaskammern in der Fernsehserie »Holocaust – Die Geschichte der Familie Weiss«. Er stopft seine ausgewrungene Badehose und das Handtuch in eine alte, rissige Bowlingtasche, gesellt sich draußen zu seiner Schwester, und gemeinsam gehen sie in ihren Flip-Flops zurück zu Nannys Wohnung in der Riverview Avenue. Die heißt so, weil man den Sankt-Lorenz-Strom tatsächlich vom südlichen Ende aus sehen kann. Rechts und links ist die Straße von kastenförmigen, mehrstöckigen Doppelhäusern gesäumt.

Vor Nannys Haus angekommen, gehen sie die Treppe zum Absatz vor der Tür hinauf. Abi klingelt. In der Wohnung im ersten Stock zieht Joy an einer Schnur, die innen an der Treppenhauswand hinabführt und die Eingangstür öffnet. Diese Schnurkonstruktion, finden die Geschwister, ist ein erfinderischer Geniestreich.

»Amerikaner sind das Leichtgläubigste, was es auf der Welt gibt«, sagt der Pate. »Als ich in Florida war, habe ich den Leuten weisgemacht, in Montreal hätten wir keine Hunde als Haustiere, sondern Seehunde.«

Alle am Tisch lachen: Joy, Nanny, die Tochter des Paten, die Geschwister. Sie sind mit ihren Spaghetti fertig, ihre weißen Teller sind orangerot verschmiert von der Tomatensoße, die so ungefähr das Einzige ist, was Joy komplett selbst kochen kann, nach einem Rezept ihrer ehemaligen italienischen Nachbarn. Abgesehen davon heißt »italienisch« für sie, dass sie eine Dose Ravioli aufmacht.

Während des ganzen Essens hat Eli das Gesicht des Paten studiert. Ähnelt er diesem Mann auch nur im Entferntesten? Carol Jones hat die lustigen Zwinkeraugen eines irischen Kobolds und so schwarze, glänzende Haare, dass man meinen könnte, er hätte mit Schuhcreme nachgeholfen. Jetzt fällt ihm auf, dass der Junge ihn anstarrt. »Eli, kannst du dir denken, was ich diesen Amerikanern gesagt hab, wie mein Seehund heißt?«

Eli zuckt die Schultern. Kein Langzucken, ein ganz normales Zucken. In Montreal langzuckt er kaum.

»Ich habe gesagt, er heißt einfach nur Seehund auf Französisch. Kennst du das Wort?«

»Phoque«, sagt Eli.

»Richtig. Ich habe ihnen erzählt, nachts stehe ich auf der Veranda hinter dem Haus und schreie über die Montrealer Eisschollen hinweg: 'Phoque, Phoque! Phoque you, Phoque! Komm verdammt nochmal endlich her, du blöder Phoque!«

»Ha«, lacht Joy.

»Also wirklich, Carol«, protestiert Nanny.

»Diese Yanks schlucken einfach alles«, fährt der Pate fort. »Ich habe ihnen auch einen kanadischen Vierteldollar gezeigt und gesagt, Königin Elizabeth ist darauf abgebildet, weil sie die Ahornsirup-Schutzpatronin ist.«

Nanny kichert. Sie liebt die Königin. Eine gerahmte Fotografie ihres gekrönten Haupts hängt gleich hier im Esszimmer. Nanny kam etwa in Elis Alter aus dem englischen Leeds nach Montreal, verschluckt immer noch die Rs und trinkt jeden Tag um vier Uhr nachmittags ihren Tee.

»Wie wäre es mit einem Song vor dem Nachtisch, Carol?«, fragt Joy.

»Für dich immer, mein Schatz.« Der Pate legt seine Stoffserviette auf den Tisch, schiebt den Stuhl zurück und steht auf. Er ist viel kleiner als Pal, registriert Eli, und zwar trotz der hochhackigen Schlangenlederstiefel und der zusätzlichen fünf Zentimeter, die die Schmalztolle bringt.

»Irgendwelche Wünsche?«, fragt der Pate.

»Blue Suede Shoes«, ruft seine Tochter, die Caroline heißt. Carol und Caroline. Lächerlich, denkt Eli. Caroline mit ihren Mascara-verklebten Wimpern, ihrem pfannkuchendick aufgetragenen Make-up, ihren vor Haarspray steifen Ponyfransen und ihrer roten, paillettenbesetzten Bluse erinnert ihn an ein Showgirl aus Las Vegas.

Der Pate greift sich einen langen Holzlöffel aus der großen Salatschüssel auf dem Tisch. »One for the money, two for the show, three to get ready …« singt er den Löffel mit tiefer Vibrato-Stimme an. Die Vorstellung beeindruckt Eli, vor allem der Schlafzimmerblick, genau wie bei Elvis Presley.

Gegen Ende von »Blue Suede Shoes« klingelt das Telefon in der Küche. Nanny springt auf, um ranzugehen. Als alle applaudieren und der Pate sich verneigt und sagt, sie seien ihm jederzeit in Graceland willkommen, ruft Nanny: »Joy, es ist für dich.«

Während Joy telefoniert, bringt Nanny eine Platte mit Mincemeat Tarts herein. Eli liebt die kleinen Gebäckstücke aus gehackten Nüssen und Früchten. Er nimmt sich gleich zwei, und Nanny fragt ihn: »Wie schaffst du es nur, so dünn zu bleiben?«

»Er kotzt alles aus, was wir ihm zu essen geben«, antwortet Abi.

»Ja, ich habe Bulimie«, bestätigt Eli und tut so, als würde er sich einen Finger in den Hals stecken.

»Ihr zwei seid mir welche«, sagt Nanny zu den Geschwistern, die nebeneinander sitzen. Und zu Carol: »Carol, glaub mir, die beiden haben den absolut merkwürdigsten Sinn für Humor. Als ich gesagt habe, sie sind zu alt, um im selben Zimmer zu schlafen, hat Abi geantwortet, ich soll mir keine Sorgen machen, sie seien beide homosexuell.« Nanny tut, als sei sie entsetzt, was aber nicht stimmt. »Kannst du dir das vorstellen?«, fragt sie den Paten.

»Vorstellen schon, mehr nicht«, antwortet der. »Aber ich maße mir auch kein Urteil über die an, die es sind.« Er zwinkert den Geschwistern zu.

»Ach, Carol, du bist genauso schlimm wie die beiden! Ein Glück, dass James das alles nicht mehr hören muss. Er würde es kein bisschen lustig finden.«

James ist Nannys verstorbener Mann. Die beiden hatten

getrennte Schlafzimmer. Abi schläft im ehemaligen Zimmer des Großvaters, in dem er, als Eli noch ein Baby war, einen tödlichen Herzanfall erlitt. Am ersten Morgen ihres Aufenthalts in Verdun ist Abi schreiend aufgewacht. »Ich habe vom alten James und seinen grabeskalten feuchten Händen geträumt«, hat sie Eli erklärt. Er hat seiner Schwester angeboten, mit ihr zu tauschen (er schläft auf dem Canapé im Wohnzimmer), aber Abi hat abgelehnt.

»Auf welche Schule werdet ihr im Herbst gehen?«, erkundigt sich Caroline bei den Geschwistern, die die letzten Schulwochen in Middlesex County verpasst haben.

»Es ist erst Juni, viel zu früh, um Pläne zu machen«, sagt Abi. »Bis September könnte ich tot sein.«

»Also wirklich!«, ruft Nanny noch einmal.

»Ich fange auf einem Cégep an«, sagt Caroline. »Cégeps sind so eine Art College als Vorbereitung auf ein richtiges Studium oder einen Berufseinstieg. Mit Schwerpunkt Theater.«

»Passend geschminkt dafür bist du ja schon«, sagt Eli. Seine Bemerkung ist durchaus unschuldig gemeint, vielleicht sogar als Kompliment, aber Abi lacht, und Caroline wirft ihm einen finsteren Blick zu.

»Ein mehliger Pfirsich«, flüstert Abi ihrem Bruder zu. Das ist ihre Bezeichnung für Mädchen, die zum Anbeißen aussehen, wie viele Pfirsiche, die jedoch, wenn man dann hineinbeißt, absolut geschmacklos sind.

Nanny klagt über die Schulen in ihrer Nachbarschaft. »Die Jungen von der katholischen Schule sind richtige Flegel. Im Winter bewerfen sie mich mit Schneebällen, wenn ich meine Einkäufe von Steinberg's nach Hause schleppe.«

Kurz darauf kommt Joy zurück und setzt sich an den Tisch, ein verkrampftes Lächeln auf dem Gesicht.

»War das Pal?«, fragt Abi.

»Wer sonst?«

»Und wie geht es ihm?«, will Abi hoffnungsvoll wissen. »Besser?«

»Er hält sich tapfer«, sagt Joy und klatscht mit der Hand auf den Tisch. »Er hat einen neuen Job. Einen guten. Gut bezahlt.«

»Wo?«, fragt Eli. »In Middlesex?«

»Ratet, wo wir als nächstes hinziehen«, sagt Joy.

Elis Magen krampft sich zusammen, Nanny macht ts-ts-ts.

»Nach Salt Lake City.«

»Wo zum Teufel ist das nochmal?«, will der Patenonkel wissen. »In Utah?«

»Ohne mich«, sagt Eli. »Ich bleibe hier.« Er sieht Abi an, um ihre Reaktion abzuschätzen und ihre Unterstützung einzufordern, aber ihr Gesicht ist ausdruckslos. »Sag es ihr, Jones! Sag ihr, dass wir dieses Mal nicht mitkommen.«

Seine Schwester lächelt ausweichend. Eli weiß, dass sie ihren Vater vermisst, diesen gottverdammten, nutzlosen Pal, der sich jedes Mal einpinkelt, wenn er besoffen ist. Wie sollen sie je nach Manhattan kommen, wenn Abi den blöden Versager schon nach ein paar wenigen Wochen vermisst?

Er wendet sich an seine Großmutter. »Nanny? Wir können doch bei dir bleiben, ja?«

Nanny klopft sich überwältigt mit der Hand auf die Brust.

Eli ist den Tränen nahe, vor allem, als der Pate über den Tisch greift und seine Hand tätschelt. Der Nagel am kleinen Finger des Mannes ist Coca-Cola-rot lackiert.

Joy sieht ihren Sohn mit kaum unterdrückter Wut an. »Hör auf, mich vor den anderen in Verlegenheit zu bringen«, zischt sie.

»Was willst du denn dagegen tun?«, zischt Eli zurück.

»Mich schlagen?« Er schiebt seinen Stuhl zurück und springt auf.

»Ehe du dir ein Urteil über mich anmaßt, Eli Jones, solltest du dich vielleicht mal in meine Lage versetzen.«

Eli stampft ins Wohnzimmer im vorderen Teil der Wohnung, das einen Balkon hat. Dort steht der Käfig der Rennmäuse, eingeklemmt zwischen einem Hocker und einem Zeitschriftenständer. Er hebt die Drahtabdeckung des Käfigs ab und fischt Bernice heraus. (Barney liegt zusammengerollt in der Höhle der beiden, einer halb zerfressenen Kleenex-Schachtel.) Er hält die zappelige Bernice in den gewölbten Händen, und die Wärme ihres kleinen Körpers und ihr Zedernholzduft beruhigen ihn. »Wie geht es meiner kleinen illegalen Einwanderin?«, flüstert er, denn sie haben die Rennmäuse über die Grenze geschmuggelt, im Kofferraum des Rambler, der mit einem Keil einen Spalt weit offengehalten wurde, damit Luft hereinkam.

Er küsst Bernice auf den Kopf, setzt sie vorsichtig zurück in den Käfig, lässt sich schwer aufs Canapé fallen, holt sein schwarzes Notizheft hervor und blättert darin herum. Es enthält seine Listen: französische Wörter, Metro-Stationen, Namen von Fahrgeschäften im Vergnügungspark. Alle ordentlich mit HB-Bleistift geschrieben. Außerdem die Spielergebnisse der Montreal Expos, obwohl Baseballspiele ihn tödlich langweilen.

Über mehrere Seiten hinweg ziehen sich Tabellen der Fernsehsendungen, die jeden Abend zur besten Sendezeit auf ABC, CBS und NBC laufen. Er liebt es, die Namen der Sendungen und ihre Sendezeiten zu kennen, obwohl er nur selten fernsieht. Für ihn klingen die Lachkonserven der Sitcoms irrsinnig und dämonisch. Außerdem kann er die Pseudo-Eltern mit ihren Horden niedlicher, altkluger Kinder einfach nicht ertragen. Er verflucht diese falschen, ach so eng verklüngelten Sippschaften und wünscht ihnen spätnächtliche Besuche von Charles-Manson-Anhängern. Das schlimmste F-Wort, das es gibt, sagt Abi, lautet »Familie«.

Er blättert zu einer Seite weiter, die er in Großbuchstaben mit DER KLEINE PRINZ überschrieben hat. Nanny hat ihm den illustrierten *Le Petit Prince* und ein zweisprachiges Wörterbuch geschenkt, und er hat angefangen, den Roman ins Englische zu übersetzen. In der Geschichte kommt ein Fuchs vor, un renard, der ihn an den erinnert, den er in Manhattan gesehen hat. Nur dieses eine Mal, danach nie wieder. Vielleicht hat er sich das Tier nur eingebildet, denkt er jetzt. So wie er sich vielleicht auch nur eingebildet hat, dass er die weiße Tür zu Abis Zimmer geöffnet und Pal dabei ertappt hat, wie er Abi »ins Bett gebracht« hat. Die Ohrfeige jedoch kann er sich nicht eingebildet haben. Selbst jetzt, ein Jahr später, kann er den Schlag noch spüren. Es war das einzige Mal, dass sein Vater es je gewagt hat, ihn zu schlagen.

Dieser blöde Abi-ins-Bett-Bringer! Salt Lake City! Dort wohnen doch lauter religiöse Fanatiker, oder? Die Jones sind Atheisten, verdammt nochmal. Pal wird es noch schaffen, dass sie alle umgebracht werden. Die in Utah werden sie als Ketzer auf dem Scheiterhaufen verbrennen.

»Vater«, auch so ein F-Wort. Zumindest dem Klang nach.

Eine halbe Stunde lang arbeitet Eli weiter an seiner Übersetzung von *Le Petit Prince*, dann hört er jemanden durch den Flur in Richtung Wohnzimmer kommen. Er wünscht sich, dass es Abi ist, aber das Klappern von Stiefelabsätzen auf dem Parkett verrät ihm, dass sie es nicht ist.

Der Pate bleibt in der Tür stehen, die Hände in den Taschen seiner Blue Jeans, ein breites Lächeln auf dem Gesicht. »Ich will dir ein Geheimnis verraten«, sagt er.

Ja, ja, denkt Eli. Du und Joy und Zweigleisigkeit. Ganz toll. Mir völlig egal.

»Weißt du, wie du zu deinem Namen gekommen bist?«

Zu seinem Namen? »Abi sagt, Joy und Pal haben mich Eli genannt, weil es dieselben Buchstaben sind wie in ›lie‹, ›Lüge‹«, sagt Eli. Er hätte »Anagramm« sagen können, weiß aber nicht, ob der Pate den Begriff kennt. »Sie dachten, ich würde ein Kind werden, das gern flunkert.«

»Ich glaube, Abi ist diejenige, die da geflunkert hat«, sagt der Pate.

Joy behauptet immer, Abi müsse eine viel längere Nase haben, weil sie so viel lügt.

»Als deine Mutter schwanger war und nach Namen gesucht hat, habe ich Eli vorgeschlagen.«

»Ach.«

»Ja. Allerdings habe ich ihr nie gesagt, wieso.«

Lügt der Pate auch? Falls ja, kann man es seinem Gesicht nicht ansehen.

»Wegen Elvis. Ich fand es cool, wenn du drei seiner Buchstaben als Namen hättest. Ich dachte, Joy und Pal würden es erraten, aber ich glaube, das haben sie nie getan.«

»Sie haben jedenfalls nie was gesagt.«

»Wo immer du bist, Eli Jones, egal ob in Massachusetts oder Utah oder Timbuktu, denk immer dran, dass du ein bisschen was vom King in dir hast.«

Hier tippt sich der Pate mit der Faust auf die Brust. »Der Zauber von Elvis wird dich beschützen, ganz gleich, wo in Dreiteufelsnamen du landest.«

»Auch wenn ich in der Hölle lande?«, fragt Eli.

Salt Lake City, Utah

»Wir werden euch vom Pfad der Tugend abbringen«, warnt Abi. »Und dafür sorgen, dass ihr in der Hölle schmurgelt.«

An diesem Abend, am Fuß einer Bergkette, werden die Geschwister sechs Osmonds mit Whiskey abfüllen. »The Osmonds«, eine ausschließlich aus Familienmitgliedern bestehende Vorzeigeband aus Utah, haben Abi dazu veranlasst, alle Mormonen »Osmond« zu nennen (wohingegen sie ihr ganzes Leben lang jeden Bettler, Säufer und Aluhut tragenden Spinner, der ihr über den Weg läuft, »Jones« nennen wird).

Zusammen mit den Osmonds, allesamt aus Abis Klasse, sitzen die Geschwister an einem Lagerfeuer in einem Wald, der sich dicht und dunkel dahinzieht, die Art Wald, in der Hänsel und Gretel ihre Spur aus Brotkrumen hinterlassen könnten. Es ist erstaunlich, wieviel kälter als in der Stadt es hier ist. Bestimmt fünf Grad.

Eli, der den Barkeeper macht, kippt mehrere Fingerbreit Canadian Club in transparente Plastikbecher. »Ihr könnt ja so tun, als wär's Root Beer«, sagt er, als er die Becher verteilt.

»Oder das Blut Christi«, ergänzt Abi.

Obwohl Eli, der erst in ein paar Monaten vierzehn wird, mindestens zwei Jahre jünger ist als die Osmonds, fühlt er sich älter, weil er schon öfter Alkohol getrunken hat. Aus medizinischen Gründen: Alkohol dämpft seine Zwänge. Vor ein paar Wochen war er, um nur ein Beispiel zu nennen, plötzlich von dem quälenden Drang erfüllt, sein Geschichtsbuch mit Bleistift Wort für Wort in eins seiner schwarzen Spiralhefte zu übertragen. Er war bei Seite zweiundzwanzig angelangt, als Abi ihm eine Rum-Cola gab, und als er schlückchenweise davon trank, ließ der Drang immer weiter nach, bis er auf Seite vierunddreißig, mitten in einem Satz über die Lincoln-Douglas-Debatten zur Sklaverei, mit dem Abschreiben aufhören konnte.

Der Rum stammte aus Pals Hausbar, der Canadian Club von heute auch. Angeblich hat Abi Pal gefragt, und der hat ihr die Flasche gegeben. »Kein Wort zur Spielverderberin«, hat er, laut Abi, gesagt. Eli findet, dass ihr Vater immer macht, was Abi will, seiner chouchou jeden Herzenswunsch erfüllt.

Das Lagerfeuer der Osmonds ist eine klägliche Angelegenheit, die spärlichen Flammen züngeln nur halbherzig an den aufgeschichteten Zweigen. Zu Anfang des Frühlings ist die Rinde noch feucht. Einer der Osmonds, ein Sechzehnjähriger, der die Geschwister im Jeep seines Vaters mitgenommen hat, stochert mit einem Stock in der Glut herum. Abi nennt alle Osmond-Jungen Donny und alle Osmond-Mädchen Marie. »Ich kann einfach nicht verstehen, wie ihr Ungläubigen leben könnt«, sagt Donny zu Abi. »Ohne meinen Glauben würde ich mich aufhängen.«

»Selbstmord ist aber Sünde«, sagt eine Marie. »Wenn du dich umbringst, kommst du in die Hölle.«

Abi verdreht die Augen und wendet sich an Eli: »Barkeeper, schnell einen Drink für diese Unschuld vom Lande.«

Eli reicht der Marie einen Whiskeybecher. Sie sieht ein bisschen aus wie Caroline, die Tochter des Paten, allerdings ohne das theatralische Make-up.

Der Jeep-Donny beäugt Abi mit einer Mischung aus Verlangen und Angst, so wie Jungen Abi oft ansehen. Vergiss es, würde Eli gern zu ihm sagen. Sie ist mehrere Nummern zu groß für dich, Mann. Du befindest dich auf Meeresspiegelhöhe, Abi zwanzigtausend Meilen darunter.

In letzter Zeit wirkt Abi tatsächlich wie unter Wasser. Vor ein paar Tagen hat Eli ihr erzählt, seine Geschichtslehrerin hätte gesagt, von all den verschiedenen Personengruppen, die die Nazis in ihre Konzentrationslager sperrten, hätten nur die Homosexuellen es verdient, dort zu sein. Und statt sich aufzuregen oder die ignorante Mrs Throckmorton nach der Schule auf dem Parkplatz zur Rede zu stellen, wie sie es früher getan hätte, murmelte Abi nur: »Wie tief der Mensch doch sinken kann.«

Dass sie selbst sinkt, das macht Eli Sorgen. Sie ist viel zu dünn. Wie hat er nur so dumm sein können zu denken, die Straße nach Manhattan sei mit Abführmittel gepflastert. Deshalb Schluss damit, welches für seine Schwester zu klauen oder ihr Reiswaffeln (35 Kalorien pro Stück) zu besorgen.

Heute jedoch wirkt sie wie ihr altes, resolutes Ich, zumindest am Anfang. »Wir zwei sind gar nicht so verschieden, Donny-Boy«, sagt sie zum Fahrer des Jeeps. »Glaubst du an Allah, Buddha, Nanuk, Poseidon, Ra, Thor oder Zeus?«

»Natürlich nicht«, sagt Donny.

»Ich auch nicht. Du bist also ein Nichtgläubiger, wenn es um diese sieben Götter geht, ich bin eine Nichtgläubige in Bezug auf acht, wobei der achte euer Typ im Himmel ist.« Sie nimmt einen großen Schluck Whiskey direkt aus der Flasche und schüttelt sich. »Praktisch glauben wir also den gleichen Scheiß.«

Mit fünfzehn spricht Abi immer noch mit ihrer piepsigen Kleinmädchenstimme. Die Diskrepanz zwischen dieser Stimme und den Worten, die aus ihrem Mund kommen, erzeugt einen Missklang.

»Aber mein Gott ist der einzig Wahre«, beharrt Donny.

»Ha!«, ruft Abi und klingt dabei wie Joy. »Das sagen alle.«

»Es stimmt aber.«

»Jesus Murph! Dass Donny Osmond glaubt, irgendetwas sei wahr, reicht mir als Beweis nicht aus.«

»Wieso sagst du ›Jesus‹, wenn du Atheistin bist?«, will Marie wissen.

»Weil ich Jesus mag«, antwortet Abi. »Er hat tolle Haare. Welches Shampoo er wohl benutzt?«

Die Osmonds lachen.

»Aber ich traue ihm nicht. Euer Jesus sieht aus wie ein Zuhälter, der vor der Hafenbehörde rumlungert und frisch Eingereiste abfängt und dazu zwingt, in schäbigen Absteigen in der Lower East Side anschaffen zu gehen.«

Die Marie schlägt die Hand vor den Mund, obwohl Eli vermutet, dass sie weder die New York-Anspielung versteht noch weiß, was »anschaffen« bedeutet.

Im Gegensatz zu seiner Schwester läuft Eli nicht in der Gegend herum und erzählt allen, dass er ein Ungläubiger ist. An seinem ersten Tag an der Junior High in Utah hat ihn eine Marie aus seiner Klasse gefragt, ob er ein Osmond ist. Da es ihm unangenehm war, sich als Atheist zu bezeichnen, behalf er sich mit einem: »Ich bin Kanadier«, als sei Kanadischsein eine esoterische Religion. »Abgefahren«, lautete die Reaktion der Marie.

»Meine Prophetin ist eine tote Fotografin«, teilt Abi den anderen jetzt mit. »Sie heißt Diane Arbus.«

»Nie von ihr gehört«, sagt ein anderer Donny.

Abi hat Eli ein Buch mit den Fotos dieser Diane Arbus gezeigt. Auf einem davon war ein verkrampft dastehender blonder Junge, der das Gesicht verzieht, mit einer Plastikhandgranate in der Hand im Central Park zu sehen.

»*Sie* solltet ihr anbeten«, sagt Abi. »Denn sie ist eine wahre Göttin.«

»Was hat sie denn fotografiert?«, fragt die Caroline ähnelnde Marie.

»Transvestiten, Nudisten, Drillinge, Riesen, schwertschluckende Albinos, Menschen mit Down-Syndrom.«

»Freaks«, sagt Donny. »Freaks wie ihr Kanadier.«

Wo immer sie hinziehen, die Geschwister werden überall Freaks sein. Nie werden sie den richtigen Akzent, die richtigen Kleider, die richtigen Haarschnitte oder den richtigen Glauben haben. Aber nach Manhattan werden sie passen, versichert Abi ihrem Bruder ständig, weil New York die Stadt der Freaks ist. Wieso ist Salt Lake City so verdammt weit davon entfernt? Abi hasst diese frömmlerische Stadt, obwohl selbst sie zugeben muss, dass es hier schön ist. Die umliegenden Berge ragen majestätisch, zerklüftet und schneegekrönt auf, wie eine Filmkulisse. Die Winter sind nicht so grauenhaft wie im Nordosten, wo einem im Januar die Nasenhärchen zu winzigen Eiszapfen gefrieren. In Salt Lake City selbst schneit es nur selten, aber wenn man Schnee will, braucht man einfach nur in die Berge zu fahren. Die sind allerdings weiter weg, als man meint. Im Jeep von Donnys Vater und einem zweiten Auto haben es die Geschwister und die Osmonds nur bis an den Fuß der Berge geschafft.

Im Frühling rauscht der schmelzende Schnee in Sturzbächen die Hänge hinunter und tritt über die Ufer der kleinen Wasserläufe, die die Region kreuz und quer durchziehen. In der Ferne hört Eli Wasser plätschern und plappern. Die Osmonds plappern auch, über den Whiskey, der in der Kehle brennt, über Alkohol, Sünde und Hölle, über die Schule, die Lehrer, die Leichtathletikmannschaft. Sie lachen über anzügliche Witze, aber für die Geschwister klingt ihr Lachen so falsch wie das in den Sitcoms. Diese Osmonds kommen aus Familien wie denen im Fernsehen, mit Eltern, die banale Ratschläge erteilen und zum Dank dafür von ihren Kindern stürmisch umarmt werden.

Eli sieht zu seiner Schwester hinüber, die still geworden ist. Sie schaut nach oben, beobachtet die Fledermäuse, die auf der Jagd nach Insekten pfeilschnell hin und her schießen. Wenn sie nicht im Mittelpunkt steht, fällt es Abi schwer, sich auf das zu konzentrieren, was die anderen sagen. Joy sagt, sie ist egozentrisch, aber Eli ist anderer Meinung. Er glaubt, dass sich seine Schwester als Schutz gegen die Außenwelt in den Kokon ihrer eigenen Gedanken zurückzieht.

Auf dem Heimweg im offenen Jeep lehnt sich eine Marie gegen Eli und legt den Arm um seine Schulter. »Ich mag dich. Du bist nett«, lächelt sie und enthüllt dabei Zähne, die so weiß sind wie ausgebleichte Knochen in einer Wüste.

»Nein, bin ich nicht«, wehrt er ab. »›Nett‹ ist für mich wie Kryptonit.« Sein Lächeln ist dasselbe, mit dem er früher die Kundinnen im Perrette's in der Hoffnung auf 50 Cent Belohnung angestrahlt hat, eine Mischung aus großäugiger Unschuld und Kleinjungen-Lüsternheit.

»Wenn du nicht nett sein willst, was willst du dann sein?«, fragt die Marie. Ihr Atem riecht nach Whiskey, ihr Körper nach Nesquik mit Erdbeergeschmack.

»Dein Lover«, sagt Eli.

Die Marie schnaubt und gibt ihm einen spielerischen Klaps auf die Wange.

»Fester. Ich mag es fester.«

»Du bist zu komisch«, sagt Marie, und zu Donny, dem Fahrer: »Wir haben hier hinten einen richtigen Komiker.«

Vom Whiskey angespornt lehnt sich Eli in der Hoffnung auf einen Kuss zu ihr hinüber, die Augen halb geschlossen, so wie der Pate, wenn er Elvis imitiert. Er stellt sich Marie als die Tochter des Paten vor, kleidet sie aber in einen paillettenbesetzten Bikini und einen Kopfputz mit Pfauenfedern. Sie stößt ihn weg. Sie ist größer als er. »Ganz schön frech«, sagt sie mit gespielter Entrüstung, eine ehrbare Dame in einem alten Film, die die Avancen des Flegels zurückweist.

Vorne hält Donny das Steuer übertrieben konzentriert umklammert, wie ein kleines Kind im Autoscooter. Abi sitzt stumm und schlecht gelaunt auf dem Beifahrersitz, gelangweilt vom angetrunkenen Donny, der sich in eine Quasselstrippe verwandelt hat und sich endlos über seine Leistungen als Leichtathlet auslässt.

Der Jeep hat kein Dach und vorne keine Türen, aber der Rücksitz, auf dem Eli und Marie sitzen, ist durch Seitenverkleidungen einigermaßen geschützt. Das Fahrzeug windet sich durch den Wald und dann vorbei an einer Wiese, auf der Camper Zelte aufgeschlagen haben. Manche davon sind von innen beleuchtet und sehen aus wie Papierlaternen. Weiter vorn auf der Straße ist das zweite Fahrzeug, ein Kombi mit den anderen Osmonds, gerade noch zu sehen. Obwohl es schon fast zehn Uhr ist, ist der Himmel noch von violettem Licht erfüllt.

»Beim letzten Wettkampf habe ich mir den Ischiocrural-Muskel verletzt«, redet Donny weiter. »Weißt du, was ein Ischiocrural-Muskel ist? Er verläuft an der Rückseite des Oberschenkels. Eigentlich hätte ich beim Hochsprung Erster werden sollen, musste mich aber mit dem fünften Platz zufriedengeben. Ein harter Schlag fürs Ego, das kannst du mir glauben, aber der Trainer hat gesagt, ich komme schon wieder in Form.«

Langsam lehnt sich Abi immer weiter weg von Donny. Eli, der direkt hinter ihr sitzt, sieht es und denkt zuerst, sie will einfach nur Distanz zwischen sich und Donnys Geschwafel bringen. »Pass auf, Abi!«, schreit er noch, doch da kippt sie bereits aus dem Jeep. Elis Lippen formen ein entsetztes »O«, aber zu hören ist nur Maries Aufschrei.

Eli wirbelt in seinem Sitz herum. Im dämmrigen Licht

sieht er, wie sich Abis Körper am Straßenrand mehrmals überschlägt wie eine Stoffpuppe und dann die grasbewachsene Böschung hinunterrollt.

»Oh Gott, oh Gott«, stöhnt Donny und lenkt den Jeep an den geschotterten Straßenrand, wo er holpernd zum Stehen kommt. Die Scheinwerfer beleuchten ein überfahrenes pelziges Tier ein Stück vor ihnen. Eli versucht, den Vordersitz vorzuklappen, kommt in seiner Panik aber nicht mit dem Hebel zurecht und springt über die Seite, stolpert, fällt auf die Knie, ist aber sofort wieder auf den Beinen und rennt, nein, sprintet wie ein Hundertmeterläufer die Straße entlang zu der Stelle, an der Abi die Böschung hinuntergerollt ist.

»Jones!«, ruft er, während er den Abhang hinunterhetzt und das Gras beiseite schlägt, das hüfthoch und so dschungelwild ist wie das hinter ihrem Waggon früher. »Wo bist du?«, schreit er voller Angst, er könne auf ihren zerschmetterten Körper trampeln. Der hellgelbe Lichtschein eines Laternenmasts an der Straße beleuchtet die Umgebung. Ein Stück weiter weg stehen die erleuchteten Zelte. Bei einem davon wird der Reißverschluss hörbar aufgezogen.

»Hilfe!«, brüllt er in Richtung der Zelte.

»Jones?«, sagt eine ruhige Stimme. »Ich bin hier drüben.«

Er bahnt sich raschelnd einen Weg durch Gras und Gestrüpp und findet Abi auf einer plattgewalzten Stelle hinter einem Busch. Sie liegt auf dem Rücken, das Gesicht kalkweiß, die Knie ihrer Schlaghose aufgerissen. Einer ihrer Schuhe fehlt, ihr nackter Fuß ist aufgeschürft und schmutzig.

Er fällt neben ihr auf die Knie. »Du bist nicht tot«, sagt er mit kippender Stimme.

»Anscheinend nicht. Jedenfalls noch nicht.«

Ihre Ruhe ist beängstigend, und er hat Angst, sich in die Hose zu machen wie Pal, wenn er auf Sauftour ist. Er klatscht die flache Hand auf ihre Stirn, um festzustellen, ob sie Fieber hat, aber ihre Haut ist kühl.

Donny und Marie kommen über die Straße angerannt, bleiben oben stehen und spähen zu den Geschwistern hinunter. Abi hebt grüßend einen Arm. Der Ärmel ihrer Bauernbluse rutscht nach unten und enthüllt einen blutenden, zerschundenen Ellbogen.

»Wir müssen sie zudecken«, sagt Donny, als er die Böschung herunterkommt. »Sie steht garantiert unter Schock, wir müssen sie warmhalten.« Er zerrt sich den Pullover über den Kopf. Marie macht es ihm nach und zieht ihre Strickjacke aus. Beide knien sich neben Abi, deren Zähne inzwischen klappern, und breiten die Sachen über ihren Oberkörper. Eli reißt sich Sweatshirt und T-Shirt herunter und legt sie über die anderen Sachen. Gerade will er den Gürtel seiner Jeans aufmachen, um auch sie über Abi zu breiten, als Marie sagt: »Ich hole Decken und Schlafsäcke vom Zeltplatz.« Und schon klettert sie die Böschung hinauf und läuft um Hilfe rufend über die Wiese.

»Ich gehe zurück zum Jeep«, kommt es von Donny, »und fahre zur Tankstelle weiter unten. Die haben ein Telefon, von dem aus ich einen Krankenwagen rufen kann.« Er ist inzwischen stocknüchtern. Wie sie alle. Ein paar Sekunden lang legt er Eli die Hand auf den nackten Rücken, wie um ihm Wärme und Kraft zu übermitteln. Dann steht er auf und klettert die Böschung hinauf.

Als er weg ist, sagt Abi: »Dem Himmel sei Dank für die Osmonds dieser Welt.«

Eli wischt Steinchen und Schmutz von ihren Wangen und zupft Zweige aus ihren Haaren. »Wieso hast du das gemacht?«, fragt er mit kippender Stimme. Der Whiskey hat ihren Sturz nicht verursacht. Er war kein Unfall. »Wieso hast du so was Verrücktes gemacht, du verrückte Jones?«

Abis Zähne hören auf zu klappern. »Ich wollte es spüren.«

»Was spüren?« fragt er völlig aufgelöst. Er zittert vor Kälte.

»Irgendwas. Egal was.«

Sie sieht zu den Sternen auf. Eli versucht, die Tränen zurückzuhalten.

»Den Aufschlag auf der Straße, *den* habe ich gespürt.«

Sie lacht ihr gickelndes Achtjährigen-Lachen, hört aber sofort wieder auf, weil es vermutlich wehtut.

»Wie man sich bettet, so liegt man«, lautete die lahme Begründung Joys in Verdun, als Eli ein letztes Mal versuchte, sie davon abzubringen, Pal nach Utah zu folgen. Anders ausgedrückt hat sie den Mann nun einmal geheiratet und ist seitdem für alle Zeiten an das Ehebett gebunden. Ironischerweise ist sie Expertin im Bettenmachen. Sie könnte Zimmermädchen und Rekruten ausbilden, lässt ihre Kinder aber nicht an ihre eigenen Betten heran. »Ihr würdet es sowieso versauen.«

Am Morgen nach ihrem Sturz aus dem Jeep liegt Abi schlafend im Bett, während Joy und Eli sie von der offenen Zimmertür aus beobachten. Eli erzählt noch einmal dieselbe Lügengeschichte wie am gestrigen Abend: Dass Donny sich einen Schluck aus seinem Flachmann genehmigt und einen Schlenker gemacht hat, sodass Abi aus dem türlosen Jeep gekippt ist. »Diese Osmonds tun so, als könnten sie kein Wässerchen trüben, dabei sind sie Ausgeburten der Hölle«, flüstert er. »Marie war übrigens auch sturzbetrunken und hat versucht, mit mir rumzumachen, obwohl sie schon sechzehn ist. Ich hoffe, die kriegen bis zur vierzehnten Wiederkunft Christi Hausarrest.«

»Haltet euch bloß von dieser gottverdammten Sekte fern«, sagt Joy. Sie ist kein Fan der Mormonen und behauptet, sie würden in dem McDonald's, in dem sie Teilzeit arbeitet, bevorzugt behandelt und bekämen die besten Schichten. An diesem Morgen trägt Polly Esther ihre Polyester-Uniform mit den orangefarbenen und senfgelben Querstreifen, Farben, die Eli, müsste er sie tragen, sofort eine Einweisung ins Douglas einbringen würden.

Eli beobachtet die schlafende Abi. Seine Schwester runzelt die Stirn und zuckt unter der Decke mit einem Bein, als wolle sie jeden Augenblick losstürzen.

»Ihre Arme und Beine waren voller Steinchen. Die Krankenschwester musste sie mit einer Pinzette herausholen«, sagt Joy erschöpft. Ihr Gesicht ist blass und angespannt, weil sie zu wenig geschlafen hat, denn seit Abi aus dem Krankenhaus nach Hause gekommen ist, muss Joy sie jede Stunde wecken. Das Mädchen hat eine Gehirnerschütterung, und es besteht die Gefahr eines Komas, wenn sie in den ersten vierundzwanzig Stunden in Tiefschlaf fällt.

Pal ist unterwegs, um Bandagen, Schmerzmittel und Wasserstoffperoxid zu besorgen. Joy muss gleich zur Arbeit, sie wird das kurze Stück zu Fuß gehen, und wenn sie weg ist, ist Eli dafür verantwortlich, seine Schwester stündlich zu wecken.

»Es ist wirklich wichtig«, sagt Joy. »Wehe, du vergräbst dich in deinen Heften und vergisst es.«

Es ärgert ihn, dass sie ihm wieder einmal unterstellt, alles zu vermasseln, aber vielleicht wirft sie ihm auch vor, gestern Abend nicht gut genug auf Abi aufgepasst zu haben. Du hättest sie wirklich besser im Auge behalten müssen, tadelt er sich selbst. Das war dumm, dumm, dumm!

Abi brabbelt im Schlaf etwas Unverständliches.

»Sie klingt wie früher, als sie noch Marsianisch gesprochen hat. Weißt du noch?«, sagt Eli. »Da habe ich immer für dich übersetzt: ›Sie sagt, sie will Pop-Tarts und ein Glas Schokomilch.‹«

»Die Stunden, die ich damit zugebracht habe, sie zur Sprachtherapie zu bringen, wo sie gelernt hat, was sie mit der Zunge tun muss, um das ›th‹ hinzubekommen«, sagt Joy. »Dabei war sie einfach nur zu faul, um normal zu sprechen.«

Eli langzuckt zwei oder drei Mal. Seine Mutter wirft ihm einen aufgebrachten Blick zu. »Jesus Murph, wieso bloß konnte ich keine normalen Kinder bekommen?«, murmelt sie.

Weil *du* nicht normal bist, denkt Eli.

Seine Mutter macht sich auf den Weg zu McDonald's und verspricht, anschließend Burger, Pommes, Apfelkuchen und Cola mitzubringen und eine Käsepizza für ihren vegetarischen Sohn zu besorgen.

Eli holt sich eins seiner Hefte und setzt sich auf ein Kissen auf dem Boden, gleich neben Abis Leihbüchereistapel mit *Naked Lunch* von William S. Burroughs, *Metropolitan Life* von Fran Lebowitz, Andy Warhols Philosophiebuch, dessen Einband gestaltet ist wie eine Suppendose von Campbell's, und einem Fotoband von Diane Arbus.

Am letzten Tag ihres Lebens stieg Diane Arbus vollständig angekleidet in eine Badewanne und schnitt sich die Pulsadern auf. »Bis auf die Sehnen!«, hat Abi Eli erzählt. Er tritt das Arbus-Buch unters Bett, weil er nicht an diesen Selbstmord denken will, vor allem nicht, weil seine Schwester gern lange in der Badewanne liegt. Wird er sich ab jetzt immer zu Tode ängstigen, wenn sie ein Bad nimmt?

Draußen wirft jemand Körbe auf dem Platz neben ihrem Haus und das Geräusch des aufprallenden Balls beruhigt seine Nerven. Während er zuhört, skizziert er die Fantasiewohnung, die Abi und er in Manhattan mieten werden. Nach langem Hin und Her hat sich Abi für das Viertel Hell's Kitchen entschieden. »Nicht zu weit nördlich, nicht zu weit südlich«, lautete ihre Begründung. »Und ich mag den Namen. Findest du nicht auch, Hell's Kitchen klingt, als würden dort Hexen in ihren Kesseln voller Salamanderblut, Hundeschwänzen und Opossumgedärmen rühren?«

Seine Zeichnung soll eine Überraschung für Abi sein, wenn sie aufwacht. Er zeichnet vier kleine Kreise auf den Herd in der Küche. Die Manhattaner Wohnung wird klein sein, hat Abi ihn gewarnt, daher weiß er, dass er es mit der Größe nicht übertreiben darf. Er wird Abi das einzige Schlafzimmer überlassen und selbst auf der Couch im Wohnzimmer schlafen. Während er das Badezimmer zeichnet – Wanne, Toilette, Waschbecken –, hört er die Wohnungstür aufgehen. Kurz darauf steht Pal in Abis Tür, in der Hand eine große braune Einkaufstüte aus Papier. Er kommt herein und setzt sich neben seinen Sohn auf den Boden. Hastig schlägt Eli eine neue Seite auf, um das Ziel der Großen Flucht vor Pal zu verbergen.

Der kramt in der Einkaufstüte herum und zieht ein neues schwarzes Spiralheft hervor. »Hab ich dir mitgebracht«, flüstert er.

»Danke.« Pal bringt ihm nie Geschenke mit. Ist sein Vater dabei, sich zu ändern? Er hat mit dem Rauchen aufgehört und war schon seit Monaten nicht mehr sturzbetrunken.

»Hast du Abi die Flasche Whiskey gegeben?«, fragt Eli.

»Wovon redest du da, Junge?«

»Sie hat gesagt, das hast du.«

Abi brabbelt mehr Unverständliches im Schlaf.

»Du darfst nicht alles glauben, was dieses Mädchen sagt. Sie lügt genauso viel wie du.« Pal wirft Eli einen durchdringenden Blick zu. »Jetzt, wo deine Mutter nicht da ist, will ich wissen, ob Abi tatsächlich aus diesem Jeep *gefallen* ist.«

»Ich hab doch gesagt«, braust Eli auf, »dass es ein Unfall war!«

Das also ist der Grund für das Geschenk: Pal will die Wahrheit aus ihm herauskitzeln. Eli langzuckt und hat

Angst, dass er gleich anfangen wird zu heulen. Eine Weile sitzen Pal und er schweigend da und lauschen dem Aufprallen des Basketballs. Als Eli seinen Vater wieder ansieht, sind die Lider des Mannes rot wie Schabefleisch, als würde auch er gleich anfangen zu weinen. »Ich muss meine Rennmäuse füttern«, murmelt Eli, steht auf, geht durch den Flur in sein Zimmer und legt Hefte und Bleistift auf seinen Schreibtisch.

In Utah steht Barney und Bernice eine Art Apartmentkomplex zur Verfügung, drei separate Plastikkäfige, die unter Elis Fenster stehen und durch Röhren miteinander verbunden sind. Das Ganze sieht aus wie ein Weltraumgebilde, wie etwas aus der Zeichentrickserie *Die Jetsons*. Auf dem Boden des kleinsten Käfigs liegt Bernice auf der Seite, die Augen geschlossen, die Beine steif von sich gestreckt. Eli fällt auf die Knie und starrt das reglose Tier an. Bernice sieht so tot aus wie eine Kaninchenpfote an einem Schlüsselring.

Am nächsten Tag gibt es ein Erdbeben. Kein verheerendes Katastrophenfilm-Beben mit einem die Menschheit rettenden halbnackten Charlton Heston, sondern ein leichteres, das im Supermarkt dafür sorgt, dass Sachen von den Regalen purzeln und von der Decke hängende Sonderangebotsschilder über den Köpfen der Kundschaft, darunter auch Joy, hin und her schwingen. Eli und Pal, die im Rambler unterwegs sind, bekommen das Erdbeben erst mit, als sie im Autoradio davon hören.

Pal fährt mit seinem Sohn zu der Stelle am Fuß der Berge, an der Abi ihren »Unfall« hatte. Es war Abis Idee, Bernice dort zu begraben. Sie hat Eli den Sarg für die Rennmaus geschenkt, eine Zigarrenkiste aus Blech, die sie für einen Dollar auf einem Hausflohmarkt in Middlesex gekauft hatte. Auf dem Deckel ist eine farbige Manhattan-Karte zu sehen –

der Central Park ein Rechteck aus leuchtendem Grün, während die U-Bahnlinien die Insel kreuz und quer durchziehen wie Adern. Eli hatte ein schlechtes Gewissen, diese schöne Kiste für die sterblichen Überreste der Rennmaus anzunehmen, aber Abi hat darauf bestanden. »Bernice ist gestorben, damit ich leben kann«, hat sie, immer noch im Bett liegend, zu ihm gesagt. »Ich werde es vermissen, in ihr zu wohnen. Sie war eine so stille, sanfte Seele. In ihr zu sein war, als wäre man in einem buddhistischen Tempel.«

Eli hat die Zigarrenkiste mit Streu ausgepolstert und Bernice darauf gebettet. Jetzt, auf dem Beifahrersitz, hält er die Dose feierlich auf dem Schoß und denkt voller Mitleid an den armen Barney, den trauernden Hinterbliebenen, der jetzt ziellos im größten der Weltraum-Käfige in seinem Hamsterrad herumrennt.

Barney und Bernice haben nie Interesse daran gezeigt, sich zu paaren. »Vielleicht sind sie asexuell. Oder homosexuell«, hat Eli einmal zu Abi gesagt. Worauf sie geantwortet hat: »Oder sie sind Geschwister und wollen keine Mutanten-Kinder mit zwei Köpfen und fünf Beinen.«

Pal findet den Zeltplatz am Hang ohne Probleme. Bevor sie losgefahren sind, hat Eli ihm die Stelle auf der Karte gezeigt, die immer im Handschuhfach liegt. Jetzt hält Pal am Straßenrand an und schaltet die Warnblinkanlage ein. »Ich hole den Spaten aus dem Kofferraum«, sagt er.

Sie werden Bernice nicht genau an der Stelle begraben, an der die Sanitäter Abi auf einer Trage hochgebracht haben. Dort ist es ihnen zu offen. Stattdessen entscheidet sich Eli für eine Stelle im Wald, außer Sicht der Camper, die gerade dabei waren, sich lautstark über die Stärke des Erdbebens zu streiten, als er und Pal an ihnen vorbeikamen.

»Vier Komma zwei auf der Richterskala.«
»Nie im Leben. Es waren mindestens fünf.«

Im Wald gräbt Pal ein so tiefes Loch, dass Eli sagt: »Da drin könnten wir einen Waschbären beerdigen.«

»Wir wollen schließlich nicht, dass ein Waschbär die gute Bernice ausgräbt, oder?«

Eli hat die Blechdose mit Malerkrepp zugeklebt. Hätte er lieber Isoband nehmen sollen? Als die Dose auf dem Grund des Lochs liegt, sagt Pal: »Wie wär's mit einem Gebet?« Das soll ein Witz sein: Pal ist der Atheistischste von ihnen und hat den katholischen Priestern an der katholischen Schule, die er vor Jahrzehnten besucht hat, nie verziehen, dass sie ihn mit Zollstöcken und manchmal mit Fäusten traktiert haben.

»Lieber Gott, mach mich klug, Blöde gibt es schon genug«, rezitiert Eli.

Pal grinst. »Ich erinnere mich. Das hat sich Abi ausgedacht, als sie noch klein war.« Er hält Eli den Spaten hin. »Willst du Bernice den letzten Dienst erweisen?«

Eli nimmt den Spaten, schaufelt Erde auf die Manhattan-Dose und hat dabei das merkwürdige Gefühl, Abis Traum zu begraben. Er richtet den Blick in den dunklen Wald, auf die majestätischen Bäume, die laublosen Sträucher, die überall aus der Erde ragenden Felsen, und mit brutaler Plötzlichkeit wird ihm klar, wieso sich Abi aus Donny Osmonds Jeep fallen ließ.

Weil der Tod die Große Flucht ist.

Er wirft den Spaten hin, kann nicht weitermachen. Wieso hat er sich bereit erklärt, hierher zurückzukommen, zum Ort des furchtbaren Geschehens? Er muss verrückt sein, Douglas-verrückt. Als er aufstöhnt, versteht Pal ihn falsch und sagt: »Das mit Bernice tut mir ehrlich leid, Junge.«

Er macht einen Schritt auf Eli zu, um ihn zu umarmen, aber der Junge weicht zurück. Er verspürt eine Wut, die er nicht versteht, aber sie ist wie Lava, die aus dem Erdkern hochblubbert. Er hebt den Spaten auf und stellt sich vor, wie er damit ausholt und ihn seinem Vater über den Kopf zieht. Plötzlich will er den Mann umbringen, seine Leiche in dieser unberechenbaren Erde begraben, die ohne Vorwarnung unter einem erbeben kann.

Cook County, Illinois

Plus ça change«, sagt Abi. »Quebec, Massachusetts, Utah, Illinois – alles dasselbe. Das Einzige, was sich ändert, sind die Landesblumen auf den Nummernschildern.«

»Weil *wir*, egal wo wir hingehen«, antwortet Eli, »immer dieselben sind. Immer dieselben alten Jones.«

»Dieselben alten Jones im immer selben alten JonesTown«, macht Abi weiter. »Wo wir den immer selben vergifteten Saft trinken.«[1]

Sie befinden sich in einer neuen Wohnung am Rand von Chicago, wo sie hingezogen sind, damit Pal wieder einmal einen neuen Job annehmen kann, dieses Mal in einer größeren, angeseheneren Thermoelektrik-Firma.

Es ist ein regnerischer Abend Mitte Dezember. Eli steckt künstliche Tannenzweige in Schlitze in einem Holzstab,

---

[1] Bezieht sich auf den (teils wohl erzwungenen) ›Massenselbstmord‹ von Jonestown, Guyana, wo die ca. 1100 Mitglieder der von Jim Jones gegründeten Sekte Peoples Temple in völliger Abgeschiedenheit lebten. Am 18. November 1978 wurden sie zusammengerufen und bekamen vergifteten Saft ausgeteilt, den sie teils unter Zwang tranken. 909 Menschen, darunter auch Babys, starben. Der Vorgang war im Vorhinein als Loyalitätsprobe mehrfach geübt worden, ohne dass die Sektenmitglieder wussten, ob der Saft vergiftet war oder nicht. Im Englischen entstand daraus die Redewendung »drinking the KoolAid« (dt. in etwa »die Limonade trinken«), mit der man blinden Gehorsam bezeichnet. (Anm. d. Ü.)

der von einem dreizinkigen Metallständer gehalten wird. Am Nachmittag hat er den künstlichen Weihnachtsbaum in der Eisenwarenhandlung in einer nahegelegenen Ladenzeile gekauft. Dessen Nadeln sind schlumpfeisblau, eine grelle Farbe für einen Jungen mit Farbphobie, aber die grünen Bäume waren schon ausverkauft. Den großen Karton hat er in einem geklauten Einkaufswagen nach Hause gekarrt. Während Eli den Baum zusammensteckt, sitzt Abi, den Rücken an die Wand gelehnt, auf dem Boden, raucht eine Camel und beobachtet ihn ohne großes Interesse. Neben ihr tönt Elvis' »It's Now or Never« aus einem blechern klingenden Kofferradio und erinnert Eli an den Presley-Zauber, den er in sich trägt.

Über ihnen verbreitet eine Deckenlampe grelles, weißes Licht. Abgesehen von den klapprigen Feldbetten, auf denen sie schlafen, gibt es praktisch keine Möbel in der Wohnung. Ihre ganze Habe windet sich in einem Umzugswagen quer durchs Land, gelenkt von Pal, der dafür nach Utah zurückgefahren ist.

Die leeren Zimmer der Wohnung, noch unberührt von Joys horror vacui, wirken beruhigend auf Eli. Ohne die Horden von Keramik-Kätzchen, -Clowns und -Cowboys kann er leichter atmen. »Und was, wenn Pal sich volllaufen lässt, eine dreißig Meter hohe Felswand hinabrast und unsere ganzen Sachen hin sind?«, fragt er seine Schwester. »Vielleicht könnten wir dann jemand anders sein und ganz von vorn anfangen.«

»Würdest du irgendwas vermissen, wenn wir alles verlieren würden?«, fragt Abi zurück.

»Die Fotoalben«, sagt Joy, die in ihrem Frottee-Bademantel und ihren Plüsch-Pantoffeln aus der Küche hereinkommt, in der Hand eine fettfleckige Pappschachtel mit einer großen Pizza aus der Pizzeria an der Schnellstraße, in der sie arbeitet. »Wenn es brennt, rettet man als Erstes die

Fotoalben«, sagt sie und stellt die Schachtel ab. »Sie enthalten die Vergangenheit. Ich würde unsere Vergangenheit nicht verlieren wollen.«

»Ich schon«, sagt Abi. »Ein paar Jahre zumindest.«

»Im Verdun-Album«, fährt Joy unbeirrt fort, »gibt es so schöne Fotos von euch beiden mit Santa Claus.« Sie hat alle Fotos in Alben geklebt, die nach den Orten benannt sind, in denen die Jones gelebt haben. »Ihr wart so verflixt süß, als ihr klein wart.«

»Leider sind wir dann größer und grottenhässlich geworden«, sagt Eli.

»Seid ihr nicht.«

»Schiefe Zähne, zusammengewachsene Augenbrauen, Triefaugen«, kommt es von Abi.

»Bloß nicht hinsehen«, ruft Eli und hält sich die Augen zu.

»Egal, wo wir hinkommen«, macht Abi weiter, »jagen uns die Einheimischen mit Mistgabeln durchs Dorf.«

»Nous sommes des monstres«, sagt Eli.

»Jesus Murph«, stöhnt Joy. »Ihr zwei macht mich fertig.« Sie holt Pappteller und Servietten aus der Küche, und als sie zurück ist, kommt Barney in seinem Laufball durch den Gang gekullert. Der Ball ist etwa so groß wie ein Fußball und besteht aus durchsichtigem Plastik mit kleinen Luftschlitzen. Er prallt von einem Fußleistenheizkörper ab und wird in das leere Esszimmer umgelenkt, wo eine weiße Kugellampe mondartig unter der Decke schwebt.

»Dein Baum ist schief«, sagt Joy zu Eli. Der Baum ist noch nicht fertig, auf der einen Seite fehlen noch die meisten Zweige. »Er sieht aus wie der schiefe Turm von Pizza.«

»Pisa, nicht Pizza«, korrigiert Eli, setzt sich zu seiner Schwester und Mutter auf den Boden und klappt die Pizzaschachtel auf.

»Als ihr noch klein und dumm wart«, sagt Joy, »konnte ich euch besser leiden. Das waren noch Zeiten.«

»Zeiten des Glücks«, nickt Abi.

Die Pizza ist dermaßen überladen, dass sie aussieht wie der Schauplatz einer Essensschlacht. Ehrfurchtsvoll wie eine Katholikin, die die Hostie empfängt, legt sich Abi eine Scheibe Salami auf die Zunge. Eli dagegen zupft die Leichenteile von seinem Stück und verteilt sie an seine Mutter und Schwester.

Draußen hat sich der Regen in Hagel verwandelt und prasselt gegen Fenster und Balkontür. Es klingt, als schleudere jemand Kieselsteine dagegen. Eli hofft inbrünstig, dass sich das Wetter bis zum Morgen beruhigt, denn dann muss er in der aus mehreren Dutzend niedriger Apartmenthäuser bestehenden Siedlung, die sie jetzt ihr Zuhause nennen, die *Chicago Tribune* austragen. Abi hat der Siedlung den Spitznamen »der Komplex« verpasst, kurz für »Minderwertigkeitskomplex«, und behauptet, so vernachlässigt und heruntergewirtschaftet wie alles hier aussieht, müsse die Siedlung unter Minderwertigkeitskomplexen leiden.

»Hast du auch was gekauft, womit wir den Baum schmücken können?«, will Joy von Eli wissen.

»Ich mag ihn kahl.«

»Du hast nicht mal einen Stern für die Spitze?«

»Ich bin Minimalist.«

»Und ich Maximalistin«, sagt Joy und lacht schallend. Sie ist guter Stimmung, was gelegentlich vorkommt, wenn Pal nicht da ist. »Sobald euer Vater mit unserem Weihnachtsschmuck zurück ist, werde ich mich austoben.«

»Wenn du den Baum schmückst«, gibt Eli zurück, »sieht er immer aus wie diese Stadtstreicherinnen, die alles auf einmal anziehen, was sie an Klamotten und Schmuck besitzen.«

»Ja, stimmt, meine Bäume glitzern und funkeln«, entgegnet Joy. »Weißt du noch, Abi? Als du noch klein warst, hast du Lametta gehasst und gesagt, der Baum sieht damit aus wie eine Trauerweide. Bloß hast du ›Trauerwitwe‹ gesagt und erklärt, er sieht aus wie eine Witwe, die um ihren toten Mann weint.«

Abi stellt ihren Pappteller auf den Boden. Sie hat nur den Belag ihrer Pizza gegessen, sodass der Käse jetzt pockennarbig aussieht. Mit einer Serviette tupft sie sich anmutig den Mund ab. »Würdest du weinen«, fragt sie Joy mit ihrer liebenswürdigsten Stimme, »wenn Pal mit dem Laster in einen Abgrund stürzen und in einem Feuerball verglühen würde?«

Joy wirft ihr einen eisigen Blick zu. »Keine Ahnung. Würdest *du* weinen?«

»Ich wäre schließlich nicht die Witwe –«

Witwer Barney rollt in seinem Laufball vorbei und kachelt in den Weihnachtsbaumständer. »Baum fällt!«, schreit Eli, springt auf und erwischt die künstliche blaue Tanne, bevor sie ihnen auf die Köpfe krachen kann.

Eli quält sich aus seinem Schlafsack, als der Wecker um sechs Uhr klingelt. Als stellvertretender Zeitungsjunge hat Eli Jones die Route des eigentlichen Zeitungsjungen übernommen, der im selben Gebäude lebt wie sie und, wie der Zufall es so will, ebenfalls Jones heißt, genauer gesagt Eugene Jones junior. In dieser Woche besucht er seine Mutter in Brooklyn. Am gestrigen Abend ist Eli schon früh ins Bett gegangen, um an diesem Morgen ausgeschlafen und hellwach zu sein. Nachdem er sich ein graues Sweatshirt übergezogen hat, spritzt er sich im Badezimmer Wasser ins Gesicht und geht durchs Wohnzimmer zur Wohnungstür.

Zigarettenrauch ringelt sich wie eine Girlande um die Zweige des kahlen Weihnachtsbaums. Hinter dem Baum, da, wo erstes Dämmerlicht durch die Balkontür fällt, ist ein Schniefen zu hören. Dort sitzt Joy in einem Rechteck aus verwaschenem Licht, das Gesicht zerknittert, die Augen verquollen und tränennass.

»Mum?« Es ist ein Wort, das er nur selten benutzt, aber er sieht seine Mutter auch nur selten weinen. Er kniet sich neben sie, während sie, ähnlich wie ein Zauberer, einen langen Streifen Papiertücher aus dem Ärmel ihres Hausmantels zieht, und sich damit die Augen betupft. Ist ein Bundespolizist an die Tür gekommen, während er geschlafen hat, und hat ihr mitgeteilt, dass Pal tot ist? Sein Herz fängt an zu hämmern.

Mit verschleimter Stimme sagt Joy: »Ich durfte nie zum Ballettunterricht.«

»Ballettunterricht?«

»Ich habe es mir so sehr gewünscht, aber dein Großvater hat sich strikt geweigert, die Stunden zu bezahlen. Der alte Geizhals hat nie auch nur einen Cent rausgerückt.«

Ihre Haare sind nicht wie sonst auf Lockenwickler aufgedreht. War sie überhaupt im Bett? Neben ihr qualmt eine Kool in einem Aschenbecher aus bernsteinfarbenem Glas vor sich hin.

»Ich habe Abi angemeldet, sobald sie richtig sprechen konnte. Obwohl wir pleite waren, habe ich ihr Schühchen und Strumpfhosen und Ballettkleidchen gekauft. Du hast die Fotos im Album gesehen. Abi als Ballerina. Ständig wollten irgendwelche Leute sie fotografieren, weil sie so bezaubernd aussah. Ein richtiges kleines Püppchen.«

Joy putzt sich unter lautem Getöse die Nase.

»Ich habe sie mit der Metro zur Ballettschule gebracht und draußen gewartet, bis die Stunde zu Ende war, und dann haben wir uns auf der Wellington ein Root Beer mit Vanilleeis genehmigt.«

Die Wellington ist die Hauptstraße von Verdun. Urplötzlich hat Eli furchtbares Heimweh nach Montreal. Wieso sind sie nicht dorthin zurückgezogen, statt in noch einem verdammten amerikanischen Staat wieder einmal neu anzufangen? Einzig und allein als er noch klein war und sie in Verdun lebten und Pal zwar trank wie ein Fisch, aber eher wie ein kleiner, hat er sich sicher gefühlt.

»Sie ist vielleicht fünfmal zum Unterricht gegangen, dann fing sie an, mir Bauchschmerzen vorzuspielen«, fährt Joy fort. »Und hat einfach aufgehört. Dasselbe mit Gymnastik zwei Jahre später. Ein paarmal ist sie hingegangen, dann hat sie alles wieder hingeschmissen.«

Abi ist so wendig wie eine Akrobatin und hat extrem biegsame Finger und Gelenke. Sie hat Eli das Radschlagen und das Sitzen im Lotussitz beigebracht.

»Sie weiß einfach nicht zu schätzen, was ich ihr gebe. Was ich aufgebe.«

Joy, die nur selten weint, hat jetzt, um sechs Uhr morgens, Tränen in den Augen, weil Abi vor Jahren mit Ballett und Gymnastik aufgehört hat. Es ergibt keinen Sinn.

»Irgendwas stimmt nicht mit dem Mädchen. Findest du nicht auch? Du kennst sie besser als irgendwer. Findest du nicht, dass mit ihr irgendwas nicht stimmt? Tief im Inneren?«

Er nickt kaum merklich und kommt sich vor wie der schlimmste Judas aller Zeiten.

Joy wirft ihm einen langen, kriegsmüden Blick zu. Aber obwohl sie ihren Sohn ansieht, sind ihre Gedanken ganz woanders, flattern wie Motten im Zimmer umher. Schließlich tätschelt sie sein Bein. »Geh«, sagt sie. »Geh und kümmere dich um deine Zeitungen.«

Er rennt praktisch aus der Wohnung und trägt seine Zeitungen aus, zermürbende Arbeit an einem Samstag, an dem die *Tribune* viel dicker und schwerer ist als an Werktagen. In seinem geklauten Einkaufswagen, dessen Räder dauernd blockieren, schiebt er die Zeitungsstapel über die vereisten, mit Split gestreuten Bürgersteige. Von der Titelseite strahlt ihn das zuversichtliche Hollywood-Grinsen des aus Illinois stammenden Ronald Reagan an. »Kopf hoch, Mann«, scheint der Präsident zu sagen.

Die mehrere Dutzend Backsteingebäude des Komplexes haben je drei Stockwerke und unterscheiden sich durch nichts von dem, in dem die Jones wohnen. »Falls Pal besoffen ist, wenn er heimkommt«, hat Joy vorhergesagt, »wird er seinen Schlüssel in fünfzig verschiedene Türen stecken, bevor er unsere Wohnung findet.«

Elis Kleider sind feucht vor Schweiß und vom feinen Niesel, der an diesem Morgen fällt. Seine Hände in den dünnen Handschuhen sind lila vor Kälte, und seine Handflächen und Handgelenke sind druckerschwärzeverschmiert. Trotzdem ist er gern so früh morgens unterwegs, wenn kaum jemand anderes draußen ist.

In seiner Tasche steckt die zusammengefaltete Liste der Kunden samt Adressen. Er geht durch eins der niedrigen Gebäude und legt die Zeitungen leise vor Wohnungstüren. Bei ihm werden die *Tribunes* nicht hingeschmissen oder hingedonnert. Falls es eine Fußmatte gibt, platziert er die Zeitung perfekt mittig, und richtig herum, sodass die Kunden, wenn sie die Tür öffnen, sofort die Schlagzeile lesen können. Er verlässt das Gebäude, geht zurück zu seinem Einkaufswagen und hat plötzlich das unbezwingbare Bedürfnis, zurückzugehen und sich zu vergewissern, dass er die Zeitungen vor die richtigen Wohnungen gelegt hat. Manchmal kontrolliert er sich dreimal. Folglich braucht er für die Arbeit länger, als er sollte.

Als er um viertel nach neun nach Hause kommt, steht ein Umzugswagen vor dem Gebäude. Direkt hinter der Tür, im kleinen Eingangsbereich, sitzt Abi in Nannys räudiger alter zweireihiger Pelzjacke, die angeblich Persianer ist, aber mehr an Pudel erinnert, unter den Briefkästen. Ihre Füße stecken in schwarzen Gummistiefeln. Als Eli hereinkommt, steht sie auf. Er ist inzwischen gute zehn Zentimeter größer als sie.

»Du siehst aus wie einem Dickens-Roman entsprungen«, sagt sie. »Dein ganzes Gesicht ist tintenverschmiert.«

»Pal ist zurück?«, fragt er und reibt sich über die Wangen. Seine Armmuskeln schmerzen, auf keinen Fall kann er eine Couch nach oben schleppen. »Müssen wir den Laster ausladen?«

»Nicht gleich.«

»Wann dann?«

»Vielleicht nie.«

»Ach?« Er ist hundemüde. Sogar seine Fußballen in den alten, abgelatschten Turnschuhen tun weh. »Was ist gestern Abend passiert, als ich schon im Bett war?«, fragt er. »Hatten Joy und du wieder einmal Streit?«

Abi kaut auf ihrer Lippe herum und sagt schließlich: »Ich habe ihr nur ein paar Sachen gesagt.«

»Was für Sachen?«

»Hauptsächlich, dass sie sich von dem Dreckskerl scheiden lassen soll.«

Normalerweise redet sie nicht schlecht über Pal. Vielmehr findet sie ständig Entschuldigungen für ihn: Er hat tapfer in Korea gekämpft, Alkoholismus ist eine Krankheit, er ist ein verkanntes Genie, das eines Tages vielleicht eine thermoelektrische Apparatur erfindet, die sie alle stinkreich machen wird.

»Seit ich zehn bin, sage ich ihr, sie soll sich von ihm scheiden lassen«, sagt er. »Aber sie hört nicht. Sie gibt mehr auf ihre Kools als auf ihre Kinder.«

»Dieses Mal wird sie hören. Und falls nicht, ist es wirklich hoffnungslos.«

Auf Abis Vorschlag hin gehen die Geschwister zum Frühstücken ins Doris, ein Diner an der Schnellstraße, ein kleines Stück von dem Italiener entfernt, bei dem Joy arbeitet. Eli verschwindet erst einmal in der Toilette, um sich die Druckerschwärze von Wangen und Händen zu schrubben. Die nach Kiefern duftende Flüssigseife ist so intensiv, dass seine Haut sich davon mumifiziert anfühlt. Als er ins Restaurant zurückkommt, sitzt seine Schwester in einer der Nischen und starrt auf den Parkplatz hinaus, auf dem Gesicht einen Ausdruck so abgrundtiefer Angst, dass er auch hinsieht, in Erwartung – wessen eigentlich? Eines Manson-Mordes? Nichts ist zu sehen, nur ein überquellender Mülleimer. Als er sich zu Abi setzt, nimmt ihr Gesicht wieder seine übliche Ausdruckslosigkeit an.

Die Kellnerin nennt sie »Kindchen«. »Was möchtest du, Kindchen? Und du, Kindchen?«

Abi verlangt schwarzen Tee und Toast ohne Butter. Eli, der halb verhungert ist, bestellt Blaubeerpfannkuchen, eine Schale Froot Loops und eine Tasse heiße Schokolade.

»Er will es unbedingt zum Diabetiker schaffen, bevor er sechzehn ist«, erklärt Abi der Kellnerin, die Eli für sich Doris nennt, obwohl »Nadine« auf ihrem Namensschild steht.

Als Doris weg ist, fragt Eli, ob Abi wieder mit ihrer Mannequin-Diät von höchstens fünfhundert Kalorien am Tag angefangen hat.

»Ich will kein Fotomodell mehr werden.«

»Dann wirst du gleich Dermatologin?«

»Ich werde von Glück reden können, wenn ich im Pseudo-Laborkittel hinter einer Clinique-Theke stehen darf.«

Was für eine Blasphemie! Er würde gern die Große Flucht ansprechen, wenn er nicht so viel Angst hätte, Abi könnte den ganzen Plan kippen.

Sie bemerkt seine Enttäuschung. »Jedenfalls wirst *du* uns in Manhattan ernähren. Du wirst nämlich Schriftsteller.«

»Ich kann nicht schreiben.«

»Du schreibst ständig.«

»Aber nur Listen und Tabellen und so.«

»Du arbeitest an Büchern.«

»Ich schreibe die Bücher anderer Leute Wort für Wort ab. Oder übersetze Comics. Struppi und Asterix zu übersetzen ist nicht das Gleiche, wie selbst Bücher zu schreiben.«

»Eines Tages wirst du selbst welche schreiben.« Ihr vielsagendes Lächeln und das langsame Nicken erinnern ihn an den Fuchs, den er vor ewigen Zeiten auf der Wiese gesehen hat.

Kurz darauf bringt Doris ihnen ihr Frühstück. Beim Anblick der riesigen Pfannkuchen denkt Eli: Die sind so groß wie Radkappen. Zu dumm, dass er kein Notizbuch dabeihat, um sich diesen schriftstellerischen Vergleich zu notieren.

Die Geschwister bleiben drei Stunden im Doris. Abi bestellt immer wieder Tee und Toast nach, während Eli sein Essen herunterschlingt und anschließend mehrere Tassen heiße Schokolade trinkt, bis seine Zähne kurz davor sind, sich aufzulösen. Er ist gleichzeitig müde und zappelig und beobachtet den auf der Schnellstraße vorbeirasenden Verkehr, während Abi eine Camel nach der anderen raucht. Irgendwann fragt er, wann sie gehen können.

»Gib uns noch ein paar Minuten.«

»Worauf warten wir eigentlich?«, fragt er genervt.

»Darauf, dass die Bullen kommen.« Ihr Gesicht nimmt wieder seinen versteinerten Ausdruck an. »Wir können erst nach Hause, wenn sie den Arsch mitgenommen haben.«

Sein Herz hämmert. »Was hat er denn jetzt wieder gemacht?«

»Du willst die grausigen Details nicht hören.«

Er ist kurz davor zu sagen, dass er sie sehr wohl hören will, aber nein, er will nicht. Ihm ist schlecht vor Angst, und wenn Abi noch ein Wort sagt, wird ihm das Essen hochkommen. Aber da werden sie von Doris unterbrochen.

»Meine Schicht ist zu Ende, Kinder«, sagt sie und legt ihnen die Rechnung hin.

Eli zieht seine Geldbörse aus der Manteltasche. Alles, was er mit Zeitungsaustragen verdient hat, wird für das Frühstück draufgehen.

»Seid ihr zwei Geschwister?«, will Doris wissen. »Ihr seht euch ähnlich.«

»Ja, Ma'am«, sagt er, dankbar für die Unterbrechung. Abi sieht aus dem Fenster.

»Ihr seid total niedlich.«

»Ist nicht angeboren«, antwortet er. »Sie würden nicht glauben, wieviel Arbeit Niedlichkeit erfordert.«

»Willst du mich auf den Arm nehmen? Willst du Nadine auf den Arm nehmen?«

Die Kellnerin hat ein sanftes Lächeln, Grübchen an den Armen und mütterliche Hüften, ganz anders als die rappeldürre Joy, deren Schlüsselbeine aussehen wie Wünschelruten. Bitte, nimm mich mit nach Hause, Doris-Nadine, fleht er sie um ein Haar an.

Als die Rechnung beglichen ist, verlassen die Geschwister das Restaurant, überqueren die Schnellstraße und schlagen den Heimweg ein. Abi schlurft vor sich hin wie eine Schlafwandlerin oder ein Zombie. Eli überlegt, ob er die grausigen Details noch einmal ansprechen soll, bringt den Mut aber nicht auf. Er stellt sich Streifenwagen mit flackerndem Blaulicht vor dem Gebäude vor, aber als sie näherkommen, sehen sie nur den Umzugslaster, dessen Hecktüren jetzt offenstehen. Im Inneren befinden sich Dutzende von wahllos hineingestopften Pappkartons, ihre karierte Couch, ihre fleckigen Matratzen und ihre billigen Kommoden und Schränke.

Wortlos nimmt Abi Elis Hand. Ihr gestreifter Handschuh schmiegt sich in seinen druckerschwärzefleckigen. Sie haben sich nicht mehr an den Händen gehalten, seit sie klein waren und in der Nähe ihres ersten Hauses in Middlesex durch den Wald wanderten und so taten, als seien sie Hänsel und Gretel, die von ihrem Holzhackervater in einem Zauberwald ausgesetzt worden waren. Sie sprachen mit gespieltem deutschem Akzent, benutzten Wörter wie »Gesundheit« und »Lederhose« und legten mit weißen Steinen Spuren, die nirgendwohin führten.

Als sie, immer noch Hand in Hand, den Laster erreichen, treten ihre Eltern, beide in identischen erbsengrünen Igginganzügen mit doppelten weißen Streifen an den Seiten, gerade aus dem niedrigen Gebäude. Die Erbsen kommen zur Straße, wobei Pal den Geschwistern einen kurzen Blick zuwirft, sich dann aber ohne ein Wort der Begrüßung abwendet. Er sieht aus wie nach einer Sauftour – kleinlaut, grün um die Nase, hundemüde –, bewegt sich aber, anders als sonst, wenn er verkatert ist, nicht so ruckhaft wie eine Marionette. Er steigt in den Laster und kramt darin herum.

Joy lässt ihre Kool auf den Boden fallen und tritt sie aus. Ihr Gesicht ist rot angelaufen, ob vor Kälte oder Wut, kann Eli nicht mit Sicherheit sagen. »Steht nicht so blöd in der Gegend rum«, sagt sie zu den beiden. »Schnappt euch die Kartons und helft gefälligst.«

Abi drückt Elis Hand so fest, dass er fast aufschreit, und sagt leise: »Es *ist* hoffnungslos.«

Die psychiatrische Klinik in Chicago, in die sich Pal am zweiten Weihnachtstag selbst einweist, heißt nicht »Douglas«, trotzdem nennen die Geschwister sie so. Eli denkt, dass Pal dort einen Entzug machen will, aber Joy behauptet, er habe kurz vor einem »Nervenzusammenbruch« gestanden.

An einem verschneiten Sonntagnachmittag im neuen Jahr, an dem die Äste der Bäume in Weiß gehüllt sind, soll Eli mit dem Bus ins Douglas fahren, um nach Pal zu sehen.

Joy, die eine Sonderschicht in der Pizzeria übernehmen musste, hat ihn mehr oder weniger dazu gezwungen. Aufklärungsmission, nennt Abi diesen Besuch. Eli hätte gern, dass sie ihn begleitet, aber sie lässt sich durch nichts dazu überreden. »Ich spiele nicht mehr das Kindermädchen für diesen *Pal*koholiker«, sagt sie. »Jetzt bist du an der Reihe.«

Die Geschwister sitzen im Lotussitz auf dem Boden des vollgestopften Wohnzimmers und spielen Mau Mau. Neben ihnen steht die Trauerwitwe, der inzwischen durch die Massen an Lametta, die Joy hineingehängt hat, verwandelte Baum. In letzter Zeit hat sich ihre Mutter eigenartig verhalten, eigenartiger als sonst. Vor ein paar Abenden hat Eli sie erneut beim Weinen ertappt, dieses Mal vor dem Fernseher. Hat sie sich irgendeinen Tränendrüsenfilm angeschaut, vielleicht über Kinder mit Krebs? Nein, eine Wiederholung der harmlosen Sitcom *One Day at a Time*. Und am gestrigen Abend hat sie beim ebenso harmlosen *Cheers* ganze Streifen abgestorbener Haut von den Sohlen ihrer Hobbit-Füße abgepellt und darauf herumgekaut wie auf Beef Jerky.

Auch Abi verhält sich seltsam. Beim Kartengeben zittern ihre Hände. »Leidest *du* jetzt etwa an Entzugserscheinungen?«, fragt Eli. »Stellvertretend für Pal?«

»Pal hat größere Probleme als den Alkohol.«

»Ach ja? Und welche?«

Sie sieht ihn lange durchdringend an. Obwohl sie so extrem dünn ist, ist sie schön. Vor ein paar Tagen hat ihr Nachbar, Eugene Jones junior, sie »Barbie« genannt, weil sie so blond und dünn ist und mit dieser Babypuppenstimme spricht, und sie hat geantwortet: »Ich bin absolut keine Barbie, Junior. Sondern ein Sturmtruppler.« Eine zutreffende Einschätzung, denn sie ist von einer Art Schutzpanzer umgeben, einer weißen Hülle, die niemand durchdringen kann, nicht einmal Eli.

Sie legt die Karten hin und sagt: »Als Pal etwa zwanzig war, hat er einen Mann umgebracht.«

»Was? Wen?«

»Irgendeinen Kerl in Montreal. Er hatte beim Snooker einen Haufen Knete an Pal verloren und wollte nicht zahlen. Das Komische ist, sagt Pal, dass der Typ nachts in einer Bäckerei gearbeitet und dort den Teig geknetet hat.« Sie sieht Eli kopfschüttelnd an. »Jedenfalls geht der Bäcker eines Nachts gegen drei hinten raus, um eine zu rauchen, und da wartet Pal. Mit einem in eine Socke gestopften Backstein.«

»In eine Socke? Muss ja eine riesige Socke gewesen sein. War wohl eher ein Strumpf.«

»Jesus Murph, an was für Details du dich aufhängst. Okay, sagen wir, es war ein Strumpf, meinetwegen ein verdammter Weihnachtsstrumpf. Jedenfalls holt Pal aus und schlägt den Typ zu Boden. Dann holt er nochmal und nochmal aus – er kann sich nicht erinnern, wie oft. Und haut ab, bevor jemand kommt. Am nächsten Tag hört er, dass der Typ tot ist.«

In einer Gasse verspritzte Gehirnmasse, Blut, das sich in einem Schlagloch ansammelt – das sind die grausigen Details, die Eli vor seinem inneren Auge sieht. Und ein Tatortfoto, auf dem die Leiche ausgeweißt wurde, wie in *Helter Skelter*. »Mannomann«, sagt er. »Und niemand hat es je herausgefunden?«

»Nein. Ich bin die Einzige, der Pal es erzählt hat. Nicht einmal Joy hat es gewusst.«

Jetzt weiß sie es, vermutet Eli. Abi muss es ihr gesteckt haben. Das erklärt die Tränen. Aber ihre Mutter hat den Vater nicht angezeigt, sondern hält zu ihm.

»Es muss noch vor Korea gewesen sein«, spekuliert Eli. »Also hatte Pal schon vor dem Krieg eine Schraube locker. Er ist ein Mörder!« Er empfindet Grauen, aber auch Ehrfurcht, als sei sein Vater ein berühmter Gangster und seine Mutter eine Gangsterbraut.

Abi zieht mit gekräuselten Lippen an ihrer Zigarette, stößt einen perfekten Rauchring aus und schiebt ihr schmales Handgelenk hindurch, sodass er sich wie ein zartes Armband darum schmiegt. »Wäre aber auch möglich, dass er sich die ganze Geschichte nur ausgedacht hat«, sagt sie.

»Wer denkt sich denn einen Mord aus?«

»Vielleicht wollte er, dass ich Mitleid mit ihm habe. Ach, der arme Pal! Muss mit der Schuld leben, einen anderen armen Kerl umgebracht zu haben. Ist doch eine praktische Entschuldigung für seine Trinkerei, oder für die anderen üblen Sachen, die er macht.«

Sie reißt ein Streichholz an, um sich die nächste Camel anzustecken, und sengt sich dabei eine Haarsträhne an. Hektisch schlägt sie mit den Händen auf die Flamme ein. Ein Geruch nach verkokelten Pop-Tarts wabert durch die Wohnung.

Die Busfahrt nach Chicago dauert eine halbe Stunde. Eli hat *Le Petit Prince* dabei und ein Notizheft mit seiner neuen überarbeiteten Übersetzung, die er im Bus korrigieren will. Aber er kann sich nicht konzentrieren. Auf der ersten Seite des Büchleins ist die Zeichnung einer Schlange zu sehen, die einen Elefanten gefressen hat. Für Eli sieht sie inzwischen aus wie ein in einen Strumpf gestopfter Backstein. Ein Bild von Pal, der mit vermummtem Gesicht in einer Gasse lauert, drängt sich in seinen Kopf.

Pal sollte hinter Gittern sitzen, denkt Eli. Nicht in einer Klapsmühle. Ihm ist schlecht vom Schaukeln des Busses, die Buchstaben verschwimmen vor seinen Augen, deshalb steckt er die beiden Prinzen, den französischen und den englischen, zurück in seine Büchertasche aus Segeltuch.

Er rechnet damit, dass das falsche Douglas ebenso nach

Disneyland aussieht wie die Montrealer Nervenheilanstalt, aber wie sich zeigt, ist es ein Betonkasten mit winzigen Schießschartenfenstern.

Nachdem er sich angemeldet und ein falsches Alter angegeben hat, nimmt er den Aufzug in den vierten Stock und wird einen Gang entlang geschickt. Er geht zu weit und muss wieder zurück, bis er das richtige Zimmer gefunden hat. Pal sitzt auf dem Bett, den Rücken ans Kopfteil gelehnt, unrasiert, mit rotgeränderten Augen und schweren Lidern. Ein beiger Morgenmantel ist um seine Taille gezurrt, an den Füßen hat er abgewetzte Kunstlederpantoffeln. Er steht nicht auf, sondern hebt nur langsam den Arm und begrüßt seinen Sohn mit einem kleinen Königin-Elizabeth-Winken.

»Salut«, sagt Eli. »Comment vas-tu?«

Pal verrät ihm nicht, wie es ihm geht. Aber er bemerkt die Büchertasche und fragt: »Hast du deine Hefte mitgebracht, Junge?« Seine Stimme klingt sandpapierkratzig.

»Habe ich.«

»Dann setz dich doch und arbeite ein bisschen.« Pal deutet mit dem Kopf auf einen Tisch vor dem kleinen Fenster. »Mir ist nicht nach Reden zumute. Ich würde gern einfach hier sitzen und dir beim Schreiben zusehen. Ich sehe dir gern beim Schreiben zu.«

Ach ja? Das ist Eli neu. Er zieht seine Steppjacke aus, hängt sie über die Rückenlehne eines Schalenstuhls aus Plastik und setzt sich an den wackelnden Schreibtisch. Draußen ist in der Ferne eine lange Hochgleisstrecke zu sehen, die Chicagoer »L«.

Mit dem Rücken zu seinem Vater zu sitzen, fühlt sich ungut an. Nicht etwa, dass er damit rechnet, einen Backstein auf den Hinterkopf zu bekommen, aber trotzdem. Er dreht sich um. »Soll ich dir vielleicht meine Übersetzung vorlesen?«, fragt er.

Pal sabbert ein bisschen. Er fährt sich mit dem Ärmel des Morgenmantels über den Mund. »Okay.«

Eli dreht den Stuhl zum Bett um und reicht seinem Vater die französische Version des Buchs, damit er sich die farbigen Illustrationen ansehen kann, die der Autor, Antoine de Saint-Exupéry, selbst angefertigt hat.

Als Eli noch ein Kind war, hat Pal ihm nie vorgelesen, weder vor dem Schlafengehen noch sonst, folglich sind die Rollen jetzt nicht wirklich vertauscht. Aber als Eli von dem blonden Jungen liest, der auf einem von Johannisbrotbäumen und einer Rose bewohnten Asteroiden lebt, kommt er sich väterlich vor, oder zumindest beschützerisch diesem Mann gegenüber, dessen dunkle, fettige Haare in Büscheln hochstehen und dessen Hände so schlimm zittern, dass er, als er die Teetasse vom Nachttisch nimmt, um zu trinken, etwas von der Flüssigkeit über seinen Versager-Hausmantel verkleckert.

Elis Lesestimme – ruhig, ausdrucksvoll –, lockt andere Patienten an, die in der offenen Tür zu Pals Zimmer stehen bleiben und gelegentlich nicken, als würde die Geschichte sie anrühren. Einer von ihnen, ein alter Mann mit einer geblümten Mütze, die an einen Teewärmer erinnert, seufzt schwer, als die eitle Rose den Prinzen auffordert, sie allein auf Asteroid B 612 zurückzulassen, obwohl sie nur vier spitze Dornen hat, um sich zu verteidigen.

Er liest bis zu der Szene, in der der Prinz auf seiner Reise von Planet zu Planet einem Säufer begegnet. Der Prinz fragt den Mann, wieso er trinkt. »Um zu vergessen, dass ich mich schäme«, gesteht der Mann und lässt den Kopf hängen.

Auch Pal lässt den Kopf hängen. Oder versucht er nur, sich die Zeichnung des Säufers genauer anzusehen? Der Kerl mit der roten Nase und dem geröteten Gesicht trägt einen Berghut und sitzt an einem Tisch voller Flaschen. Pal sabbert wieder, und Eli hofft inbrünstig, dass kein Sabberfleck auf seinem Buch zurückbleiben wird.

Am Ende dieser Episode angelangt, klappt Eli sein Heft zu. Eine Stunde ist verflogen. Die Patienten in der Tür sind weitergewandert. Pal hebt den Kopf vom Buch und sagt mit leicht lallender Stimme: »Ist es nicht komisch, Junge, dass du von allen Jones derjenige bist, der am besten Französisch kann, obwohl du am kürzesten in Montreal gelebt hast? Wieso magst du Französisch so sehr?«

Eli denkt über die Frage nach. »En français, je peux être quelqu'un d'autre«, sagt er.

Pal ist nicht très bilingue, von daher ist Eli unsicher, ob sein Vater ihn verstanden hat. Aber das hat er: »Du kannst jemand anderes sein?«

»Ja.«

»Willst du das denn?«

»Will das nicht jeder? Du etwa nicht?«

Pal senkt den Blick in den Schoß, richtet ihn auf den Säufer und seine Flaschen und klappt das Buch zu.

Eli zieht seine schwarze Jacke, die hellgraue Mütze und den dunkelgrauen Schal an. Er sieht zu Pal hinüber.

Wässrige Augen, verkniffenes Lächeln, Spucke im Mundwinkel. »Vielleicht könnte ich du sein«, sagt Pal, hebt den Arm und deutet auf seinen Sohn. »Du scheinst ein guter Mensch zu sein.«

Es ist das Netteste, was Pal je zu ihm gesagt hat, aber Eli fühlt sich unbehaglich und will nur noch weg. Er holt sich den kleinen Prinzen von Pal zurück, reißt ihm das Büchlein fast aus den Händen, und steckt es in seine Tasche.

»Du musst nächsten Sonntag unbedingt wiederkommen«, sagt der Mann. »Woher soll ich sonst wissen, wie die Geschichte ausgeht?« Als Eli sich auf den Weg macht, hebt sein Vater wieder die Hand, dieses Mal wie ein Baby, das winke, winke macht.

Junior nennt die Geschwister »Bruder« und »Schwester«, weil sie denselben Nachnamen haben wie er. »Bruder, kannst du morgen die *Tribune* übernehmen?« »Schwester, zeigst du mir, wie man Pickel ausdrückt?« Junior ist ein Jahr älter als Eli und ein Jahr jünger als Abi. Oft steckt ein orangefarbener Afrokamm hinten in seinen Haaren. Er ist hoch aufgeschossene Eins neunzig groß und hat knubbelige Knie und Ellbogen. Trotz seiner Größe ist er kein guter Basketballspieler, und er bezeichnet alle Weißen, die der Meinung sind, er müsste einer sein, als Rassisten. Er wohnt zwei Stockwerke unter den Jones, zusammen mit seinem Vater und einem blauäugigen deutschen Schäferhund, der King genannt wird, so wie Elvis. Joy ist ganz vernarrt in den Hund.

Am ersten Tag nach den Ferien, einem arktisch kalten Wintermorgen, gehen die Geschwister zusammen mit Junior zu ihrer neuen Highschool. Im festgetretenen Schnee verursachen ihre Stiefel nur gedämpfte Geräusche. Die Schals, deren Wolle von ihrem Atem feucht wird, über die Münder gezogen, trotten sie vor sich hin. Der Wind in ihrem Rücken fühlt sich an, als würde jemand sie auf einer Schaukel fest anschubsen.

Jedes der niedrigen Gebäude des Komplexes hat zwei Eingänge, einen an jedem Ende, und die drei Jones gehen durch mehrere hindurch, weil es drinnen wärmer ist. Dabei kommen sie an Wohnungen vorbei, denen Eli an diesem Morgen die Zeitung gebracht hat, damit Junior einmal aussetzen konnte. Als Junior sieht, wie perfekt ausgerichtet die Zeitungen auf den Fußmatten liegen, fragt er: »Hattest du ein Lineal und ein Geodreieck dabei, Bruder?«

Junior ist erst fünf Monate vor den Zwillingen aus Brooklyn in den Komplex gezogen. Brooklyn ist zwar nicht Manhattan, aber immerhin nah dran. An diesem Tag löchert Abi ihn nach berühmten New Yorkern. Huldigt er der Königin,

Grace Jones? Ist er ein Fan von Diane Arbus, Jean-Michel Basquiat, Cindy Sherman, Keith Haring? Hat er *Letzte Ausfahrt Brooklyn* gelesen? Wen findet er besser? Lou Reed mit oder nach Velvet Underground?

»Du findest Lou gut, Schwester, aber bist *du* schon auf der Wild Side gewalked?«

»Gewalked, gerannt, gekrochen, gestolpert – ich habe schon alles auf der Wild Side gemacht.«

Junior lacht schallend. Absolut übertrieben, denkt Eli, lacht aber auch, nicht über Abis Bemerkung, sondern weil ihm gerade eingefallen ist, woran ihn Juniors Gang erinnert: an Shaggy aus *Scooby-Doo*.

Sie trotten durch einen weiteren Flur, Abi voran, Junior in der Mitte, Eli bildet die Nachhut. Plötzlich bleibt Abi wie angewurzelt stehen, legt die Hand an die Wand und sinkt zu Boden wie eine Marionette, deren Fäden durchgeschnitten wurden.

»Was ist mit ihr?«, ruft Junior.

»Sie ist ohnmächtig geworden«, sagt Eli. »Das macht sie manchmal.«

Die Jungen knien sich neben sie. Eli dreht sie auf den Rücken und streicht ihr die Haare aus dem Gesicht.

Junior tätschelt ihre Wangen. »Hör auf, die Jungfrau in Nöten zu spielen, Schwester«, sagt er. »Auf die Art gewinnst du mein Herz nicht.«

Abis Lider flattern, ihre Augen öffnen sich: grünlich-braun mit dunkelbraunen Einschlüssen. Joy bezeichnet die Farbe als Grün mit braunen Scheißesprenkeln (Abi, Joy und Pal haben die gleichen grünlich-braunen Augen, während die von Eli blau sind).

Eli greift in eine Tasche von Abis Pudeljacke und bringt mehrere in Zellophan eingeschweißte Fig Newtons zum Vorschein, die mit Feigenpaste gefüllt sind. Abi hat oft irgendwelchen Süßkram bei sich. Statt etwas Vernünftiges zu essen, knabbert sie Fig Newtons, von denen sie behauptet, sie seien »Medizin«. Als sie noch Kinder waren, hat sie Eli in Bezug auf Essen ständig angelogen: von Orangen bekäme man Orangenhaut, Graham Cracker dämpften Masturbationsgelüste und das orangefarbene Zeug in den Käsemakkaroni von Kraft sei ein erstklassiger Kakerlakenkiller.

Abi setzt sich auf. Ihre geringelte Mütze, die aussieht wie die des Katers mit Hut, ist verrutscht. Eli reißt die Zellophanhülle eines der Fig Newtons auf und gibt ihn ihr. Dabei fällt ihm auf, dass der von ihren Stiefeln abschmelzende Schnee den Teppich durchnässt hat. Abi knabbert und starrt geradeaus vor sich, anscheinend fasziniert vom Wellenmuster der Tapete und ausschließlich aufs Essen konzentriert, so wie Barney, wenn Eli ihm Leckerlis gibt.

Junior rückt Abis Mütze zurecht und legt ihr die Hand auf die Stirn, um ihre Temperatur zu kontrollieren. »Alles okay mit dir?«, fragt er besorgt.

»Noch eine Schule halte ich einfach nicht aus!«, sagt sie schließlich. »Das Treuegelöbnis. Die Pultreihen. Den Geruch nach Kartoffelpüree in der Cafeteria. Die Lehrer, die helfen wollen, es aber nicht können.«

»Was willst du damit sagen?«, fragt Eli.

»Dass ich nicht mitkomme.«

Nachdem Abi drei Fig Newtons gegessen hat, zieht Junior sie hoch, und er und Eli bringen sie nach Hause.

Im Lauf der Jahre haben die Geschwister schon so viele Schultage verpasst, dass einer mehr keinen Unterschied ausmacht. Im Spätherbst waren sie ganze drei Wochen nicht in der Schule. Drei Wochen, in denen sie mit dem Rambler quer durchs Land gefahren sind und dann in Cook County in billigen Absteigen herumgesessen haben, während Pal und Joy nach einer neuen Wohnung gesucht haben.

Auf dem Weg zurück zu ihrer Straße nehmen Junior und Eli Abi in die Mitte und halten sich dicht neben ihr, für den Fall, dass sie noch einmal ohnmächtig werden sollte. Die Scherzhaftigkeit von vorhin ist verschwunden. Als die drei Jones schließlich den schäbigen kleinen Eingangsbereich ihres Gebäudes betreten, fragt Abi: »Kann ich ein bisschen bei euch bleiben, Junior? Im Augenblick könnte ich Joy nicht ertragen.«

Junior schließt die Tür zu ihrer Wohnung auf, und King kommt neugierig angetrottet, den Kopf schiefgelegt, als wolle er sagen: »Wieso seid ihr Leutchen nicht in der Schule?«

Juniors Vater ist nicht zu Hause. Eli ist verrückt nach Eugene Jones senior, einem der Hausmeister des Komplexes, ein Job, den Eli bewundert. Eugene senior ist sogar noch größer als sein Sohn, allerdings ist sein Kopf absolut glattrasiert. Seiner Meinung nach geht Junior nicht oft genug mit King raus, und dann schimpft Eugene senior: »Wenn der Hund auf den Teppich pinkelt, Junior, reib ich *deine* Nase in der Pfütze.« Er schimpft, aber irgendwie nett, und er nimmt seinen Sohn oft in die Arme und drückt ihm Küsse auf die Wange, laute Schmatzer, die Junior gespielt angewidert wegwischt.

In der Wohnung ziehen Junior und die Geschwister ihre Mäntel, Mützen, Schals und Stiefel aus und gehen in Juniors Zimmer. Die Wohnung hat denselben Schnitt wie die der Geschwister, enthält aber weniger Möbel und Kram. Keinen Schnickschnack, keine Zierdeckchen, keine stinkenden, überquellenden Aschenbecher. Juniors Zimmer ist so sauber wie das von Eli. An der Wand hängt ein mit Reißnägeln befestigtes Poster des *Remain in Light*-Albums der Talking Heads, auf dem die Gesichter der vier Bandmitglieder mit roter Farbe überpinselt sind.

Abi setzt sich auf das Bett, an dessen Fußende eine zusammengefaltete Wolldecke liegt. Sie zieht sie über sich und legt sich hin, den Kopf auf Juniors Kissen. Ihr Gesicht ist fast so weiß wie die Laken.

»Abi«, mahnt Eli.

»Tut mir leid«, sagt sie zu Junior.

»Kein Problem, Schwester«, sagt Junior. »Ruh dich aus.«

»Geht jetzt in die Schule, ihr zwei«, sagt Abi. »Ich schlafe ein bisschen und gehe dann rauf.« Die Augen fallen ihr bereits zu.

Die Jungen tauschen einen Blick. Eli zuckt mit den Schultern, erst normal, dann ein Langzucken. Dann gehen die beiden leise aus dem Zimmer und machen die Tür hinter sich zu.

King kommt durch den Flur. Seine Zunge hängt heraus wie ein Stück Räucherfleisch. »Dem Mädchen geht es nicht gut«, scheint der Hund zu sagen. »Sie wohnt manchmal in mir, also muss ich es wissen.«

»Tut mir leid, Junior«, sagt Eli und kratzt den Hund zwischen den Ohren. »Abi ist ein bisschen … *abi*normal.«

»Abinormal gefällt mir«, sagt Junior halb flüsternd, um Abi nicht zu wecken. »Hör zu, Bruder, ich bleibe heute auch zu Hause. Aber du gehst hin und holst gute Noten für uns alle.«

Noch ein armer Trottel, der sich in Abi verliebt, denkt Eli. Pauvre con.

»Der kleine Prinz ist wieder da«, sagt eine Krankenschwester aus dem vierten Stock, als Eli das nächste Mal ins Douglas kommt. Sie sieht aus wie der schlaue der *Drei Engel für Charlie*. Der Engel lächelt den Jungen spitzbübisch an; er bedankt sich mit seinem Don-Juan-Lächeln. Wieder ist er allein hier, seine Mutter und seine Schwester tun immer noch so, als sei das Douglas ein Sanatorium, in dem lauter ansteckende Krankheiten lauern.

Charlies Engel teilt Eli mit, dass Pal im Aufenthaltsraum auf ihn wartet, und er geht durch einen langen Flur, an dessen Ende ein Fenster auf den mit vier Säulen bestückten Eingang einer Bank auf der anderen Straßenseite hinausgeht, und biegt links in den Aufenthaltsraum ab.

Pal sitzt im Hausmantel in einem Sessel. »Junge«, sagt er im Ton eines Menschen, der angenehm überrascht ist, dabei hat er gewusst, dass sein Sohn kommen würde. Obwohl sein Gesicht eingefallen aussieht, wirkt er dieses Mal weniger weggetreten, und er sabbert nicht. »Das hier sind meine Freunde«, redet er weiter und deutet auf die etwa sechs anderen, die ringsum auf Sesseln und Sofas sitzen. Alle starren Eli an.

Pal hat also doch Freunde, denkt der Junge. Es geschehen noch Zeichen und Wunder.

Die Älteste der Freundesgruppe sieht aus wie eine in die Jahre gekommene Ballerina: Schlank, königliche Haltung, Haare so straff nach hinten gezurrt und zu einem Knoten geschlungen, dass ihr Gesicht wie geliftet wirkt. »Wir sind die Alkis«, teilt sie Eli mit. »Und die besten Freunde.« Sie hebt beide Hände und überkreuzt die Finger, um ihm zu demonstrieren, wie nah sie sich stehen.

Auch der Mann mit der Teewärmermütze ist da. An die anderen gewandt sagt er: »Geduld, Leute. Die Lesung geht gleich los.«

Eli zieht seine Steppjacke aus. Da es keinen freien Stuhl mehr gibt, über den er sie hängen könnte, nimmt Pal sie und legt sie über seine Knie, und da er unaufhörlich mit den Beinen wippt, sieht es aus, als würde er Hoppe-hoppe-Reiter damit spielen. Was er mit dem kleinen Eli nie gemacht hat.

Der Junge zieht Antoine de Saint-Exupérys illustriertes Büchlein aus seiner Büchertasche und reicht es der Ballerina, damit sie es herumgehen lassen kann. Charlies Engel kommt dazu und bleibt in der Tür stehen. Pal lächelt seinen

Sohn an und nickt, das Zeichen dafür, dass er anfangen soll. Elis Achseln sind schweißnass. Er langzuckt. Du calme, sagt er zu sich selbst. Immer mit der Ruhe. Da er die zweite Hälfte des Buchs lesen wird, fasst er die erste kurz zusammen. *Le Petit Prince*, erklärt er, ist die Geschichte eines abgestürzten Piloten, der in der Wüste einem kleinen verirrten Jungen begegnet. Der Pilot ist an den Autor selbst angelehnt, der im Ersten Weltkrieg Flieger war. »Anders ausgedrückt«, sagt Eli, »hat er ein Buch geschrieben, in dem er selbst eine der Hauptrollen spielt.«

Er fängt an zu lesen. In der zweiten Hälfte des Kleinen Prinzen häufen sich die dunklen Vorzeichen und es geht immer surrealer zu. Die Patienten lauschen ehrfürchtig. In den späteren Szenen geht es um einen Rotfuchs, der dem Prinzen beibringen will, ihn zu zähmen. Während Eli liest, erinnert er sich erneut an den Fuchs, den er damals hinter dem Waggon gesehen hat. Der Fuchs im Buch ist weise; auch der Fuchs hinter dem Waggon hat diesen Eindruck erweckt. Wie Eli es sieht, verstehen beide Tiere Dinge, geheimnisvolle Dinge, die er selbst noch nicht begreift – über das Leben, die Welt, auch über sich selbst. »Du musst mit dem Herzen sehen«, liest er den Alkis vor. Diesen Rat gibt der Fuchs dem kleinen Prinzen. »Benutze nicht nur deine Augen.«

Am Ende des Buchs wird der Prinz von einer giftigen Schlange gebissen. Stirbt er? Oder flieht sein Geist zurück nach Hause, auf seinen Asteroiden B 612, wo er wieder gesund und munter sein wird? Man kann es so oder so interpretieren. Jedes Mal, wenn Eli seine Übersetzung überarbeitet, hofft er, sich der Wahrheit ein bisschen mehr anzunähern.

Als er zu Ende gelesen hat, klatschen die anderen und klopfen ihm auf die Schultern, und die alte Ballerina zwickt ihn in die Wange. Pal strahlt. Mehrmals sagt Eli: »Ich habe das Buch nicht geschrieben, sondern nur übersetzt.« Natürlich gibt es bereits eine englische Ausgabe des kleinen Prinzen, aber Eli hat sie nie zu Rate gezogen. Für ihn ist seine Version die einzig Wahre.

Anschließend erbietet sich Pal, ihn nach draußen zu begleiten. Immer noch in Hausmantel und Pantoffeln fährt er mit Eli im Aufzug hinunter in die Lobby. Dort treffen sie auf einen Mann in einem weißen Laborkittel, dessen langer, steifer Schnurrbart an den Bürstenaufsatz eines Staubsaugers erinnert. Der Mann kennt Pal und fragt: »Wer ist dieser junge Bursche?«

»Mein Sohn«, antwortet Pal. »Und mein Freund.«

Freund? Eli erstarrt. Er kommt sich vor wie ein Geisteskranker, der Stimmen hört, und kann Pal nicht ansehen.

Der schnurrbärtige Mann breitet die Arme aus und verfehlt mit dem Klemmbrett, das er in der Hand hält, einen Vorübergehenden nur um Haaresbreite. »Willkommen in unserer Einrichtung.«

»Ich will gerade gehen«, sagt Eli.

»Du kommst aber doch wieder? Nein?«

»Nein«, verspricht sich Eli. Und korrigiert sich: »Doch, ja, ich komme wieder.«

Im Bus nach Hause denkt er darüber nach, welches Buch er den Alkis nächstes Wochenende vorlesen soll. Nanny hat ihm eins zu Weihnachten geschickt, einen dünnen frankokanadischen Roman mit dem Titel *La Belle Bête*. Er könnte gleich mit der Übersetzung anfangen. Das Buch handelt von einem Bruder und einer Schwester und liest sich wie ein düsteres Märchen, ähnlich wie »Hänsel und Gretel«.

Zurück im Komplex öffnet er die Wohnungstür und hört einen lautstarken Streit. Er bleibt im kleinen Vorraum stehen und zieht seine Stiefel aus, während seine Mutter und seine Schwester sich in der Küche anbrüllen.

»Benutz dieses Wort nie wieder«, schreit Joy. »Das hat er nicht getan, und das weißt du ganz genau.«

»Du kannst es nicht für mich definieren«, schreit Abi zurück. »Ich entscheide, was es bedeutet, okay?«

»Wenn du dich nicht wehrst«, ruft Joy, »kannst du dieses Wort nicht benutzen. Mehr sage ich ja gar nicht.«

Er betritt die Küche. Seine Mutter und seine Schwester hören mit dem Geschrei auf, sehen aber aus, als würden sie sich im nächsten Augenblick an die Gurgel gehen. Joy fuchtelt mit einem Eisschöpfer herum, Abi hat einen Becher Eiscreme in der Hand (Eiscreme ist leicht zu erbrechen und gehört deshalb zu ihren Lieblingsspeisen).

Joy wirft ihrem Sohn einen wütenden Blick zu. »Ich weiß, dass ihr zwei mich hinter meinem Rücken ›blöde Kuh‹ nennt«, sagt sie zu dem Jungen, schleudert den Eislöffel ins Spülbecken, marschiert durch den Flur in ihr Zimmer und knallt die Tür zu.

»Tun wir nicht«, schreit Abi ihr hinterher. »Wir haben viel kreativere Bezeichnungen für dich.«

»Was zum Teufel ist hier los?«, will Eli wissen. Müde und erschöpft wie er ist, würde er am liebsten nach unten gehen und sich eine Weile in Juniors Bett legen. »Über welches Wort habt ihr euch gestritten?«

Sie sieht ihn lange finster an, die Augen halb hinter dem langen, goldenen Schleier ihrer Haare verborgen. Schließlich sagt sie es: »Vergewaltigung.«

»Oh«, macht er.

Damit dreht er sich von seiner Schwester weg. Nein, er wird nicht über die Bedeutung dieses Wortes nachdenken. Es stammt aus einer finsteren Parallelwelt, in die hineinzublicken er nicht ertragen kann. »Du musst mit dem Herzen sehen«, flüstert der Fuchs ihm zu, aber er beachtet seinen Freund nicht, sondern lässt Abi mit ihrem schmelzenden Eis in der Küche zurück, geht in sein Zimmer, macht die

Tür zu, greift sich ein neues Spiralheft und seine Wörterbücher und fängt mit der Übersetzung des neuen Romans an.

»Im Vergleich zu denen sind wir Jones absolut durchschnittlich«, sagt Abi über die Familie in »Das schöne Biest«. Im Lauf der Wintermonate hat Eli das Buch übersetzt, das die gruselige Geschichte einer aus Schwester, Bruder, Mutter und Stiefvater bestehenden Familie im ländlichen Quebec erzählt. Das hässliche junge Entlein von Schwester im Teenageralter beneidet den jüngeren Bruder um seine Schönheit. Sie versucht erst, den zurückgebliebenen Jungen auszuhungern, und entstellt ihn schließlich, indem sie sein Gesicht in einen Kessel mit kochendem Wasser drückt. Der Stiefvater prügelt den Bruder brutal mit seinem Gürtel, der jedoch rächt sich später, indem er den Mann von einem Pferd zu Tode trampeln lässt. Die Mutter, eitel und hochnäsig, wird erst von einem nässenden Schorf auf der Wange verunstaltet und verglüht später zu einem Häufchen Asche, als die Schwester die Farm abfackelt. »Das schöne Biest«, verfasst von Marie-Claire Blais, übersetzt von Eli Jones, kann laut Abi nur auf einem Horrortrip entstanden sein. Die Protagonisten sind allesamt widerwärtig, und die Geschwister lieben sie alle.

Eli liest seiner Schwester Kapitel seiner Übersetzung als Gute-Nacht-Geschichte vor, wobei »Nacht« ein fließender Begriff ist, denn Abi kann rund um die Uhr jederzeit schlafen. Sie hat die Schule abgebrochen und ist angeblich auf Jobsuche, verbringt jedoch die meiste Zeit in ihrem Zimmer, wo sie schläft, endlose Tassen schwarzen Tee trinkt, Platten hört und Bücher liest, unter anderem *Sybil – Persönlichkeitsspaltung einer Frau* und *Ich hab dir nie einen Rosengarten versprochen*.

An manchen Tagen geht sie nach unten und hängt in

Juniors Zimmer rum, wo sie im Prinzip dasselbe macht und gelegentlich mit Junior rumknutscht.

Die Knutscherei wird Eli an einem Tag zu Beginn des Frühlings bestätigt, als er und Junior nach der Schule nebeneinander auf der großen, trostlosen Wiese am Rand des Komplexes sitzen und sich eine penetrant riechende Tüte Doritos teilen.

»Wir machen ein bisschen rum«, sagt Junior, »aber damit hat es sich auch schon. Es waren trockene zwei Monate, falls du verstehst, was ich meine, Bruder.« Junior klingt, als würden sich ständig lüsterne Mädchen im Teenageralter an seinen Bohnenstangenkörper werfen, der in einer Hochwasserhose, einem Bowlinghemd und einer schlabberigen, eiterfarbenen Strickjacke steckt, die seine Mutter ihm gestrickt hat. Immerhin sind seine Pickel dank des Hauptpflegeprogramms, das Abi ihm verordnet hat, verschwunden.

»Gestern haben wir auf meinem Bett gelegen, und plötzlich fängt sie an, zu ›Pull Up to the Bumper‹, diesem anzüglichen Song von Grace Jones, mitzusingen. Ich hätte fast einen Herzschlag gekriegt.«

»Was willst du eigentlich von mir?«, fragt Eli. »Tipps, wie du meine Schwester rumkriegen kannst? Vergiss es, du Perversling.«

Grinsend dreht sich Junior zu Eli um. »Dann muss ich mich eben mit dir begnügen«, sagt er, spitzt die Lippen und gibt Kussgeräusche von sich. Ein Witz, denkt Eli, aber dann drückt Junior ihn rücklings ins Gras, setzt sich auf ihn und hält ihn fest. Eli versucht, sich loszuwinden, aber für eine Bohnenstange ist Junior stark. Er legt Eli eine Hand, die nach dem kotzähnlichen Kunstkäse der Doritos riecht, über den Mund und fängt an, seinen eigenen Handrücken in gespielter Leidenschaft zu küssen, die Augen fest geschlossen, den Unterleib gegen den von Eli gepresst. Der ist entsetzt, wünscht sich aber fast, Junior würde seine Hand wegnehmen, ihn richtig küssen und ihm die Zunge in den Mund schieben. Bis jetzt hat er nur mit zwei verschiedenen Maries in Salt Lake City geknutscht und fragt sich, ob es sich anders anfühlen würde, einen Jungen zu küssen.

Abrupt hört Junior auf, setzt sich wieder und lacht sein dröhnendes gekünsteltes Lachen. »Ist dir klar, dass ich nur mit dir rumhänge, weil du mich an Abi erinnerst?«

Eli bleibt im Gras liegen und versucht, wieder zu Atem zu kommen. Sein Herz fühlt sich an, als würde ein Spatz in seiner Brust mit den Flügeln schlagen. »Faute de mieux«, sagt er, ohne Junior anzusehen. Vielmehr schaut er in den klaren Himmel.

»Was?«

»Das war Französisch.« Elis Jacke ist hochgerutscht, ein Stein drückt in seinen Rücken. »Es bedeutet, dass ich der Trostpreis bin.«

»Ein ziemlich trostloser Trostpreis.«

Eli setzt sich auf, Junior steht auf und streckt die Hand aus, um den Jüngeren hochzuziehen. Auf dem Nachhauseweg sieht Eli ihn mehrmals verstohlen an. Wird er ab jetzt ständig wie besessen an Eugene Jones jun. denken, so wie bis vor kurzem an Sophie Gagnon, seine Französischlehrerin? Zu dumm, dass die Liebesbeziehung zwischen ihm und ihr nicht funktioniert hat. Und zwar, weil Mademoiselle sich geweigert hat, ihm eine Zwei zu geben.

Eli bekommt in der Schule immer Zweien, was nicht gerade leicht zu bewerkstelligen ist, wenn man ein *idiot savant* ist, seine Schulbücher in- und auswendig kennt und folglich alle Antworten weiß. Um bei Klassenarbeiten sicherzugehen, dass er nur eine Zwei bekommt, beantwortet er die meisten Fragen richtig, lässt andere aber komplett unbeantwortet, denn wissentlich etwas Falsches hinzuschreiben, bringt er nicht über sich. Bei Hausarbeiten oder Referaten reicht er absolut einwandfreie Arbeiten ein, aber eine Woche zu spät, sodass er deswegen keine Eins, sondern nur eine Zwei bekommt.

Die Lehrer versuchen, ihn dazu bringen, sich ein bisschen mehr anzustrengen. Mrs Davis, seine Mathelehrerin, sagte: »Du könntest Klassenbester sein, Mr Jones.« Aber Mr Jones will nicht Klassenbester sein, Zweien sind ihm lieber. Eine Zwei bedeutet, dass er besser ist als der Durchschnitt, und das reicht ihm. Wieso sollte er Einsen haben wollen? Die Leute erwarten zu viel von denen, die ganz oben sind. Keiner seiner Lehrer durchschaut seine List, bis auf Mademoiselle Gagnon. Mit ihren schwarzen Haaren, ihrer hellen Haut und ihren roten Lippen erinnert sie Eli an Blanche-Neige, an Schneewittchen. Sophie Gagnon ist sechsundzwanzig Jahre alt und stammt aus Outremont, einem vornehmen Teil Montreals. Daher wüsste Eli gern, wieso sie jetzt in einer lausigen Wohnung im Komplex lebt. Sie gehört zu denen, die die *Tribune* abonniert haben, und wenn Eli sie austrägt, geht er bis zu viermal zurück, um sicherzugehen, dass Mademoiselles Zeitung absolut perfekt auf der Fußmatte ausgerichtet ist.

In einer seiner Fantasien öffnet Sophie (in seinen Träumen sind sie beim Vornamen angelangt) ihre Tür in dem Augenblick, in dem er die Zeitung davorlegt, in einem tief ausgeschnittenen Negligé. Oh, là, là! Das Negligé ist so dünn, dass er die Höfe ihrer Brustwarzen erkennen kann, ihre »Areolae« (ein Wort, das Junior ihm beigebracht hat). Sophie bemerkt die Druckerschwärze auf seinen Wangen und Händen. »Mon dieu, Élie, que tu es sale.« Was heißt, dass er ein sehr schmutziger Junge ist. Zum Glück aber hat sie gerade ein schönes heißes Bad einlaufen lassen, und sie hat eine große Badewanne und, sofern er will, nichts dagegen, diese Wanne mit ihm zu teilen. Und wie er will!

Soweit die Fantasie. Die Realität sieht so aus, dass Mademoiselle angefangen hat, ihn nach dem Unterricht dazubehalten, um mit ihm über seine Zweien zu reden.

»Élie, tu n'as pas terminé ton examen. Pourquoi?«, fragt sie, will also wissen, wieso er einen Teil des Tests nicht ausgefüllt hat.

Weil er keine Zeit mehr hatte, lügt er.

»C'est de la foutaise«, widerspricht sie und schüttelt den Kopf so heftig, dass ihre schwarzen Locken fliegen. Ihre weiße Stirn ist gerunzelt, und Eli empfindet derartige Liebeswallungen, dass er sich zusammenreißen muss, um die Hand nicht über ihre schneeweiße Hand zu decken, die sie auf sein Pult gelegt hat.

Es ist sein Aufsatz über *La belle bête*, der endgültig einen Keil zwischen sie treibt. Er reicht ihn zwei Wochen zu spät ein, trotzdem gibt sie ihm eine Eins plus. In ihrer Schlussbemerkung schreibt sie, Marie-Claire Blais sei ihre Lieblingsautorin aus Quebec und empfiehlt ihm, auch *Une saison dans la vie d'Emmanuel* zu lesen.

Nach dem Unterricht tritt er an ihr Pult, um sich über die Note zu beschweren. »Mais j'étais en retard«, sagt er.

Sie antwortet, sie habe dieses Mal eine Ausnahme gemacht.

Eine Eins plus für eine Arbeit bedeutet, dass er mehrere Dreien braucht, um seine Gesamtnote wieder zu drücken. Vielleicht muss er eine Prüfung sogar ganz schwänzen. Er greift sich den roten Stift von Mademoiselles Pult, streicht die 1+ auf seiner Arbeit durch und ersetzt sie durch eine 3.

Sie lacht, ein lautes Lachen, das er normalerweise hinreißend findet. Heute nicht. Kein Schüler habe je versucht, sie dazu zu bringen, ihm eine schlechtere Note zu geben, sagt sie. Und er könne seine Arbeit gern von oben bis unten mit Vieren vollschmieren, in ihrem Notenheft behielte er seine 1+.

Er fühlt die übliche Panik aufsteigen: Herzrasen, pfeifender Atem. Wenn das zu Hause passiert, gibt Abi ihm heimlich einen Schluck Canadian Club aus der Flasche, die sie für seine Notfälle in ihrem Schrank versteckt. Er hat schon überlegt, ob er eine Flasche in seinem Spind in der Schule deponieren soll, hat sich bis jetzt aber nicht getraut.

Er sieht seine Lehrerin mit schmalen Augen an, denn er hat noch ein As im Ärmel. Wird er es benutzen? Ja, wird er.

»Salope.«

Er hat sie gerade Schlampe genannt.

Er hat noch nie gesehen, wie jemandes Mund nach unten klappt, aber ihrer klappt. Klappt einfach auf, praktisch bis hinunter zu ihrem Schlüsselbein. Ihre Augen sprühen Funken, wie die von Joy, wenn sie ihn schlägt. Vielleicht wird Sophie Gagnon ihn ohrfeigen, so hart zuschlagen, dass der Abdruck ihrer Hand bis zur neunten Stunde auf seiner Wange zu sehen sein wird. Er hofft es.

Sie schlägt ihn nicht. Stattdessen wechselt sie zu Englisch. »Eli, was um alles in der Welt ist los mit dir?«

Sie hat nur einen Hauch von frankokanadischem Akzent, legt die Betonung ganz gelegentlich auf die falsche Silbe, und normalerweise liebt er es, diesen Akzent zu hören, aber heute liegt auch eine Spur Besorgnis in ihrer Stimme, so viel, dass er sich entlarvt fühlt.

Ihre dunklen, wunderschönen Augen bohren sich in seine. Sie sehen jetzt streng aus, aber er wird sich nicht abwenden und ihr den Sieg überlassen.

»Antworte mir. Was ist mit dir los?«

»Je ne sais pas!«, schreit er, und sie weicht einen Schritt zurück, als habe sie Angst, *er* könne sie schlagen.

Er dreht sich um und stampft aus dem Zimmer, zerknüllt seinen Aufsatz und wirft ihn auf den Boden des Flurs, wo er hoffentlich plattgetrampelt werden wird.

Er denkt nicht gern zu intensiv über seine Zwänge, Manien und Obsessionen nach. Für andere mögen sie nicht logisch sein – Joy scheint zu denken, dass er in eine Anstalt gehört –, aber für ihn sind sie es. Sie besitzen eine versteckte Logik. Wie Algebra-Aufgaben. Oder die geheimnisumwobenen Regeln der französischen Grammatik.

»Stell dir einen blauen Ball vor«, ordnet Pal an. Er und Eli sitzen nebeneinander auf dem Boden des Elternschlafzimmers, die Augen geschlossen, die langen Beine im Schneidersitz verknotet, den Rücken an das geblümte Canapé gelehnt. Pal bringt dem Jungen das Meditieren bei, eine Fähigkeit, die er während seines langen Aufenthalts im Douglas erlernt hat.

»Einen blauen Ball?«, fragt Eli. Abi hat behauptet, dass die Geschlechtsorgane sexuell erregter Männer, die nicht ejakulieren, blau anlaufen und anschwellen wie Violet Beauregarde in *Charlie und die Schokoladenfabrik*.

»Ja, einen kleinen blauen Ball, eine Murmel zum Beispiel«, sagt Pal. »Oder einen großen blauen, wie die Erde vom Mond aus gesehen. Oder irgendetwas dazwischen. Stell dir diesen Ball und nichts anderes vor.«

Elis Ball ist so groß wie eine Billardkugel und glänzt in einem dunklen Indigoblau.

»Jetzt leerst du deinen Geist. Lass alles los. Lass es wegfließen wie Wasser in einen Abfluss. All deinen Schmerz, deine Scham, deine Schuld, deine Verlegenheit. Deinen ganzen Körper. Deine Haut und deine Knochen, deine Muskeln, dein Herz, deine Lungen, all deine Organe. Alles, was bleibt, ist dein Geist, und alles, was in deinem Geist ist, ist der blaue Ball.«

»Der blaue Ball«, murmelt Eli.

»Ein-aaaaaatmen, aus-aaaaaatmen.«

Sie sitzen und meditieren, sie beide, ganz allein in der Wohnung. Es ist neun Uhr abends, Joy hat Spätschicht. Auch Abi arbeitet, sie hat neuerdings einen Job als Kassiererin in einem 7-Eleven-Supermarkt, den sie natürlich Perrette's nennt.

»Lass uns jetzt einfach still hier sitzen«, sagt Pal. Seit seiner Rückkehr aus dem Douglas liegt eine neue Sanftheit in seiner Stimme, die Eli an den netten Mr Rogers aus dem Kinderfernsehen erinnert. Sanft legt er eine Hand auf Elis Knie. Der zuckt zusammen, und sein blauer Ball verschwindet, eine geplatzte Seifenblase, aber als Pal seine Hand fortnimmt, erscheint der Ball wieder. Danach bleibt Eli konzentriert, bis auf kurze Unterbrechungen, als Mrs Zaleski von nebenan einen Küchenschrank zuknallt, King draußen bellt, Barney zwecks kurzer sportlicher Betätigung auf sein quietschendes Laufrad hopst.

Irgendwann verändert sich die Billardkugel, verwandelt sich in Elis eigene blaue Iris. Vor seinem inneren Auge blickt sein eigenes Auge ihn an. Was sieht es? Er hört Mademoiselles tadelnde Stimme: »Was um alles in der Welt ist mit dir los?«

Eine Viertelstunde später macht Pal die Augen auf und sagt leise: »Ich glaube, Meditation kann dir helfen, Sohn.«

Auch Eli öffnet die Augen.

»Deine Gedanken fangen an zu rasen. Du verfängst dich in einer deiner Fixierungen und kannst an nichts anderes denken. Wenn das passiert, setzt du dich irgendwohin und denkst an deinen Ball. Dein Geist ist dein Universum, Junge, und dein blauer Ball ist dein Planet. Nicht unbedingt die Erde, es kann auch ein anderer Planet sein, wo du dich sicher fühlst und alles ruhig und friedlich ist.«

»Wie zum Beispiel B 612?«

Er hat keine Ahnung, ob sich Pal an den Asteroiden des kleinen Prinzen erinnert, denn im Douglas war sein Vater mit Medikamenten vollgepumpt, aber er antwortet: »Ja, wie dein eigener B 612.«

Nach der Meditationssitzung schlägt Eli vor, Pal etwas

vorzulesen. Der ist einverstanden, und der Junge holt das Heft mit seiner Übersetzung französischer Krimi-Kurzgeschichten. Als er zurückkommt, liegt Pal im Morgenmantel auf der Chenille-Tagesdecke auf dem Bett. Er klopft auf den Platz neben sich, wo Joy normalerweise liegt. Als Eli noch klein war, gehörte er nie zu den Jungen, die bei ihrem Daddy schlafen wollten, deshalb kommt es ihm jetzt seltsam und eigenartig vor, neben Pal zu liegen. Soll er den Kopf auf seine Brust legen? Nein, auf gar keinen Fall. Dabei geht ihm auf, dass es schon eine ganze Weile her ist, seit er sich Fantasien darüber hingegeben hat, den Mann zu ermorden. Vielleicht hat Pal dank der Klinik den Alkohol wirklich endgültig aufgegeben, obwohl Abi behauptet, einmal Alkoholiker, immer Alkoholiker. »Ähnlich wie bei Katholiken«, sagte sie.

»Ich ruhe meine Augen ein bisschen aus, während du liest«, sagt Pal zu Eli.

Der Junge liest ihm eine Kriminalgeschichte über einen Priester vor, der durch ein Glas vergifteten Messwein getötet wird, aber schon bald nickt Pal ein und fängt an, leise zu schnarchen. Eli bleibt neben seinem Vater liegen und liest weiter, aber nicht mehr laut. Der Mann schläft tief und fest, vielleicht wegen seiner Beruhigungsmittel, oder weil er erschöpft ist von der wiederaufgenommenen Arbeit in der großen Firma, die die Rechnung für seinen Klinikaufenthalt bezahlt hat.

Etwas später wird die Wohnungstür geöffnet. Abi kommt am Elternschlafzimmer vorbei, hält an, macht einen Schritt zurück und bleibt in der Tür stehen. »Was machst du da?«, flüstert sie laut.

»Pal ins Bett bringen«, ist das, was Eli als Erstes einfällt, aber er sagt: »Pal vorlesen.«

Abi winkt ihn zu sich, einen verständnislosen, panischen Ausdruck auf dem Gesicht, als sei er im Zoo irgendwie in den Gorillakäfig geraten. »Komm und lies *mir* vor«, verlangt sie.

Er bringt das Heft in ihr Zimmer, das anders als sein eigener makelloser Tempel des Minimalismus ein einziges chaotisches Durcheinander ist: Schmutzige Kleidungsstücke auf dem Boden, Bücherstapel, die jeden Augenblick umzukippen drohen, klumpige, ausgedrückte Earl-Grey-Teebeutel, die wie tote Mäuse überall herumliegen und langsam austrocknen.

Joy hat es aufgegeben, Abis Zimmer saubermachen zu wollen. Vielmehr bleibt sie jedes Mal mit ihrem Staubsauger in der Tür stehen und schimpft: »Wie kann man nur in so einem Saustall hausen?« Und befiehlt ihrer Tochter, die Tür geschlossen zu halten, damit sie das Durcheinander nicht sehen muss. »Aus den Augen, aus dem Sinn«, sagt sie dann immer.

Abi räumt eine Ecke ihres ungemachten Betts frei, setzt sich und tätschelt den Platz, auf den Eli sich setzen soll. Neben ihr liegt ein Bildband, aufgeschlagen beim Foto eines nackten Mannes mit Koboldgesicht, Teufelshörnern auf dem Kopf und einem peitschenartigen Schwanz, der aus seinem Rektum ragt.

Auf dem Nachttisch steht eine Tamponschachtel. Wenn Abi extrem dünn ist, bekommt sie ihre Periode nicht. »Menstruierst du wieder?«, fragt Eli.

»Wie ich es bedaure, dir alles über mich erzählt zu haben.«

»Du erzählst mir längst nicht alles.«

Sie sieht ihn lange finster an.

»Was ist?«, fragt er.

»Ich ziehe aus.«

Sein Magen ist im Achterbahn-Sturzflug.

»Wohin? Nach Manhattan?« Er klingt vorwurfsvoll, ängstlich.

»Nein, nur ans andere Ende vom Komplex.«

»Also keine Große Flucht.«

»Ich ziehe zu Timothy.«

»Wer zum Teufel ist das denn?«

Der einzige Timothy, der ihm einfällt, ist der arme Trottel im gleichnamigen Folksong, den Abi liebt. Der Timothy, der in einer eingestürzten Mine festsitzt und von den anderen Bergleuten aufgefressen wird.

»Der Manager vom Perrette's«, sagt sie.

»Der alte Knacker?«

»Er ist achtundzwanzig.«

»Das ist alt. Vorne wird er schon kahl.«

»Wird er nicht. Er hat eine hohe Stirn.«

»Hast du mit ihm geschlafen? Mit dem alten Perversling? Du hast versprochen, es mir zu sagen, wenn du mit jemandem schläfst.« Seine Stimme klingt quengelig, wie die eines nervigen Görs. »Ich habe dir vom Cunnilingus mit Marie erzählt. Wir hatten eine Abmachung.«

»Eine verkorkste Abmachung. Krank.«

»Aber es war deine verdammte Idee!« Er schreit jetzt. »Du hast es vorgeschlagen!«

Sie legt ihm die Hand auf den Arm, er reißt ihn weg. »Brauchst du einen Schluck Medizin?«, fragt sie.

Er stürzt in eine seiner kurzatmigen Panikattacken, bringt es aber fertig, zu nicken. Dann langzuckt er mehrmals.

Sie steht auf, geht zu ihrem Schrank, fischt die Flasche Canadian Club aus ihrem Wäschekorb und gießt ein paar Fingerbreit Whiskey in eine von Nannys alten, angeschlagenen britischen Teetassen. Sie hat einen Rand aus rosa Rosen und gehört zu demselben Service, das die Geschwister früher für Alice-im-Wunderland-Teepartys mit ihren Plüschtieren benutzt haben.

»Ist Mr Perrette nicht verheiratet?«, fragt er, als sie ihm die Tasse reicht.

»Geschieden.«

»Mit achtundzwanzig?« Er schüttelt den Kopf. »Kein gutes Zeichen.«

»Du bist pro Scheidung, falls du dich erinnerst. Du sagst doch immer: ›Lieber ein Ende mit Schrecken als ein Schrecken ohne Ende.‹«

Er trinkt ein paar Schlucke der bernsteinfarbenen Medizin. Und erschaudert, als der Whiskey brennend seine Kehle hinunterrinnt. Er erinnert sich an sein letztes Mal im Perrette's. Damals hatte Timothy seine athletischen Fähigkeiten gelobt. »Ich habe gesehen, wie du auf dem Basketballplatz Körbe gelegt hast. Du bist verdammt gut.« Das ist Eli absolut nicht, er ist bestenfalls eine Zwei. Der Mistkerl muss versucht haben, sich bei ihm einzuschleimen, damit er sich nicht gegen Abis Umzug stellt. Eli sollte anfangen, in diesem Laden zu klauen und ganze Schachteln mit Hershey-Riegeln mitgehen zu lassen. Oder wie wäre es, wenn er in der Gasse hinter dem Laden mit einem in eine Socke gestopften Backstein auf Timothy warten würde?

Er nippt noch ein paarmal, kippt den Rest des Whiskeys dann in einem Zug hinunter und fährt sich mit dem Handrücken über den Mund.

»Besser?«, fragt Abi.

Er versucht es mit Betteln. »Lass mich nicht mit ihnen allein. Das überlebe ich nicht.«

»Verdammt, Jones. Ich ziehe nur sieben Minuten von hier weg. Gib mir nicht das Gefühl, dich im Stich zu lassen. Das ist unfair.«

Sie tut nur so, als sei sie verärgert, aber in ihren Augen sieht er ganze Abgründe an Schuldgefühlen, aus denen er mit Freuden schöpfen wird. »Würde *ich* dich je im Stich lassen?«, sagt er. »Non. Jamais.«

Am nächsten Tag, als Joy und Pal auf der Arbeit sind, macht sich Abi auf und davon. Sie hat den beiden nicht gesagt, dass sie zu ihrem Boss zieht. Eli geht davon aus, dass sie wütend sein werden, aber Abi versichert ihm das Gegenteil. »Glaub mir«, sagt sie, »die sind froh, dass ich mich aus dem Lager vervögle.« Sich aus dem Lager vervögeln, foutre le camp, steht für abhauen, die Biege machen.

Gemeinsam gehen die Geschwister an diesem sonnigen Frühlingsnachmittag durch den praktisch baumlosen Komplex. Der Himmel hat dieselbe Farbe wie Milch, in der man Boo Berry-Getreideflocken eingeweicht hat. Zu Mittag haben die beiden eine Schüssel dieses ultrasüßen Drecks mit Blaubeergeschmack gegessen.

Es ist ein Schultag, aber Eli schwänzt. Er trägt eine schwarze Jeans, ein graues Sweatshirt und weiße Turnschuhe. »Du siehst aus wie Whistlers Mutter«, sagt Abi. *Arrangement in Grau und Schwarz.*«

Sie selbst hat eine weinrote Cordhose und eine gebatikte Tunika an, eine Zusammenstellung, von der Eli Migräne bekommt. »Und du siehst aus wie Mary Poppins«, gibt er zurück, nicht wegen ihrer Kleidung, sondern wegen der abgewetzten, gemusterten alten Reisetasche mit Holzgriff, die von Nanny stammt. Sie quillt praktisch über, dabei hat Abi die meisten ihrer Sachen zurückgelassen, als erfordere ihr neues Leben nur das Allernotwendigste.

»Gib her«, sagt er und nimmt ihr die Tasche ab.

»Wie galant«, lobt sie. Das Wort stammt aus alten Sprachschatzerweiterungstagen.

Sie fragen einander ab, während sie die Straße entlanggehen.

»Obsolet?« will sie wissen.

»Veraltet«, antwortet er. »Eloquent?«

»Beredt.«

»Diese Worte sind für alle Zeiten in unser Gedächtnis eingebrannt.«

»Unauslöschlich.«

Sie kommen am Komplex-eigenen Swimmingpool vorbei, der von einem Drahtzaun umgeben ist. Seitenwände und Boden des abgelassenen Pools sind voller nikotinfarbener Flecke. Das Gebäude, in dem Timothy lebt, liegt gleich neben dem Pool, und als die Geschwister davor stehen, fragt Abi: »Willst du mit raufkommen?«

»Nein.«

»Timothy ist nicht da.«

»Ein andermal«, sagt er, denkt jedoch: Wenn Hühner Zähne haben, wie die Franzosen sagen, wenn sie »nie und nimmer« meinen. Er reicht ihr die Reisetasche. Sie umarmt ihn, wozu sie sich recken muss, weil er inzwischen viel größer ist. Er nähert sich an Mannequingröße an, während sie anscheinend überhaupt nicht weiterwächst.

»Kommst du klar?«

»Nein, ich bin untröstlich.«

Sie lächelt schief, dreht sich um und geht auf die Haustür zu, wobei sie die Reisetasche gespielt nonchalant schlenkert.

»Gramgebeugt«, ruft er ihr hinterher.

Sie verschwindet im Haus, ohne sich noch einmal umzudrehen.

»Zu Tode betrübt«, murmelt er vor sich hin. Sein Herz fühlt sich an wie eine der Toilettenpapierrollen, die Barney in seinem Käfig zerkaut.

Junior nennt Timothy immer nur den Motherfucker (»Was hat der Motherfucker, was ich nicht habe? Eine Softeismaschine?«), bis Eli sagt, er soll damit aufhören.

»Er fickt seine Mutter nicht«, beharrt er.

»Bruder, du nimmst alles so wortwörtlich, dass ich dir wortwörtlich den Kopf abreißen könnte.«

Seit Abi vor Wochen ausgezogen ist, hatte sie praktisch keinen Kontakt zu Eli oder Junior, und die Jungen sind deswegen ziemlich sauer. Außerdem streiten sie sich in letzter Zeit ständig, wie ein altes Ehepaar. Beide sind in diesem Jahr neu an der Schule und der einzige wirkliche Freund des jeweils anderen. Eli glaubt, dass Junior ihm die Schuld daran gibt, dass Abi sich mit einem unpassenden Liebhaber zusammengetan hat, wo Junior selbst doch der einzig passende wäre.

Einmal, während eines Streits darüber, wer von ihnen von Tür zu Tür gehen muss, um das Zeitungsgeld einzukassieren, zieht Junior einen Klumpen Rotz hoch und spuckt ihn Eli in die Haare. Eli knallt ihm eine. Junior haut Eli die Faust auf den Kopf. Das Ganze endet damit, dass die beiden in Juniors Zimmer keuchend, fluchend und um sich schlagend über den Boden rollen, bis Eugene senior kommt und sie auseinanderreißt.

»Und jetzt gebt euch die Hand und vertragt euch«, befiehlt Eugene senior. Er hat eine tiefe, samtige Stimme, wie die von Gott in Filmen. Eine Stimme, der man besser nicht widerspricht. Die Jungen reichen sich die Hand, wobei Junior mit aller Kraft zudrückt, damit Eli zusammenzuckt, aber das wird der auf gar keinen Fall tun.

»Was ihr da habt, Jungs, ist eine richtig schöne Hassliebe«, sagt Eugene senior.

Das stimmt. An manchen Tagen gehen sie so liebevoll miteinander um wie zwei Hündchen aus demselben Wurf. Sie sitzen auf der Couch und gucken fern, Junior lang ausgestreckt, sodass seine Beine über das Ende der Couch herausragen, den Kopf in Elis Schoß.

Eugene senior hat eine Freundin in der Stadt, und wenn er die Nacht bei ihr verbringt, sagt er oft im Scherz, dass Eli Junior »babysitten« soll. Eli schläft dann in Juniors Bett, während Junior das seines Vaters nimmt, ein Wasserbett, von dem Junior behauptet, dass er darin immer denselben Traum träumt, in dem er der Fischer aus *Der alte Mann und das Meer* ist und mit einem Blauen Marlin kämpft, bloß jünger und schwarz.

An manchen Abenden kommt Joy runter, um sich King auszuborgen. »Wie geht es meinem Jungen?«, quietscht sie den deutschen Schäferhund an. King bellt, und Joy ruft: »Freust du dich, Joy zu sehen?«, und der Hund hüpft auf und ab, weil er weiß, dass sie einen langen Spaziergang mit ihm machen und auf dem Gelände rund um den Komplex immer wieder seinen schleimigen Tennisball für ihn werfen wird. Nur wenn sie mit dem Hund zusammen ist, scheint Joy in Cook County glücklich zu sein.

»Deine Mom ist cool«, sagt Junior einmal zu Eli.

»Machst du Witze? Joy und cool?«

»Wieso nennt ihr eure Eltern beim Vornamen?«

»Weil sie, wie Abi sagt, keine wirklichen Eltern sind, sondern eher Elterneinheiten.«

»Elterneinheit« ist ein Begriff, den die Coneheads in *Saturday Night Live* verwenden. Genau diese Sendung gucken die beiden Jones-Jungen in Juniors Wohnung an dem Abend, der sich als Elis letzter Samstagabend in Amerika herausstellen wird. Mitten in einem Sketch, in dem ein Schauspieler in Nancy-Reagan-Aufmachung eine Wahrsagerin mimt, klopft es an der Verandatür.

King, der vor dem Fernseher liegt, springt auf und bellt. Aber der deutsche Schäferhund ist mehr Angsthase als Wachhund. Beim zweiten Klopfen weicht er zurück und versteckt sich unter dem Esstisch.

Junior geht zur Tür, drückt das Gesicht ans Glas und legt die Hände außen herum, um nach draußen sehen zu können. »Es ist Abi«, sagt er und schiebt die Tür auf, und Mary Poppins mitsamt gemusterter Reisetasche betritt das Zimmer. King kommt angesprungen und wedelt mit seinem Staubwedelschwanz.

»Schwester«, freut sich Junior.

Die Jacke, die Abi anhat, besteht aus einem filzigen rosa Material. Sie sieht darin aus wie ein gehäuteter Muppet.

»Du solltest die Vorhänge zumachen«, sagt sie zu Junior. »So können alle bei euch reingucken.«

»Wer würde uns denn ausspionieren wollen?«

»Spanner«, kommt es von Abi. »Kinderschänder.«

»Ich bin kein Kind mehr«, verwehrt sich Junior. »Unser Bruder hier wartet zwar noch auf das Einsetzen der Pubertät, aber ich bin ein Mann.«

»Wieso bist du wieder hier?«, fragt Eli ziemlich unterkühlt von seinem Ende der Couch aus, eingeschnappt, weil er sich von ihr vernachlässigt fühlt.

Ohne darauf zu antworten, deponiert Abi die Reisetasche auf einem Sitzsack und lässt sich auf das andere Ende der Couch fallen. King stupst ihr Bein an, weil er hofft, von ihr getätschelt und gestreichelt zu werden, mit Erfolg. Junior setzt sich neben Abi und hofft auf das Gleiche, allerdings ohne Erfolg.

Abi wirft einen Blick auf den Fernseher und sagt: »Seit Gilda Radner nicht mehr dabei ist, müsste *Saturday Night Live* eigentlich *Mittwochnachmittagstod* heißen.«

Sie schauen trotzdem weiter, aber nur Junior lacht und klopft sich gelegentlich sogar auf die Schenkel, wahrscheinlich aus Aufregung darüber, dass Abi sie mit ihrer Anwesenheit beehrt, oder vielleicht versucht er auch, ihr eine Reaktion zu entlocken. Aber sie sitzt nur mit grimmigem Gesicht da, selbst während eines urkomischen Werbesketches für Männertampons (die verirrte Urintropfen auffangen sollen, die eventuell noch fließen, nachdem ein Mann sich abgeschüttelt und den Reißverschluss wieder hochgezogen hat).

Da Abis Reisetasche praktisch überquillt, vermutet Eli, dass sie all ihre Sachen dabeihat. Haben sie und der Motherfucker sich getrennt? Er würde sie gern fragen, aber

Abi sieht so zerbrechlich aus, als sei ihre übliche Sturmtruppler-Rüstung nur noch eierschalendünn.

»Senior ist nicht da?«, fragt sie Junior.

»Er ist übers Wochenende in der Stadt.«

»Hat er irgendwo Whiskey?«

»Mein Dad trinkt nicht. Und ihr zwei solltet auch nicht trinken, wo Pal doch Alkoholiker ist und alles. Ihr spielt mit dem Feuer.«

»Eli und ich haben uns längst verbrannt«, sagt Abi. »Stimmt doch, Jones, oder?«

»Und wie«, bestätigt Eli und lächelt seine Schwester verschwörerisch an. Sie lächelt nicht zurück.

Als die Sendung zu Ende ist, fragt sie Junior: »Was dagegen, wenn ich heute Nacht im Wasserbett schlafe?«

»Absolut nicht. Ich beziehe es schnell für dich.«

»Mach dir keine Mühe.«

»Es ist keine Mühe, Schwester.« Junior flitzt los, um das Bett zu beziehen und wahrscheinlich auch mit einem Moschusduft zu bespritzen in der Hoffnung, dass es für Abi und ihn zum Liebesnest wird.

Während Junior weg ist, fragt Eli: »Timothy?«

»Er ist zu seiner Frau zurückgegangen.«

»Sie sind nicht geschieden?«

»Nein, das war gelogen. Sie waren nur getrennt.«

»Tut mir leid.«

Sie beißt sich auf die Unterlippe, die rissig ist – ungewöhnlich für Abi, die ständig Lippenpflegestifte benutzt, und fügt hinzu: »Er hat mir gleich zwei Abfuhren reingewürgt und mich nicht nur abserviert, sondern auch gefeuert.«

»Scheiße«, sagt Eli. »Soll ich dem Mistkerl den Kopf abbeißen?«

Endlich lächelt sie. »Du bist Vegetarier.«

»Zur Verteidigung deiner Ehre würde ich eine Ausnahme machen.«

»Ich beiße nicht«, verspricht Junior, rutscht in seinem Doppelbett beiseite und schlägt die Decke so schwungvoll zurück, als sei sie ein Vampircape, *wuuusch*, um Eli Platz zu machen. Eigentlich wollte der die Couch im Wohnzimmer nehmen, aber dort schläft King und haart alles voll. Außerdem schnarcht der Hund.

Auf dem Poster an der Wand scheinen die vier Talking Heads zustimmend zu nicken, also rutscht Eli in seinen grauen Boxershorts und dem weißen T-Shirt unter die Decke. Junior hat nur eine Schlafanzughose aus Flanell an, sein Oberkörper ist nackt. Mitten auf seiner Brust sprießen ein paar lockige Haare, also ist er vielleicht wirklich ein Mann, wie er immer prahlt. So dicht neben ihm kann Eli den Duft seiner *Irish Spring*-Seife riechen, vor allem, als sein Freund über ihn hinweggreift, um die Nachttischlampe mit dem Keramikfuß in Form eines Rennautos auszuschalten. Also doch immer noch mehr Junge als Mann.

Junior dreht sich zur Wand, dreht Eli den Rücken zu. Seine nackten Füße ragen wegen seiner Größe über den Bettrand.

»Gute Nacht, Bruder.«

»Bonne nuit.«

Auf der anderen Seite des Zimmers leuchten zwei rote Punkte durch die Dunkelheit: Juniors Plattenspieler. Die Augen eines Tiers, stellt Eli sich vor. Die des gerissenen Fuchses, der über ihn wacht. Er hat noch nie mit jemand anderem in einem Bett geschlafen, außer mit Abi früher, in Motelzimmern, deshalb fürchtet er, überhaupt nicht schlafen zu können. Vielleicht sollte er zu Abi in das große Wasserbett klettern und von türkisfarbenen Meeren und Blauen Marlins träumen. Welche schriftstellerischen Hemingway-Adjektive könnte er heute auf seine Schwester anwenden? »Abgestumpft« vielleicht? Aber hat sie, wenn er ehrlich ist, nicht schon seit Ewigkeiten abgestumpft ausgesehen? Insgeheim ist er froh, dass Timothy mit ihr Schluss gemacht hat. Du bist ein egoistisches Arschloch, Eli Jones, beschimpft er sich selbst. Die Leute denken immer, dass er ein netter Kerl ist, dabei ist er schandbar gemein, so schlimm wie Pal. Vielleicht schlimmer, seit Pal nicht mehr trinkt und ihm gegenüber vage väterlich wirkt, vor allem, seit Abi weg ist. Er lässt sich gerne von Eli Kriminalgeschichten vorlesen, und gemeinsam rätseln Vater und Sohn, wer der Täter sein könnte. Sogar Joy war in letzter Zeit mehr auf Elis Seite und hat sich für ihn eingesetzt, als Mademoiselle Gagnon Anfang der Woche anrief, um sich darüber zu beklagen, dass er nicht sein volles Potential ausschöpft. »Der Junge hat sich selbst Französisch beigebracht, verdammt nochmal«, hat Joy die Lehrerin angefaucht. »Was wollen Sie und Ihresgleichen denn noch?«

Eli kann nicht schlafen und wäre froh, er könnte sich einen Hot Toddy machen, einen heißen Whiskey mit einem Schuss Honig. Oder, noch besser, die kanadische Variante mit Ahornsirup. Er denkt an seine Klamotten. All seine Anziehsachen im Kopf durchzugehen und nach Farben zu sortieren ist seine Form des Schäfchenzählens.

Er sortiert gerade seine Socken, als Junior sich umdreht und flüstert: »Eli, ich habe gelogen. Ich beiße doch.« Er rutscht halb über Eli und gräbt die Zähne in seinen Hals, wie Dracula, allerdings nicht so tief. Dann lässt er los, und Eli sagt: »Das hat gekitzelt«, obwohl es wehgetan hat. Junior versucht noch einmal, ihn zu beißen, dieses Mal in die Schulter, aber Eli stößt ihn weg, Junior gibt ihm einen Klapps auf die Wange, und Eli sagt: »Lass das.« In der Dunkelheit schwebt Juniors Gesicht über seinem, undeutlich, das Weiß seiner Augen wie Monde durch Wolken, und dann liegen seine Lippen auf denen von Eli. Kein falscher Kuss wie auf der Wiese, sondern ein richtiger. Eli schiebt Junior die Zunge in den Mund, und sein Freund lässt ihn. Der Kuss ist so ähnlich wie die Knutschereien mit den Maries, bloß dass sich Juniors Lippen weicher anfühlen und sein stoppeliges Kinn kratziger ist.

Eli rechnet damit, dass Junior wie neulich auf der Wiese abrupt aufhören und so tun wird, als sei alles nur ein Witz gewesen, aber dann legt sich seine Hand auf Elis Erektion und streichelt sie durch die Boxershorts hindurch. Er hört auf, Eli zu küssen und zerrt an den Shorts herum, und Eli hebt den Po an, damit er das Ding runterziehen kann. »Dreh dich um«, sagt Junior mit tieferer Stimme, der Komm-mir-ja-nicht-in-die-Quere-, gottähnlichen Stimme seines Vaters, und als Eli zögert, rollt Junior ihn auf den Bauch, zieht seine eigene Schlafanzughose runter, legt sich auf Eli und drückt seinen Penis in Elis Po, aber ohne in ihn einzudringen. Er bewegt sich einfach nur auf und ab, schiebt Elis T-Shirt nach oben und küsst seine Schulterblätter. Und Eli will ihm zu Gefallen sein, es erregt ihn, ihm zu Gefallen zu sein, so wie es ihn erregt hat, der Marie zu Gefallen zu sein, der er es mit dem Mund besorgt hat. Er ist nicht sicher, ob er sich richtig bewegt, aber bald finden die Jungen einen natürlichen Rhythmus, und Junior ächzt und stöhnt, und dann spürt Eli etwas Heißes und Nasses, als sein Freund auf seinem Rücken kommt.

Junior löst sich von ihm, liegt im Dunkeln einfach da und kommt allmählich wieder zu Atem. Eli zieht sich das T-Shirt über den Kopf und benutzt es, um sich Juniors Samen abzuwischen, der streng riecht, mehr nach Bleichmittel als sein eigener. Er knüllt das T-Shirt zusammen und wirft es auf den Boden. Dann streckt er die Hand aus und legt sie auf Juniors Brust, genau auf die Stelle mit den paar Härchen. Er streichelt die kleinen Härchen mit einem Finger.

»Geh und schlaf auf der Couch«, sagt Junior, wieder mit seiner normalen Stimme.

»Was?«

»Verzieh dich, Eli.«

Eli reißt seine Hand zurück, als hätte er einen Stromschlag bekommen. Mit dem Fuß schubst Junior ihn an, stößt ihn von sich weg. Eli wühlt zwischen den Laken, bis er seine Boxershorts findet, steigt aus dem Bett und hüpft unbeholfen herum in dem Versuch, sie im Dunkeln anzuziehen, während die roten Fuchsaugen ihn gnadenlos anstarren. Dann steht er da und wartet, dass sein blöder Ständer schrumpft. Dabei sieht er das weiße, samenverschmierte T-Shirt auf dem Boden liegen und spielt mit dem Gedanken, es Junior an den Kopf zu werfen und ihn als Schwuchtel zu beschimpfen, tut es aber nicht. Als er aus dem Zimmer stampft, bleibt er an der Ecke der Kommode hängen und stößt sich derart heftig, dass er garantiert einen blauen Fleck an der Hüfte bekommen wird.

Er geht ins Bad und macht das Licht an. Es riecht nach Irish Spring, also nach Junior. Die Tür des Spiegelschranks steht offen. Er schließt sie und starrt sich im Spiegel auf der Außenseite an. Er sieht genauso aus wie vor einer Stunde, als er sich hier das Gesicht gewaschen hat, außer dass er inzwischen Sex mit einem Kerl hatte. Mit einem Gästehandtuch reibt er sich eventuelle Reste von Junior vom Rücken. Juniors orangefarbener Afrokamm liegt auf dem Spülkasten. Er setzt sich damit auf den Rand der Badewanne und streicht mit den Fingern über die Zinken, als würde er eine Maultrommel zupfen. Was jetzt? Er könnte nach oben in ihre eigene Wohnung gehen, aber seine Klamotten liegen noch in Juniors Zimmer, und er will nicht dahin zurück, um sie zu holen.

Er pinkelt im Stehen, lässt Juniors Kamm in die Toilette fallen und spült nicht ab. Das ist seine Rache. Er verlässt das Bad in der Absicht, bei King auf der Couch zu schlafen, aber als er an der Tür zum Schlafzimmer von Eugene sen. vorbeikommt, überlegt er es sich anders. Mit dem Knöchel klopft er an die Tür. »Jones?«, flüstert er. »Bist du wach?«

Er drückt die Tür auf und geht hinein. Anders als in Juniors Zimmer fällt hier Mondlicht herein; es zwängt sich durch die Schlitze der Jalousie und wirft Lichtstreifen auf Wände, Fußboden und Bett. Leise geht er zum Wasserbett. Seine Schwester ist eine Erhebung unter den Decken, hat sie bis über den Kopf hochgezogen, wie vor Jahren im Waggon. Sein Herz fängt an zu hämmern. »Jones«, sagt er lauter.

Auf dem Nachttisch steht eine Lampe. In der Dunkelheit fummelt er daran herum, bis er den Ziehschalter findet. Er betätigt ihn. Diffuses gelbes Licht erfüllt das Zimmer. Auf dem Nachttisch, neben der Lampe, steht ein Wasserbecher, daneben liegt ein Röhrchen verschreibungspflichtiger Pillen. Ein leeres Röhrchen.

Er weiß sofort Bescheid.

Er schreit ihren Namen. Sie reagiert nicht. Er wirft sich aufs Bett, dessen Wasser anfängt zu schwappen, sodass er sich vorkommt wie in einem Ruderboot, und schlägt das Deckbett zurück. Sie liegt auf der Seite, einen Arm über die Augen gelegt, als wolle sie sie vor der Sonne abschirmen. Er hebt den Arm an und tätschelt ihr bleiches, schweißnasses Gesicht, einmal, zweimal, ein drittes Mal, jedes Mal etwas härter, und als sie nicht zu sich kommt, schreit er nach Junior.

Elis Gehirn fühlt sich an wie ein Beutel voller Wattebäusche, ein krasser Gegensatz zur absoluten Klarheit, die während der Ereignisse der letzten neunzig Minuten in seinem Kopf geherrscht hat. Er fühlt sich, als hätte er selbst ein paar von Eugene seniors Schlaftabletten geschluckt. Inzwischen ist er mit Junior und King allein in der Wohnung. Die Sanitäter sind weg. Pal ist mit ihnen gefahren. Joy ist wieder nach oben gegangen.

Abi ist weg. Nicht weg für immer, nicht weg im Sinne

von tot. Sondern im Krankenhaus. Sie wird wieder werden. Haben die Sanitäter versprochen. Nein, haben sie nicht, aber Eli hat es als Versprechen aufgefasst, wie eine von ihnen, die rothaarige Frau mit der gezackten Narbe am Kinn, eine Augenbraue hochgezogen, ihm beschwichtigend zugelächelt und ihn kurz zugenickt hat. Außerdem hat Pal immer wieder gesagt: »Sie wird wieder, sie wird wieder, sie wird wieder.« Bestimmt ein Dutzend Mal, sogar noch, als übelriechender gelblicher Schleim aus Abis Mund quoll.

Vor seinem inneren Auge sieht Eli noch einmal, wie seine Schwester auf eine Trage geschnallt und aus dem Gebäude gebracht wird und denkt darüber nach, welchen Witz er machen könnte, wenn sie aus dem Krankenhaus kommt: »In Sachen Gewichtsverlust ist ein ausgepumpter Magen sicher besser als Ex-Lax, aber findest du nicht auch, dass das selbst für deine Verhältnisse ein kleines bisschen zu krass war, Jones?«

Sie hatte sich eingenässt. Eli hat den feuchten Fleck auf dem Laken gesehen, als die Sanitäter sie auf die Trage hoben. Vielleicht könnte er auch darüber witzeln und sagen, sie hätte das Wasserbett gewässert.

Eugene senior wird außer sich sein, fürchtet Eli. Der Mann ist auf dem Weg nach Hause. Eli hat gehört, wie Junior ihn vom Telefon in der Küche aus angerufen hat, demselben Telefon, das Pal benutzt hat, um den Krankenwagen zu rufen. Sowohl Pals als auch Juniors Stimme war dieselbe Verzweiflung anzuhören.

»Kommen Sie schnell«, flehte Pal die Notrufzentrale an.

»Komm schnell«, sagte Junior zu seinem Vater.

Nie wieder wird Eugene senior Eli erlauben, den Babysitter für Junior zu spielen, denkt Eli. Zu Joy hat er gesagt, dass er hier unten bleiben wird, bis Eugene senior zurück ist. Der arme Junior ist völlig fertig. Eli hat sich sein ganzes Leben lang auf das Schlimmste vorbereitet, damit er es durchstehen kann, wenn es so weit ist. Junior hat das nicht getan. Den Kopf in Elis Schoß, weint und schluchzt er. Eli streichelt seinen Rücken und würde gern sagen: »Ist ja gut, Bruder, ist ja gut«, aber so wirr im Kopf, wie er selbst ist, sagt er nichts.

King liegt zusammengerollt neben den Jungen auf dem Bett. Seine Groucho-Marx-Augenbrauen verleihen ihm einen bestürzten Ausdruck. »Entschuldigt, dass ich das sage«, scheint er zu sagen, »aber dieses Mädchen ist nicht ganz richtig im Kopf.«

Eli hat Juniors Morgenmantel an. Er ist kariert, grell kariert, rotes Schottenkaro, aber Eli ist zu benommen, um sich daran zu stören. Eine Stunde lang ist er halbnackt herumgelaufen, ist in seinen Boxershorts nach oben gerannt, um seine Eltern zu wecken. Dann wieder nach unten. Und nach draußen, um den Sanitätern den Weg zur Wohnung zu zeigen. Es war Junior, der ihm irgendwann den Morgenmantel brachte und ihm half, die Arme hineinzustecken.

Elis verschmutztes T-Shirt liegt immer noch zusammengeknüllt auf dem Boden neben der Kommode. Während er es anstarrt, fällt ihm ein, was er mit Juniors Kamm gemacht hat. Er muss daran denken, ihn aus der Toilette zu fischen und abzuwaschen, bevor er nach oben geht.

Irgendwann hört Junior auf zu weinen und setzt sich auf, legt einen Arm um Eli und zieht ihn in einer halben Umarmung an sich. Dann fährt er sich mit dem Handrücken über die Nase. Seine Augen sind blutunterlaufen, wie die von Pal nach einer Sauftour, bloß dass die von Junior kaffeebohnenbraun sind und die tiefe, warme Farbe haben, die sich Eli schon immer für seine eigenen Augen gewünscht hat. Hätte er diese Augen statt seiner kaltblauen, könnte er ein anderer Jones sein. Ein mitfühlenderer Jones. Ein Jones, der weint, wenn seine Schwester ein Röhrchen Tabletten schluckt.

»Warum hat sie das getan?«, fragt Junior mit belegter Stimme.

Als Abi letzten Winter im Beisein von Junior ohnmächtig wurde, hat Eli gesagt: »Das macht sie manchmal.« Fast hätte er das auch jetzt gesagt, als seien Selbstmordversuche etwas, was bei Abi gelegentlich vorkommt. Als seien sie ihr Ding. Eine Macke seiner Schwester eben. Wie das Herumkauen auf ihren Haarspitzen oder das Zurückbiegen ihrer Finger.

»Ich weiß es nicht.«

»Ich liebe sie«, sagt Junior.

»Ich weiß.«

»Dich liebe ich auch. Ich liebe euch beide.« Juniors Augen werden groß, als sei niemand mehr über das Eingeständnis dieser zweifachen Liebe überrascht als Eugene Jones junior selbst.

Liebe. Ein Wort, das bis jetzt noch niemand in Bezug auf Eli benutzt hat. Abi sagt es nie. Joy und Pal auch nicht. Soll er Junior sagen, dass er ihn auch liebt? Liebt er ihn? Wie fühlt sich Liebe an? Vielleicht so, als würde man selbst sterben wollen, wenn der andere Mensch tot ist? Wenn Abi stirbt, wird er wahrscheinlich auch sterben wollen.

Sie wird wieder. Sie wird wieder. Sie wird wieder.

King hebt den Kopf und bellt. Sein Überschallgehör hat ihm verraten, dass Eugene senior mit seinem Lieferwagen auf dem Parkplatz hinter dem Gebäude angelangt ist. Eli hört die Tür des Lieferwagens zuschlagen. King springt vom Bett und trottet durch den Flur zur Wohnungstür.

»Mein Dad ist zurück«, sagt Junior, fährt sich über die Augen und sieht erleichtert aus, sieht aus, wie Eli nie aussieht, wenn Pal nach Hause kommt.

Als Eli mit Abis Reisetasche nach oben kommt, ist es draußen noch dunkel. Joy sortiert Wäsche. Sie hat den geflochtenen Wäschekorb auf dem Esstisch ausgekippt und wirft Sachen auf unterschiedliche Stapel. Weiß. Bunt. Dunkel. Sie wäscht viel, besteht darauf, dass Kleidungsstücke, Handtücher und Waschlappen nach einmaliger Benutzung gewaschen werden müssen. Die Waschküche – dunkel, feucht, eine Zuflucht für Tausendfüßler und Spinnen – liegt im Keller, aber da die Mieter sie erst ab 8 Uhr morgens benutzen dürfen, kann sie noch nicht runtergehen. Als sie ihren halbnackten, nur mit seiner Jeans bekleideten Sohn sieht, fragt sie: »Wo ist dein T-Shirt?«

Ein Langzucken Elis. Er stellt die Reisetasche ab, fischt ein schwarzes T-Shirt aus dem Haufen dunkler Wäsche und zieht es sich über den Kopf. Dass er ein »schmutziges« T-Shirt anzieht, wird Joy ärgern. Sie hat ihre eigenen Macken und Marotten, aber droht Eli je, sie deswegen ins Douglas zu stecken? Er versteht besser als irgendjemand sonst, dass sie jeden verdammten Tag der Woche unter den Betten staubsaugen muss. Eine Zigarette glimmt im Aschenbecher am Ende des Tischs vor sich hin, und er würde das verdammte Ding am liebsten wie ein Frisbee quer durchs Wohnzimmer schleudern. Mit ein bisschen Glück würde die Kool alles in Brand stecken. Das Canapé, den kleinen Teppich, die Vorhänge, die Zierdeckchen. Das geblümte Kissen mit dem eingestickten »Home is where the heart is«. Zuhause ist da, wo das Herz ist. Was, wie Abi immer sagt, die Frage aufwirft, wo die Herzlosen ihr Zuhause haben.

»Gibt es schon etwas Neues?«, fragt er seine Mutter. Pal soll anrufen, sobald Abi stabil ist.

Joy schüttelt den noch vor rosa Lockenwicklern starrenden Kopf und wirft ein Unterhemd zu den weißen Sachen, einen Spüllappen zu den dunklen. »Sie werden mir die Schuld geben«, sagt sie. »Wirst schon sehen.«

»Was?«

»Wenn Kinder Scheiße bauen, zeigen die Leute immer

mit dem Finger auf die Mutter. Kannst du immer wieder im Fernsehen sehen. Die Tochter ist kokainsüchtig, also ist die Mutter schuld. Der Sohn hat eine Bank ausgeraubt, die Mutter ist schuld. Das bringt mich dermaßen auf die Palme.«

»Niemand gibt dir die Schuld. Ihr Freund hat mit ihr Schluss gemacht.« Vielleicht können sie alle sich darauf einigen, diesem Motherfucker die Schuld zu geben.

Joy zieht an ihrer Kool, ohne den Blick von ihrem Sohn zu wenden. Als sie den Rauch ausgestoßen hat, sagt sie: »Dieser Kerl ist nicht schuld. Dass er mit ihr Schluss gemacht hat, hat das Mädchen nicht dermaßen zugrunde gerichtet.« Sie drückt die Kippe aus, den Blick immer noch auf ihn gerichtet. »Weißt du, was sie kaputt gemacht hat?«

Ein weiteres Langzucken.

Joys Gesicht sieht aus wie ein zerknittertes Taschentuch, gezeichnet von Zorn und Abscheu. Es ist derselbe Ausdruck wie vorhin, als sie ihre bewusstlose Tochter im eigenen Urin auf dem Wasserbett liegen sah. »Ihr ist etwas Schlimmes passiert«, fährt sie fort. »Es hat in Massachusetts angefangen, als sie dreizehn war, und ging weiter, bis wir hierher gezogen sind.«

Elis Herz fängt an, rasend schnell zu hämmern. Seine Beine geben nach. Er lässt sich auf einen Esszimmerstuhl fallen, greift sich ein großes Badelaken vom Tisch und drückt es an die Brust – ein kleines Kind mit seiner Kuscheldecke.

»Deiner Schwester wurde etwas angetan.«

Er drückt das Badelaken fester an sich.

»Sie wurde missbraucht. Ich meine, sexuell.«

Etwas im Zimmer hat sich verändert. Die Luft. Sie ist anders als vorher. Die Sauerstoffmoleküle sind mutiert, sind spitz geworden, lassen sich schwerer einatmen.

»Abi wollte nicht, dass du es weißt, also verrat ihr nicht,

dass ich es dir gesagt habe, okay? Es würde sie nur noch fertiger machen.«

Er hätte sich die Wahrheit schon vor Jahren denken müssen. Der Fuchs hat versucht, ihn zu warnen, aber er wollte nicht mit dem Herzen sehen. Er drückt das Badelaken an sein Gesicht, bedeckt seine Augen. Ach, Jones. Er will zu seiner Schwester. Er will, dass sie da ist und ihn rettet, obwohl er nicht da gewesen ist, um sie zu retten.

»Alle werden mir die Schuld geben und sagen, dass ich es die ganze Zeit gewusst habe, oder dass ich es nicht sehen wollte«, fährt seine Mutter fort. »Hab ich aber nicht. Ich fand sie einfach nur eigenartig, die Nähe der beiden. Abi ist ein hübsches Mädchen. Es ist normal, dass er sie liebt, aber er hat sich *in sie verliebt*. Die Liebe war schuld, die Liebe hat ihn dazu getrieben. Wenn man es so betrachtet, nämlich dass die Liebe der Grund für das alles war, ist es leichter zu akzeptieren. Und leichter, ihm zu verzeihen.«

»Ihm ... wem?« Er nimmt das Handtuch weg. »Von wem reden wir hier?«

»Stell dich nicht dumm. Du weißt, von wem.«

Er weiß es, aber er will, dass sie den Namen sagt.

Er ist nicht mein Vater, denkt er. Ich bin ein anderer Jones. Ich gehöre nicht zu dieser Familie. Ich bin der Sohn von Elvis. Der Sohn des King.

»Sag bloß nichts zu Junior, oder zu deinem Vertrauenslehrer an der Schule, oder zu diesen Klugscheißerinnen von Lehrerinnen. Wenn du deine große Klappe aufreißt, kommt Pal ins Gefängnis und ich ins Armenhaus. Und du, du landest bei Pflegeeltern, wo du wahrscheinlich auch missbraucht werden wirst.«

»Ich hasse ihn«, sagt er. »Er soll tot sein.«

»Jetzt fühle ich mich schuldig, weil ich dich gegen ihn aufgebracht habe. Jesus Murph, als hätte ich nicht schon genug zu verkraften.«

Sie steckt sich eine neue Kool an und sortiert Pals schmutzige Unterwäsche.

Ein Backstein in einem Weihnachtsstrumpf wäre eine Möglichkeit. Eli sieht sich gegen drei Uhr morgens in einer mondhellen Nacht zusammengeduckt zwischen zwei Autos auf dem Parkplatz hinter dem Haus kauern. Pal käme völlig zugeballert von einer seiner Sauftouren zurück, und Eli würde ihm den Strumpf an den Kopf ballern. Unvermummt, weil er will, dass Pal sein Gesicht sieht. Das wäre die beste Methode, besser als die sauberen, verstohlenen Methoden aus den französischen Kriminalgeschichten. Kein vergifteter Messwein für Pal. Kein weiches Kissen, das auf sein Gesicht gedrückt wird, während er friedlich schläft.

Gegen acht Uhr morgens hat Pal Joy angerufen und gesagt, Abi würde wieder werden. Den Tag müsse sie aber noch im Krankenhaus bleiben, nachdem ihr in der Nacht der Magen ausgepumpt worden war. Pal ist inzwischen auf dem Weg nach Hause, und Eli könnte es nicht ertragen, da zu sein, wenn er eintrifft. Die Reisetasche in der Hand hetzt er auf das Tor des Komplexes zu, zwei bröckelnde Backsteinsäulen, gekrönt von zwei flammenförmigen Lampen, ähnlich der der Freiheitsstatue, bloß ständig durchgebrannt.

Auf der Straße hält ein olivgrüner Lada hupend an. »Bonjour Élie.« Es ist Mademoiselle Gagnon in ihrer Schneewittchenschönheit, die ihn durch das heruntergekurbelte Seitenfenster grüßt.

Er läuft zum Auto. Zu aufgewühlt, um Französisch zu sprechen, sagt er: »Ich muss so schnell wie möglich ins Krankenhaus. Meine Schwester hatte einen Unfall. Können Sie mich hinbringen, Sophie?«

Nur in seinen Fantasien hat er sie je mit Vornamen angesprochen. Sophie runzelt die Stirn, sagt dann aber: »Steig ein.«

Er geht um das Auto herum und öffnet die Beifahrertür. Eine zerknüllte Packung Ritz Cracker liegt auf dem Sitz. Sie wirft sie nach hinten und er setzt sich, die Tasche auf dem Schoß.

Seit ihrer Auseinandersetzung hat sie ihm alle Hausaufgaben und Klassenarbeiten korrigiert, aber unbenotet zurückgegeben. Weder Einsen, Zweien noch Dreien. Er ist sich nicht sicher, was das zu bedeuten hat.

Als sich der Lada in den Verkehr auf der Schnellstraße einfädelt, sagt er: »Ma sœur s'est cassé la jambe.« Eigentlich wollte er sagen, dass sich Abi den Knöchel verstaucht hat, doch gesagt hat er, dass sie sich das Bein gebrochen hat, eine dumme Lüge, da Sophie seine Schwester aus dem Perrette's kennt und sie möglicherweise später ohne Gips oder Krücken irgendwo herumlaufen sieht.

»Comment est-ce qu'elle a fait ça?«

»Sie hat sich mit dem Skateboard hingelegt.« Abi hat keins. Was zum Teufel redet er da nur? Er drückt die Reisetasche an seine Brust und gibt einen gequälten Schluchzer von sich.

Ein erstaunter Blick der Lehrerin. Ihre Augen haben dasselbe Kaffeebohnenbraun wie die von Junior. »Mach dir keine Sorgen. Ça va bien aller.« Sie tätschelt sein Knie, drückt es, schickt ein Kribbeln sein Bein hinauf. »Knochen heilen. Wunden heilen.«

Diese Wunde nicht, denkt er. Die wird nie heilen. Nie. Sie wird bis zu dem Tag, an dem seine Schwester stirbt, offenbleiben und eitern. Er fängt an zu weinen, hört aber sofort wieder auf und reibt sich die Augen.

Den ganzen Rest der Fahrt gibt er nur einsilbige Antworten, wenn sie etwas zu ihm sagt. Am Krankenhaus hält sie mit laufendem Motor direkt vor dem Eingang an und wünscht ihm »Bon courage«. Ihre Lippen sind die vollsten, die er je gesehen hat, bis auf die von Junior vielleicht. Er beugt sich zu ihr, küsst sie erst auf die eine und dann auf die andere Wange, wie es in Frankreich Brauch ist. Sie sieht überrascht aus, lässt es aber zu.

»Tu m'as sauvé la vie«, sagt er. Dass sie ihm das Leben gerettet hat. Dabei fühlt sich sein Leben unrettbar an.

Als die Geschwister noch klein waren, behauptete Abi, sie könne sich in ihren Bruder hineinversetzen, sich seinen Körper überziehen wie einen Schneeanzug, könne ihn genauso bewohnen, wie sie Tiere bewohnte. Sich gegenseitig zu bewohnen sei etwas, was alle Zwillinge könnten, aber selten unter Nicht-Zwillings-Geschwistern. »Dafür muss man sich so supernahe stehen wie wir«, sagte sie zu Eli.

»Wenn du in mir bist, kannst du dann hören, was mein Gehirn denkt?«, wollte er wissen und stellte sich vor, dass sie seine Gedanken so deutlich hören kann wie die Werbedurchsagen in Supermärkten.

»Auch wenn ich dich nicht bewohne, kann ich hören, was du denkst. Du bist ein offenes Buch, Jones.«

Er selbst habe die Gabe noch nicht, sagte sie, aber vielleicht würde er sie eines Tages entwickeln. Er war gekränkt. Es war unfair, dass sie sich in ihn einschleichen konnte, er aber nicht umgekehrt. Gelegentlich – wenn sie vor dem Fernseher herumlungerten oder auf einer langen, stinklangweiligen Fahrt auf dem Rücksitz saßen – warf sie ihm einen verschmitzten, überlegenen Blick zu und flüsterte: »Ich tue es gerade«, und er schrie dann wütend: »Mach, dass du aus mir rauskommst!« Manchmal ohrfeigte er sich selbst oder boxte sich in den Magen, um sie aus sich herauszuprügeln, und sie lachte ihr gickelndes Lachen über seine albernen, vergeblichen Versuche, sie loszuwerden.

Als er unglücklich und erschöpft an ihrem Krankenhausbett sitzt, erinnert er sich an dieses frühere Bewohnen. Es war nur kindliches So-tun-als-ob, sicher, trotzdem betet er, dass sie, als ihr Vater ihr antat, was immer er ihr antat – Eli will die grausigen Details auf keinen Fall jemals hören –, ihren Körper verlassen und sich in seinen hineinversetzen konnte, damit dieser ihr, zumindest für kurze Zeit, die Große Flucht ermöglichte.

Abi liegt auf der Seite. Ihr Gesicht ist verschwitzt, sie sabbert ein bisschen auf ihr Kissen, die dünne Baumwolldecke ist ganz hochgezogen. Er wünscht sich nicht mehr, sich in sie einschleichen zu können, er hat zu viel Angst vor dem, was er dort vorfinden könnte.

Er hat eine Weile gebraucht, ihr Zimmer aufzuspüren, hat sich verheddert im Gewühl des Krankenhauses mit seinen vorbeirollenden Betten, vorbeihastenden Krankenschwestern, einem versehentlich umgeworfenen Infusionsständer. Gleich mehrmals ist er an Abis Zimmer vorbeigegangen, ohne zu merken, dass es ihres ist. Sie liegt nämlich im Bett am Fenster, das von einem Vorhang abgeschirmt wird, während im ersten Bett eine andere Patientin, eine runzlige alte Frau, unablässig nach einer Rosa ruft.

Minuten vergehen, eine Stunde. Von seinem Besucherstuhl aus registriert er kaum die Pfleger und Krankenschwestern, die kommen und wieder gehen, oder die hispanische Familie, die die alte Frau besucht und sich auf der anderen Seite des Vorhangs im Flüsterton unterhält.

Ein Wunder, dass er noch keine Panikattacke hatte. Anscheinend hebt er sich seine Panikanfälle für Nicht-Notfälle auf: für violett gestreifte Socken, für eine Eins in einer Mathearbeit. Hin und wieder wirft er einen Blick auf seine Schwester, beobachtet, wie die Decke sich sanft mit ihrem Atem hebt und senkt. Unlogischerweise fürchtet er, dass sie aufhören könnte zu atmen, trotz Pals Versicherungen vorhin in seinem Telefonat mit Joy, dass Abi über den Berg ist. Ist sie nicht. Sie ist eine Gretel, die sich auf diesem Berg in einem dunklen, knorrigen Labyrinth von Wald verirrt hat, und er ist als Hänsel zu unfähig und zu feige, um seine Schwester aufzuspüren und sicher nach Hause zu bringen.

Als er in der zweiten Stunde aus seiner Versunkenheit auftaucht, erwidert sie seinen Blick. Sie streckt die Arme aus, und er geht zu ihr und bricht auf dem Bett zusammen. Sie hält ihn, lässt ihn weinen, streichelt seine Haare, so wie früher, als er noch klein war und mit der Bürste geschlagen wurde. Sie riecht säuerlich nach getrocknetem Erbrochenem, aber das ist eigenartig tröstlich, und während er weint, denkt er, dass Joy Pals Nähe zu Abi eigenartig genannt hat, und dass diese Eigenartigkeit, einschließlich der Eigenartigkeit sämtlicher Jones, ihm bis jetzt nie so richtig bewusst war.

Die Geschwister liegen nebeneinander, Abi unter der Decke, Eli oben drauf. Er fährt sich mit den Händen über die Augen und würde ihr gern sagen, dass er sie liebt, aber nach den Entschuldigungen, die Joy vorhin für Pal angeführt hat, ist das Wort »Liebe« für ihn versaut, vielleicht für immer.

»Warum?«, fragt er, unsicher, welche seiner vielen Fragen er beantwortet haben möchte.

Abis Gesicht wird so weiß wie die Seiten seiner Hefte. »Es ist, als würde bei jedem Schritt, den ich in der Welt mache, ein großes Paar Hände auf mich herabdrücken«, sagt sie mit ihrer Kleinmädchenstimme. »Manchmal ist das Gewicht einfach unerträglich, Jones.«

Seine Augen füllen sich wieder mit Tränen, und sie tätschelt seinen Kopf. Weiß sie, dass er inzwischen die Wahrheit kennt? Vielleicht. Schließlich kann sie sich in seinen Kopf hineinversetzen. Eine Weile liegen sie einfach nur da, ohne zu reden, atmen einfach nur, und ihrer beider Atem bedeutet, dass sie wie durch ein Wunder noch leben.

»Tust du mir einen Gefallen?«, flüstert sie.

»Was immer du willst«, antwortet er mit zittriger Stimme.

»Beschreib mir unsere Wohnung. Die in Hell's Kitchen.«

Er fährt sich noch einmal über die Augen, zieht ein Papiertaschentuch aus seiner Tasche und putzt sich die Nase. Als er sich gefasst hat, fängt er mit seiner Beschreibung an und fügt nach und nach immer mehr Einzelheiten hinzu: Die freigelegte Backsteinwand in der Küche; die schwere Schiebetür aus Holz, mit der man Wohnzimmer und Küche abteilen kann; den Kaminsims aus Marmor, auf dem ihre Kunstbücher und seine Wörterbücher stehen; den runden Teppich im Mandala-Stil, den sie für ihr Schlafzimmer flechten wird; die Artdéco-Deckenlampe, deren Licht so kränklich-gelb ist wie Godzillas Augäpfel; die schmiedeeiserne Feuertreppe, auf der sie an schwülen Sommerabenden sitzen und Canadian Club trinken werden.

»Die Einfassungen unserer Lichtschalter«, sagt er, »werden von verschiedenen Graffiti-Künstlern, mit denen wir uns anfreunden werden, von Hand bemalt.«

Sie hat die Augen geschlossen, schläft aber nicht. »Zum Beispiel von Jean-Michel Basquiat«, flüstert sie.

»Der wird dein fester Freund sein.«

»Nein, *deiner*.«

Er glaubt, dass ihre imaginäre Wohnung realer wird, je mehr Details er einfügt, aber seltsamerweise wird Manhattan, je länger er spricht, immer verschwommener. Der Traum verblasst, wie die alten, vergilbten Polaroid-Fotos in ihren Familienalben, zumindest verblasst er für ihn. Manhattan ist nicht mehr *sein* Fluchtpunkt; er hat andere Pläne.

Auf dem Boden, unter dem Besucherstuhl, steht die Mary-Poppins-Reisetasche. Er kann sie von da, wo er liegt, nicht sehen, spürt aber ihre Anwesenheit. Sie ist inzwischen mit *seinen* Sachen gefüllt, nicht mit ihren. Jetzt ist es an ihm, sich aus dem Lager zu vervögeln. Er hat gesagt, er würde seine Schwester nie verlassen. Das war gelogen. Nach dem Krankenhaus wird er sich aus dem Staub machen, allein, wird Jones-Town hinter sich lassen.

Verdun, Montreal

Der kleine Vorgarten ist zubetoniert, eine Statue von der Größe eines Erstklässlers steht in der Mitte. Das Gebilde aus rostigen Fahrrad- und Autoteilen sieht aus wie ein Roboterkomparse aus *Krieg der Sterne*. Es gibt drei Wohnungen im Haus, Eli will in die im Erdgeschoss. Eine Außentreppe windet zu sich den beiden oberen Wohnungen hinauf. Die Reisetasche in der Hand geht er auf die Tür zu. Vielleicht ist die Adresse, die er sich aus Joys Adressbuch abgeschrieben hat, falsch oder nicht mehr aktuell? Aber als er das an die Tür geklebte handgemalte Schild sieht, weiß er, dass er hier richtig ist. Es ist eine Abwandlung des üblichen Schilds, mit dem »les colporteurs«, also Vertreter, Haus-zu-Haus-Verkäufer und Drücker, ferngehalten werden sollen.

Pas de Cole Porter
Pas de »In the Still of the Night«
Pas de »It's De-Lovely«
Pas de »I've Got You Under My Skin«

Ha! Er stellt die Tasche auf einen Campingstuhl unter dem Briefkasten und fühlt sich schmierig und schmutzig, weil er in der Jugendherberge nicht gut geschlafen hat. Das Zimmer roch nach schimmligen Badetüchern und kam ihm beengter vor als ein Rennmauskäfig (was ihn an den armen Barney erinnerte, den er zurückgelassen hat). Fünf andere junge Männer, alle älter als Eli, schliefen in den anderen Betten. Einer von ihnen schrie im Schlaf.

Es ist früher Nachmittag, der Himmel ist schwimmbadtürkis. Vielleicht ist niemand zu Hause. Dann kann er sich immer noch hinsetzen und warten. Er klingelt, bemerkt hinter dem dünnen Vorhang an der Glastür eine Bewegung. Schritte nähern sich, die Tür wird geöffnet, ein Mann in einem Hawaiihemd sieht ihn ohne jedes Zeichen des Erkennens an. Doch dann legt sich ein breites Lächeln über sein Gesicht. »Sieh an, sieh an, was die Katze da ins Haus geschleppt hat«, sagt der Mann. »Aus meinem kleinen Patenkind ist ein Mann geworden, verdammt nochmal.«

Der Pate tritt in seinen Cowboystiefeln auf die Terrasse und umarmt Eli so ungestüm, wie Eugene senior seinen Sohn umarmt. Eli errötet. Er ist inzwischen größer als der Pate, und während der Umarmung sieht er unter der schwarzen Schmalztolle des Mannes einen grauen Ansatz sprießen.

»Für wie lange bist du in Montreal?«, fragt der Pate, nachdem er den Jungen losgelassen hat.

»Pour toujours.«

»Für immer? Das ist lange.«

»Kann ich bei dir wohnen?«, fragt Eli, um diesen unangenehmen Punkt hinter sich zu bringen. Er ist auf ein Nein gefasst; aber er hat noch Nanny als Reserveadresse.

»Du willst bei mir wohnen?«

»Du hast versprochen, dich um mich zu kümmern, du bist eine rechtlich bindende Verpflichtung eingegangen, als du mein Pate geworden bist.« Eigentlich wollte Eli witzig klingen, doch müde, wie er ist, klingt seine Stimme ernst, fast vorwurfsvoll.

Trotzdem lacht der Patenonkel. »Ich soll mich um dich kümmern, wenn deine Eltern tot sind. Haben sie den Löffel abgegeben, ohne dass sich jemand die Mühe gemacht hat, es mir zu sagen?«

»Ja, sie sind abgekratzt.«

Das Gesicht des Patenonkels erstarrt.

Eli lächelt, um zu zeigen, dass das ein Witz war, aber für ihn sind die Elterneinheiten unwiderruflich und unabänderlich gestorben.

Am Abend besteht der Pate darauf, dass Eli bei Pal und Joy anruft, um ihre Erlaubnis für seinen Aufenthalt in Verdun einzuholen. »Deine Schwester dachte, du wärst nach New York getrampt! Ausgerechnet nach New York!«, sagt Joy. »Du verdammter Idiot hast uns einen furchtbaren Schrecken eingejagt. Noch dazu gleich nach der Nummer, die Abi abgezogen hat. Wir wollten schon die Polizei rufen und dich vermisst melden. Konntest du nicht ein einziges Mal an jemand anderen denken als an dich selbst?«

An sich selbst denken: Um zu überleben, wird er das von nun an konsequent tun müssen.

»Meinetwegen kannst du eine Weile bei Carol wohnen, aber Familienangelegenheiten bleiben gefälligst in der Familie, hast du mich verstanden?«, fährt Joy fort, womit sie sagen will, dass der Pate kein richtiger Jones ist und auf keinen Fall in das große Geheimnis eingeweiht werden darf.

»Ich halte den Mund«, versichert Eli seiner Mutter.

»Übrigens habe ich Pal und Abi nicht gesagt, dass ich die Katze aus dem Sack gelassen habe. Wir drei waren uns einig, dich da rauszuhalten.«

»Und wie lange wolltet ihr mich anlügen? Für immer?«

»Wir haben dich nicht angelogen. Solange du es nicht wüsstest,« – an dieser Stelle wird ihre Stimme ein bisschen zittrig – »dachten wir, könnten wir alle so tun, als sei es nie passiert, zumindest dir gegenüber.«

Es. Das unaussprechliche, unfassbare Es. Es widerspricht jeder Logik. Selbst in den vielen grauenhaften Fernsehfilmen, die seine Mutter sich jede Woche ansieht – über Ehebruch, Magersucht, Prostitution, prügelnde Ehemänner – würde nichts so Monströses wie dieses Es je vorkommen.

»Willst du deine Schwester oder deinen Vater sprechen?«

»Pal nicht.«

»Dann hole ich Abi.«

Auch mit ihr will er nicht reden; er schämt sich, weil er abgehauen ist, als sie ihn brauchte. Fast will er schon auflegen, als Abi den Hörer nimmt. »Hey, Jones«, sagt sie ganz beiläufig.

Er versucht, etwas zu sagen, stottert aber nur und fängt dann an zu weinen. Was für ein unerträgliches Baby er geworden ist. Er sollte endlich erwachsen werden.

»Nicht weinen, mein kleiner Kohlkopf.«

»Kohlkopf« ist ein französischer Kosename und klingt so lächerlich, dass seine Tränen versiegen. »Ich bin so ein Feigling«, sagt er laut schniefend. »So ein Schwächling.«

»Du bist kein Schwächling«, versichert sie ihrem Bruder. »Du bist stark. Du bist wie Mikhail Baryshnikov. Du hast dich aus einem brutalen Staat abgesetzt, der von einem wahnsinnigen Despoten regiert wird. Jetzt bist du frei, also sei glücklich. Auch für mich.«

»Du bist nicht glücklich.«

»Ich meine, sei an meiner Stelle glücklich, sei glücklich, weil ich es nicht sein kann.«

Eine eins achtzig große Flasche Smirnoff aus demselben aufblasbaren Plastikmaterial, aus dem Planschbecken gemacht sind. Ein mannsgroßer rosaroter Panther aus Plüsch, der nach neuem Teppichboden riecht. Solche Sachen stehen in Caroline Jones' altem Zimmer herum. Nicht gerade ein minimalistisches Mekka. Deshalb, und obwohl Caroline nicht mehr hier lebt, zieht Eli es vor, auf der Ausziehcouch in dem kleinen, fensterlosen Kabuff zu schlafen, das der Pate großspurig »das Arbeitszimmer« nennt.

Caroline ist etwa ein Jahr vor Elis Ankunft ausgezogen. Sie besucht eine Schauspielschule und lebt mit einem Schauspieler aus Quebec zusammen, der eine der Hauptrollen in einer Kindersendung spielt, einen Flickschuster, dessen Stiefel voller Löcher sind (es gibt eine französische Redensart über Schuster, die ihre eigenen Schuhe nie flicken). Um sich von ihrem launischen Flickschuster zu erholen, kommt Caroline manchmal für ein paar Tage nach Hause. Ihr Selbstbewusstsein ist größer als ihre aufblasbare Wodka-Flasche. »Ich bin eine gute, nein, eine *unglaublich* gute Schauspielerin, und ich weiß, dass ich ganz groß rauskommen werde«, sagt sie zu Eli. »Es ist nur eine Frage des Wann, nicht des Ob.«

»Versprich mir, dass du immer so bescheiden bleibst«, witzelt Eli.

»Bescheidene Schauspieler sind Schauspieler, die schauspielern.«

An einem Wochenende, das Carol bei einer seiner »Damenbekanntschaften« verbringt, steht Eli nachts auf, um sich noch etwas zu essen zu holen. Ganz normale Getreideflocken. In Kanada isst er nicht mehr so viel süßen Dreck. Caroline folgt ihm in die Speisekammer und küsst ihn so hart, dass er mit einer blutigen Lippe rechnet. Er erlebt seinen ersten richtigen Geschlechtsverkehr auf dem Boden dieser Speisekammer, Caroline auf ihm. Dabei fällt eine offene Fettuccini-Schachtel von einem Regal und die Nudeln verteilen sich wie Mikadostäbchen rund um ihre nackten Körper.

Mit der Zeit passiert der Sex immer häufiger, jedes Mal, wenn Carol nicht da ist. Eli hätte eigentlich erwartet, dass Sex mit einem Mädchen (einer Frau: Caroline ist zwanzig) sanfter ist als Sex mit einem Jungen (der, findet er, fast einem Ringkampf gleichkommt). Die Maries waren sanft, Caroline ist es nicht. Wie Junior schlägt und beißt sie gern und verteilt gelegentlich sogar Boxhiebe. Im Schwimmbad sind ihm die blauen Flecken überall auf seinem Körper manchmal peinlich. Er sieht aus wie ein misshandeltes Kind.

Caroline ist die Einzige, der er die Junior-Episode anvertraut, und sie benutzt sie, um ihren Vater auf eine falsche Fährte zu locken. »Weißt du, dieser Junge aus Chicago, der Eli oft anruft«, sagt sie zu ihrem Vater. »Der ist Elis fester Freund, sein Liebhaber.«

Eli hat dem Paten vorgelogen, Pals Trinkerei sei der Grund dafür, dass er von zu Hause abgehauen ist. Aber nachdem der Pate das mit Junior erfährt, vermutet er, dass auch Elis sexuelle Orientierung eine Rolle gespielt haben könnte. »Die Staaten sind zu rückständig für dich, Eli«, sagt er. »In Montreal kannst du sein, wer immer du willst. Du kannst dein wahres Ich sein.« Wenn Junior anruft und der Pate den Anruf annimmt, ist er ganz besonders freundlich. »Willst du nicht den Sommer hier bei uns verbringen?«, sagt er zu Junior. »Wir nehmen dich mit zum Skilanglaufen, und du kannst mit uns kanadischen Hinterwäldlern die Elche füttern.«

Eines Tages bittet der Pate Eli, ihm ein Foto »seines Typs« zu zeigen. Eli hat keins. »Dann sag ihm, er soll dir eins schicken. Man sollte immer Fotos von denen um sich haben, die man liebt.« Der Pate hat eine alte Keksdose voller Fotos seiner beiden Ex-Frauen und aller Damenbekanntschaften, die er im Lauf der Jahre hatte. Liegt auch ein Foto der jüngeren Joy in dieser Dose? Eli will es lieber nicht wissen.

»Junior fehlt dir sicher«, sagt der Pate. »Liebst du ihn noch?«

»Äh, ja, klar«, sagt Eli und verstrickt sich damit noch tiefer in seiner Lüge. Er hat Junior gern, Junior ist immer noch sein bester Freund, aber alle leidenschaftlichen Gefühle, die er seinetwegen hatte, haben sich auf Caroline verlagert (obwohl er nicht einmal sicher ist, ob er sie sonderlich mag, oder sie ihn). Doch wenn er es mit ihr treibt, fantasiert er manchmal trotzdem von Junior.

Eli fürchtet, der Pate könnte merken, dass seine Augen, wenn Caroline in der Wohnung ist, jeder ihrer Bewegungen folgen. Sie hat eine wundervoll feinporige Haut, wie ein Baby, wieso versteckt sie sie also unter so viel Make-up? Ihre Haare sind aschblond, aber sie färbt sie punkig-platinweiß. Ihre Areolae sind so hellrosa, dass sie fast weiß wirken. Manchmal geht sie verrückte Risiken ein, wie an dem Morgen, an dem sie Eli, als er in der Küche den Abwasch macht, die Pyjamahose runterzieht und ihn in den Hintern beißt, während ihr Vater sich keine fünf Schritte entfernt in der Speisekammer aufhält. Aber normalerweise kommt Caroline am Wochenende, und an denen besucht der Pate seine Damenbekanntschaften.

Anderthalb Jahre vergehen, in denen Eli Montreal wiederentdeckt, sein Französisch perfektioniert (er beherrscht inzwischen sogar die schriftsprachlichen Tempora), und sich an einer Cégep einschreibt. An einem Wochenende Anfang August, kurz nach seinem siebzehnten Geburtstag, schießen die Temperaturen nach oben. Kein Sex bei dieser Hitze. »Too Darn Hot« – diesen Cole Porter-Song summt Caroline die ganze Zeit vor sich hin. Eli lässt kaltes Wasser in die große Badewanne mit den Klauenfüßen ein und sitzt gerade darin, als das Telefon klingelt. Caroline geht ran und macht sich mit dem Apparat an seiner langen Schnur auf den Weg zum Badezimmer.

»Er sitzt in der Wanne«, sagt sie in den Hörer. »Ich bringe ihm das Telefon.«

Eli denkt erst, es wäre Junior – er ruft oft an den Wochenenden an, weil es da billiger ist –, aber es ist Abi. Seit er sich aus dem Staub gemacht hat, hat er höchstens ein halbes Dutzend Mal mit ihr gesprochen, und es waren meistens verkrampfte, gestelzte Unterhaltungen, bei denen Eli sich selbst versicherte, seine Schwester endlich aus sich ausgetrieben zu haben, sodass sie ihn nicht mehr bewohnen kann wie irgendeinen dahergelaufenen Waschbären. Als Letztes hat er gehört, sie sei wieder zu Timothy gezogen, aber die beiden trennen sich ständig und kommen dann wieder zusammen.

»Der mehlige Pfirsich kommt also ins Badezimmer, während du in der Wanne sitzt«, sagt seine Schwester. »Was läuft da zwischen euch beiden?«

»Nichts«, lügt er, ein bisschen zu vehement. Eine weitere Lüge: »Ich habe meine Badehose an.«

»Du badest in Badehose?«

»Wir haben hier fast vierzig Grad Celsius«, sagt er, als sei das eine Erklärung. »Das sind über 100 Grad Fahrenheit.«

»Ich habe schlechte Neuigkeiten. Eigentlich wollte ich dich fragen, ob du sitzt, aber da du in der Wanne bist, kann ich mir das wahrscheinlich sparen.«

Sein erster Gedanke: Sie hat eine tödliche Krankheit. Die ganzen Abführmittel, die er im Lauf der Jahre für sie geklaut hat, haben einen Tumor in ihren Eingeweiden wachsen lassen, der sich ausbreitet wie die Wurzeln eines Affenbrotbaums und ihre Organe abwürgt.

»Nanny hatte gestern einen Schlaganfall«, sagt Abi. »Einen schweren. Heute Morgen ist sie gestorben.«

»Oh nein! Die arme Nanny. Ich war noch vor ein paar Tagen zum Mittagessen bei ihr und habe ihr Gazpacho gemacht. Da war sie noch völlig in Ordnung.« Das stimmt nicht: Sie hat ihn dreimal James genannt – so hieß ihr verstorbener Ehemann. Und außerdem behauptete sie, auf dem Schiff, mit dem sie als Zwölfjährige von England nach Kanada gekommen war, hätte es am Bug eine große Schaukel gegeben, damit die Kinder über den Wellen schaukeln konnten. Das konnte keinesfalls stimmen, aber Eli tat so, als sei er beeindruckt. »Muss Spaß gemacht haben«, hatte er gesagt.

»Es wird eine Beerdigung geben. Die Einheiten sind auf dem Weg nach Montreal.«

»Kommst du auch?«

»Ich kann nicht.«

»Wieso nicht? Du musst. Bitte! Nanny würde wollen, dass du kommst. Sie hat ständig gesagt, wie gern sie dich hat.«

Auch das ist eine Lüge. Ihre Großmutter hat Abi – oder Joy – nur selten erwähnt.

»Ich kann nicht weg. Ich gehe ins Douglas.«

»Ins Douglas? Wieso?«

»Also – ich weiß, dass das ein schlimmer Schock für dich sein wird, Jones, aber die allgemeine psychologische Meinung lautet, dass ich nicht ganz richtig im Kopf bin.«

Mit vor Schweiß glänzenden Gesichtern gehen Eli und der Pate durch die Wellington Street, vorbei an Geschäften und Restaurants, während die Sonne, dieser glühende Ball, auf die Stadt herunterbrennt, als wolle sie alles und jeden kremieren. Ein Waschsalon, dessen Tür von einem Keil offengehalten wird, stößt Wolken noch heißerer Luft aus. Eli und der Pate haben sich den Trauergottesdienst in der nahegelegenen anglikanischen Kirche gespart, gehen aber zum Leichenschmaus, den Joy in Nannys Wohnung ausrichtet. Da es für schwarze Kleidung zu heiß ist, hat der Pate Weiß vorgeschlagen. Er selbst trägt einen weißen Seersucker-Anzug mit blauen Nadelstreifen und dazu blaue Wildlederschuhe, die von Elvis besungenen »Blue Suede Shoes«. In der Hand hat er eine Papiertüte mit einer Flasche Merlot. Eli hat sich für eine weiße Jeans und ein weißes T-Shirt entschieden und sieht, laut Caroline, aus wie »ein Meister Proper mit Haaren, dafür aber ohne Muckis.« Sie wird nicht kommen, weil sie die Nähe von Toten nicht mehr erträgt, seit sie in einer Episode einer Quebecer Krimiserie eine

Leiche auf einem Seziertisch gespielt hat. »Nanny ist doch nur noch ein Häufchen Asche in einer Urne«, hat Eli sie erinnert, aber Caroline sagte: »Urnen, diese glorifizierten Aschenbecher, sind mir auch nicht geheuer.«

Als Eli und der Pate vor Nannys Haus ankommen, haben sich bereits ein halbes Dutzend Leute auf ihrem Balkon versammelt. Eli erkennt zwei seiner Onkel. Er vermutet, sie sind gekommen, um Pal zu sehen, denn Nanny kannten sie kaum. Pal hat sechs Brüder, alle groß, schlaksig und dunkelhaarig, allesamt Hohlköpfe. Seit Eli in Montreal ist, hat er sie gemieden, vor allem weil sie, bis auf den Ältesten – ein Geistlicher der United Church of Canada – allesamt Alkoholiker und teils dazu noch heroinsüchtig sind.

Die Haustür steht offen, also gehen Eli und der Pate nach oben. Auf Nannys Plattenspieler läuft »It's Not for Me to Say« von Johnny Mathis, und der Pate singt ein paar Zeilen mit. Nanny hat die Gerüchte, Johnny Mathis sei schwul, nie geglaubt. »Mein Johnny ist kein richtiger Homosexueller«, hat sie zu Eli gesagt. »Er experimentiert nur ein bisschen.« Eli hat Junior am Telefon von dieser Unterhaltung erzählt, und Junior, der inzwischen an seiner Highschool eine Freundin hat, sagte: »Dann experimentieren wir beide wohl auch, Bruder.«

In Nannys Wohnung halten sich in jedem Raum verschwitzte Trauergäste auf. Manche fächeln ihre hitzegeröteten Gesichter mit Reklamezetteln, Briefumschlägen oder Modezeitschriften. Mehrere Tischventilatoren sind im Einsatz, reichen aber nicht aus, um wirklich Abkühlung zu bringen. Ein großer Strauß roter, weißer und rosafarbener Rosen, der neben Nannys Urne auf dem Kaffeetisch im Wohnzimmer steht, verbreitet seinen Duft.

Eine intensiv nach Haarspray riechende Frau mit aufgetürmter Hochsteckfrisur stürzt sich auf Eli und reißt ihn in ihre Arme. »Mes condoléances«, sagt sie. »Ta pauvre grand-mère.« Als sie ihn loslässt, glänzen Tränen in ihren Augen. Die Frau heißt Madame Lauzon und ist Nannys Nachbarin von nebenan. Vor einem Jahr wäre sie selbst fast gestorben, als ihr Balkon unter ihr zusammenbrach. Obwohl sie fast vier Meter tief gestürzt war, brachte sie es noch fertig, ihren Rock herunterzuziehen, bevor die Sanitäter kamen, damit Unterrock und Unterwäsche nicht zu sehen waren. »Diese Französin hat Nerven aus Stahl«, sagte Nanny voller Bewunderung.

Madame Lauzon war zum Vier-Uhr-Tee bei Nanny gewesen, als sie den Schlaganfall hatte. »Sie ist einfach umgekippt, genau unter dem Foto von Königin Elizabeth«, erzählt sie Eli und dem Paten, senkt die Stimme und wedelt mit einem Finger vor dem Paten herum. »Ach, wie Dolly Sie geliebt hat. Sie hat sich immer gewünscht, *Sie* wären ihr Schwiegersohn.« Ihr Blick kehrt zu Eli zurück. »Was nicht gegen deinen Vater gerichtet ist.«

»Ist er hier?« Eli sieht sich um.

»Er besorgt mehr Bier«, sagt Madame Lauzon. »Seine Brüder schütten es in sich hinein wie Limonade. Und deine Mutter ist in der Küche und macht mehr Sandwiches. Ich würde ja helfen, aber meine Arthritis spielt wieder einmal verrückt.« Sie hebt ihre Hände, deren Finger so knorrig sind wie Ingwerwurzeln. »Wie immer, wenn es heiß ist.«

Als Madame Lauzon den Paten anbettelt, »Dolly zu Ehren« einen Elvis-Song zu singen, entschuldigt sich Eli und schlängelt sich durch die Trauergäste. Im Esszimmer trifft er auf eine größere Version von Pal, einen Mann in einem halb aufgeknöpften Hemd mit Schweißflecken unter den Armen, der eine blaue, schuppige Schlange mit einem Diamanten als Auge quer über die Brust tätowiert hat. »Oh Mann, bist du etwa Pals Junge?«, fragt er. »Hölle und Verdammnis, es ist nicht zu fassen! Ich dachte, du bist so ungefähr elf, aber Joy sagt, du fängst auf einer Cégep an. Und dass du schon eine ganze Weile in der Stadt bist. Wieso hast du deinen Onkel Bill noch nicht besucht?«

Joys Spitzname für Bill lautet »Falschgeld«, weil er ihrer Meinung nach ein falscher Fünfziger ist.

»Ich hatte zu viel zu tun. Ich habe ein paar Sommerkurse belegt und arbeite in einem Sommercamp, wo ich Siebenjährigen Englischunterricht gebe.«

»Das ist doch keine Entschuldigung.« Falschgeld nimmt einen Schluck von seinem Bier, ohne den Blick von Eli zu lösen. Anschließend sagt er: »Du siehst deiner Schwester verdammt ähnlich« und streicht Eli die Ponyfransen aus der Stirn, um sein Gesicht besser sehen zu können. »Wenn du dir die Haare wachsen lassen würdest, könntest du ihr eineiiger Zwilling sein.«

»Auf keinen Fall eineiig. Dafür müsste ich Titten haben.«

»Witzig«, sagt Falschgeld, ohne die Miene zu verziehen. »Oh, übrigens, das mit deiner Großmutter tut mir leid. Da deine Großeltern auf unserer Seite schon lange tot sind, bist du jetzt so was wie eine Enkelwaise. Ist doch scheiße, oder?«

»Ziemlich.«

»Und wo wohnst du? Im Wohnheim?«

»Bei Carol Jones.«

»Diesem Elvis-Freak?«

»Er ist hier«, sagt Eli, damit der Onkel seine Stimme senkt. »Er war nett zu mir.«

»Ich könnte auch nett zu dir sein. Wir sind schließlich eine Familie.«

Das F-Wort.

»Zieh doch zu mir. Chez moi gilt das Prinzip der offenen Tür, weißt du.« Falschgeld stellt sein Bier auf den Esstisch, reißt einen Streifen von einem Reklamezettel ab, fischt einen Bleistiftstummel aus seiner Hemdtasche, schreibt seine Adresse und Telefonnummer auf und stopft den Zettel in die

Tasche von Elis Jeans. »Nicht verlieren«, sagt er augenzwinkernd.

Eli entschuldigt sich und macht sich auf die Suche nach Joy. In der Küche sitzen vier alte Damen am Resopaltisch und fächeln ihre zu stark gepuderten und gerougeten Gesichter. Über ihnen dreht sich der Deckenventilator. Joy steht an der Arbeitsplatte. In ihrem knallgelben Sommerkleid, eine rote Perlenkette um den Hals, eine rote Schleife so groß wie die von Minnie Maus in den Haaren, sieht sie aus, als sei der Tod ihrer Mutter ein freudiges Ereignis für sie. Sie beugt sich über die mit Linoleum bezogene Arbeitsfläche, auf der die Zutaten für die Sandwiches bereit stehen: Schüsseln mit Thunfisch- und Eiersalat, Weißbrotlaibe, ein zerpflückter Eisbergsalat, ein Stapel einzeln abgepackter Käsescheiben und eine offene Packung Margarine von der Farbe gelber Knete.

»Hey, Joy«, sagt Eli.

Sie hebt den Kopf. Ihr Lippenstift ist genauso feuerwehrrot wie die Schleife und die Halskette. »Du bist also gekommen«, sagt sie. Auf ihrem Gesicht zeichnet sich Erleichterung ab. Nicht einmal ihre normale Distanziertheit kann das verbergen.

»Tut mir leid, dass ich die Beerdigung verpasst habe.«

»Gott, ich war selbst nicht da. Mein Beitrag zu dieser Sause sind die Sandwiches.«

»Kann ich dir dabei helfen?«

»Nein, du wärst mir nur im Weg. Ich habe ein System.« Sie klatscht zwei Brotscheiben auf die Fläche, bestreicht sie mit Margarine, schöpft Eiersalat mit einem Melonenausstecher aus der Schüssel und schmiert ihn auf das Brot. »Aber du könntest einen Krug rosa Limonade für die Schreckschrauben machen.« Sie meint die vier am Tisch, die sich immer noch stumm Luft zufächeln.

Eli holt eine Büchse Grenadine-Konzentrat aus der Tiefkühltruhe und den Glaskrug aus dem Geschirrschrank mit dem aufgesetzten Tellerbord, den Nanny immer ihre Vitrine genannt hat. Auf dem obersten Bord stehen mehrere kleine Porzellanfigürchen, die es als Beigabe in Teepackungen der Firma Red Rose gab: der Lebkuchenmann, Humpty Dumpty, sogar ein Fuchs ist dabei. Als Kind hat Abi immer darum gebettelt, damit spielen zu dürfen, aber Nanny sagte jedes Mal: »Sie sind kein Spielzeug.« Eli beschließt, die ganze Bande mitgehen zu lassen.

Während er die Büchse mit dem gefrorenen Konzentrat öffnet und den rosa Glibber in den Krug plumpsen lässt, wirft Joy ihm immer wieder Blicke zu. »Du siehst gut aus«, sagt sie. »Größer. Und deine Haut ist viel klarer geworden.«

»Danke«, sagt er, dabei hatte er nie Pickel. Schon ein einziger Mitesser wäre ein Affront für Abi gewesen, die ihn jahrelang gezwungen hat, sich rigide an ihr Hautpflegeprogramm zu halten.

Aus dem Wohnzimmer erklingt die samtige Stimme des Paten, der mit Johnny Mathis und Deniece Williams »Too Much, Too Little, Too Late« singt. Eli ist dankbar, dass der Pate ihn begleitet hat. Der Mann ist keineswegs ein Freak, sondern ein Notar, der seine Berufung zum Schnulzensänger verpasst hat.

»Wenn diese Hölle vorbei ist, reden wir«, sagt Joy. »Kannst du hinterher dableiben und mir beim Aufräumen helfen?«

Er nickt und sagt dann: »Das mit Nanny tut mir leid.«

»Tja, sie war eben alt. Einundsiebzig. Es wäre ein gottverdammtes Wunder, wenn wir anderen so lange leben würden.«

Eine Weile später flüchtet Eli vor der Hitze auf den langen Balkon auf der Rückseite des Hauses. Er zieht sich über das ganze Gebäude und mündet in eine Feuertreppe aus schwarzem Metall, die sich zu einem Stückchen Garten hinunterwindet, in dem hier und da Gänseblümchen und schwarzäugige Susannen wachsen.

Eli trinkt Wein aus einer von Nannys guten goldgeränderten Teetassen. Der Merlot des Paten ist trocken und kein bisschen eichig. Eli hat es dem Paten zu verdanken, dass er sich inzwischen mit Wein auskennt.

Der Pate steht an der Feuertreppe bei Madame Lauzon, die ihn, zwei der alten Damen und einen von Pals Brüdern mit der Geschichte von ihrem Balkonsturz unterhält. »Im Fallen zog mein ganzes Leben an mir vorbei«, berichtet sie ihrem Publikum. »Alle siebenundsechzig Jahre.«

»Siebenundsechzig Jahre«, sagt der Pate. »Da müssen Sie ziemlich langsam gefallen sein.«

Eli trinkt seinen Wein und beobachtet drei kleine Kinder in der Gasse hinter dem Garten, die trotz der Hitze Hockey spielen, mit Plastikschlägern und einem orangefarbenen Ball. Er wäre gern bei ihnen, oder, noch besser, allein am Sankt Lorenz. Es gibt da einen Felsen, auf dem er gerne sitzt und schreibt und auf das vorbeifließende Wasser schaut. Dort unten am Fluss ist es kühler.

Jetzt kommt Pal mit einer Bierflasche in der Hand durch die offenstehende Balkontür gestolpert. An seinem gerötetem Gesicht, den verschwommenen Augen, dem benebelten Lächeln und dem aus der Hose hängenden Hemd erkennt Eli, dass sein Vater nicht nur einer, sondern wahrscheinlich sogar mehreren Flaschen den Hals gebrochen haben muss. Vor anderthalb Stunden ist er losgegangen, um mehr Bier zu besorgen und scheint sich noch in eine Kneipe geschlichen zu haben, bevor er zurückkam. »Junge!«, ruft er. »Was für ein erfreulicher Anblick!«

Eli hat die Stimme seines Vaters nicht mehr gehört, seit er Amerika verlassen hat. In Kanada klingt sie dämlicher, aber das kann auch am Alkohol liegen. So zerknirscht und ängstlich, wie der Mann aussieht, ahnt er vielleicht, dass Eli Bescheid weiß. Hat er Angst, ich könnte ihn vom Balkon schmeißen?, denkt Eli. Ihn vor allen Gästen bloßstellen?

»Salut, Pal«, begrüßt er ihn. »Comment vas-tu?«

»Pas mal«, antwortet Pal. »Pas pire.«

Eine Sekunde lang, vielleicht auch zwei, wünscht sich Eli gegen seinen Willen, sein Vater würde ihn in die Arme nehmen und sagen, er sei stolz, dass Eli sich ein neues Leben aufgebaut hat. Gleichzeitig läuft ein Selbsthass-Mantra in Endlosschleife in Elis Kopf ab: Je me déteste, je me déteste, je me déteste.

Pal hebt die Bierflasche auf genau dieselbe Weise an den Mund wie vorhin Falschgeld, als sei diese Art des Biertrinkens genetisch in den Jones verankert.

»Neulich musste ich an dich denken«, sagt Pal und fährt sich mit den Fingern über die Lippen. »Als ich Barney auf der Wiese hinter dem Komplex begraben habe.«

Es war nicht erst neulich. Abi, die sich um die Rennmaus gekümmert hat, seit Eli von zu Hause weggegangen ist, hat ihn vor zwei Monaten angerufen, nachdem es passiert war.

»Zu dumm, dass der Junge nicht bei mir ist, um Barney zu verabschieden, habe ich gedacht. Wie alt war er nochmal?«

»Über fünf, was so ungefähr 110 Menschenjahren entspricht.«

»Mannomann, das ist ja uralt.«

»Vielleicht hätte Nanny als Rennmaus geboren werden sollen.«

»Ha! Du warst schon immer ein witziges Kind. Du hast mich immer zum Lachen gebracht.«

Ach ja? Eli kann sich nicht erinnern, dass bei ihnen viel gelacht worden wäre.

»Schreibst du immer noch in deine Hefte? Übersetzt du

noch? Steigerst du dich immer noch in alle möglichen Sachen rein?«

»Schon. Vor allem steigere ich mich in Sachen rein. Und ich mache immer noch die Sache mit dem blauen Ball.«

Ein verständnisloser Blick Pals, als hätte er seine Meditationseinweisung völlig vergessen, aber dann zeichnet sich verschämter Stolz auf seinem Gesicht ab. »He, ich muss dir was zeigen.« Er zieht ein Polaroidfoto aus seiner Gesäßtasche. »Ich habe es schon bei meinen Brüdern rumgezeigt, damit sie sehen können, womit ich meinen Lebensunterhalt verdiene.« Er reicht Eli das Foto. Es zeigt Joy in einem trägerlosen rosa Sommerkleid, einen Arm über eine Maschine drapiert, die ungefähr eins zwanzig hoch ist und aussieht wie eine Kreuzung aus Kühlschrank und Klimaanlage. In der Mitte befindet sich eine rechteckige blaue Schaltfläche mit Drehknöpfen, Reglern und Skalen am oberen Rand.

»Es ist eine Apparatur, die ich entworfen und gebaut habe. Was Thermoelektrisches. Und dann habe ich deine Mutter dazu gebracht, daneben zu posieren.«

Auf dem Foto zeigt Joy ein strahlendes, gekünsteltes Lächeln, wie die Assistentinnen, die in Spieleshows die Gewinne überreichen.

»Beeindruckend«, sagt Eli und meint es sogar so, obwohl er immer noch keine richtige Vorstellung von Thermoelektrik hat. Es ist, als würde sein Verstand sich weigern, sich mit dem Thema zu beschäftigen, da es zu eng mit Pal verbunden ist.

»Es ist ein Prototyp. Weißt du, wer sich dafür interessiert? Die NASA. In letzter Zeit habe ich gedacht, dass ich mich vielleicht selbständig machen sollte, weißt du? Eine eigene Firma gründen. Ich könnte sie P. A. L.-Apparaturen nennen.«

»Wofür würden das P, das A und das L stehen?«

Sein Vater sieht ihn verständnislos an.

»Ich meine, stehen die Buchstaben für irgendwelche Worte?«

»Sie stehen für meinen Namen, Junge.«

Pal legt den Kopf in den Nacken und trinkt, wobei sein Adamsapfel aussieht wie ein echter Holzapfel, der unter der Haut seines Halses auf- und abhüpft.

Er ist genauso nervös wie ich, geht Eli auf. Vielleicht ist er vorhin losgezogen und hat sich betrunken, um seinem Sohn gegenübertreten zu können. In Eli blitzt ein Hauch von Machtgefühl auf.

Pal streckt die Hand aus, um sich ans Balkongeländer zu lehnen, schätzt die Entfernung falsch ein, kippt zur Seite und bekommt das Geländer gerade noch zu fassen. Der in diesem Moment vorbeikommende Pate sagt: »Vorsicht, Pal, sonst landest du noch unten in der Rabatte und kannst dir die Radieschen von unten angucken.«

Pal wirft ihm einen wütenden Blick zu.

»Madame Lauzon hat uns gerade von ihrem Sturz und ihrer Nahtoderfahrung erzählt«, erklärt der Pate.

Eli hat seinen Merlot nicht angerührt, während er mit Pal geredet hat, jetzt jedoch, wo sein Vater und sein Pate nebeneinanderstehen, nimmt er schnell einen Schluck aus der Teetasse.

Pal nimmt einen aus seiner Bierflasche.

»Bei dieser Hitze sollten wir alle mit dem Alkohol ein bisschen vorsichtig sein«, sagt der Pate und legt Pal eine Hand auf die Schulter.

Pal schüttelt sie ab. »Ich habe dir was zu sagen.«

Der Pate sieht ihn an, als sei er eine Wanduhr, deren Kuckuck jeden Augenblick herausgeschossen kommen wird.

»Der Junge hier, der gehört mir.« Pal deutet mit der Flasche auf Eli. »Nicht dir. Wird dir auch nie gehören.«

Mit verschwitztem Gesicht steht Pal auf wackligen Beinen da und funkelt den Paten an. Dann dreht er seine Flasche absichtlich um, sodass die letzten Zentimeter Bier auf die Seersuckerhose und die Wildlederschuhe des Paten spritzen.

Der sieht ihn nur ausdruckslos an, woraufhin Pal sich umdreht und Richtung Balkontür schlurft.

»Nein, du brauchst mir nicht dafür zu danken, dass ich mich um deinen Jungen gekümmert habe«, ruft der Pate ihm hinterher. »Das habe ich aus reiner Herzensgüte gemacht.«

Eli zuckt zusammen, absolut sicher, dass Pal mit geballten Fäusten zurückkommen wird, aber sein Vater dreht sich nur um und sagt: »Er braucht niemanden, der sich um ihn kümmert. Was, Eli?«

Eli schweigt, dann langzuckt er.

Pal stolpert weiter in die Wohnung.

»Tut mir leid«, sagt Eli zum Paten, der die Flecken auf seiner Hose und seinen Schuhen beäugt.

»Entschuldige dich nie für diesen Kerl, mein Junge.«

Eine Haarbürste, ein Kamm und ein Handspiegel aus Sterlingsilber, jeweils graviert mit einem geschwungenen D, M und D (für Dolores Margaret Duckworth) liegen auf Nannys Kommode. Eli nimmt die Bürste in die Hand. Sie ist schwer genug, um einen Schädel zu zertrümmern. Er überlegt, ob er sie in einer von Nannys Kommodenschubladen verstecken soll, fährt sich stattdessen damit durch die Haare und legt sie wieder hin. Joy ist in der Art von Stimmung, in der es nicht unvorstellbar wäre, dass sie zuschlägt. »Einmal Schlampe, immer Schlampe«, tobt sie, während sie von Zimmer zu Zimmer stürmt und Papierteller, Servietten und Plastikbecher einsammelt und in eine Mülltüte stopft.

Die Schlampe, die sie meint, ist Fay, die Tochter von Pals zweitältestem Bruder, die im Norden der Provinz Quebec lebt. Eli kennt sie kaum und hat sie auf dem Empfang nur am Rand wahrgenommen. Sie kam gegen Ende hereingerauscht und hat sich kurz darauf mit Pal und Falschgeld davongemacht. Als Eli jetzt an sie denkt, sieht er sie als Fay Wray, King Kongs Freundin, weil beide lange, wellige Haare haben.

»Sie sagen, sie haben einen Kneipenzug gemacht, aber glaub mir, Pal hat in der Wohnung dieser Schlampe eine schnelle Nummer mit ihr geschoben.«

Eli, der staubsaugen soll, macht Nannys Bodensauger wieder an. Dessen langes Gehäuse sieht aus wie die Roboterversion eines Dackels. Während er das Ding durch die Wohnung zieht, redet Joy ununterbrochen weiter, obwohl das, was sie sagt, fast komplett übertönt wird. Eli bewegt sich von Zimmer zu Zimmer, zieht das Kabel aus der einen Steckdose und steckt es anderswo wieder ein. Im Wohnzimmer stößt er mit dem Sauger versehentlich gegen den Kaffeetisch, aber zum Glück kippt Nannys Urne, ein Ungetüm aus Bronze, nicht um. Als der Motor wieder einmal kurz aus ist, hört Eli seine Mutter sagen: »Fay ist der verdammte Tropfen, der das Fass endgültig zum Überlaufen bringt. Ich verlasse das Arschloch.«

Ach wirklich, denkt Eli. Wieso war nicht Abi der Tropfen, der das Fass zum Überlaufen brachte? Wieso war nicht sie der ganze *Eimer*, der das Fass überschwappen ließ?

Später, als Eli und Joy die Böden gewischt, das Geschirr abgewaschen und die Toilette und das Waschbecken saubergemacht haben, setzen sie sich auf den vorderen Balkon und beobachten die Leute, die im sanften Abendlicht unten vorbeigehen. Der Himmel hat die Farbe von schmelzendem Orangeneis angenommen. Obwohl die schlimmste Hitze vorbei ist, sind beide schweißgebadet. Elis weißes T-Shirt klebt an ihm, unter dem Stoff zeichnen sich seine Brustwarzen ab, was ihm peinlich ist. Die rote Schleife in Joys Haaren ist verrutscht und sitzt jetzt schief wie eine

Baskenmütze. Am liebsten würde Eli sie ihr herunterreißen. Er hat sich eine Käsepizza bestellt, die Joy sich nicht mit ihm teilen wollte, aber er hat ihr ein Stück auf einen Teller getan, und Joy knabbert immer wieder daran, während sie an ihrem Pulverkaffee nippt.

Nannys Urne steht zwischen ihren beiden Balkonstühlen. Joy hat sie dorthin gestellt, weil Nanny ihre Abende gern damit verbrachte, über die Riverview Avenue zu wachen und ihre Nachbarn auszuspionieren.

An die Urne gerichtet sagt Joy: »Und? Hat die Party dir gefallen, Mum?«

»Sie muss ihr gefallen haben«, antwortet Eli. »Sie hat Besuch geliebt.«

»Aber sie war nie mit irgendwas zufrieden, was ich für sie getan habe. Ich glaube, sie wollte nie ein Kind. Weißt du, dass sie eine Abtreibung hatte, als ich vier war? Zweifellos bei irgendeinem Quacksalber mit einem Kleiderbügel, weil Abtreibungen damals verboten waren.«

Unten auf der Straße schiebt eine Frau einen Kinderwagen vorbei.

»Du hast einen ganzen Monat im Bett gelegen, nicht wahr, Mum?«, sagt Joy zur Urne. »Und geblutet und geblutet. Fast wärst du gestorben.«

Eli hat schon von der Abtreibung gehört, und zwar von Abi, die behauptete, die Flecken auf der Matratze im früheren Zimmer ihres Großvaters stammten von Nannys Abtreibungsblut.

»Ich musste auf einem Klappbett in der Küche schlafen«, fährt Joy fort. »Gleich neben der Wolldecke für den Hund. Erst als ich vierzehn war und wir in eine größere Wohnung gezogen sind, habe ich ein eigenes Zimmer bekommen.«

Diese Klage hat Eli schon Trillionen Male gehört.

»Nicht jeder ist fürs Elternsein gemacht, stimmt doch, Mum, oder?«, sagt sie zur Urne. Und zu Eli: »Dich und

Abi sehe ich auch nicht als Eltern. Nichts für ungut, aber keiner von euch beiden hat das Zeug dazu.«

Er widerspricht ihr nicht, obwohl er die Kinder im Sommerlager großartig findet. Sie nennen ihn »Monsieur«.

»Ich dagegen wollte immer Kinder haben. Übrigens hättest du fast einen älteren Bruder gehabt, wusstest du das?«

Zwei Jahre vor Abis Geburt hat Joy einen kleinen Jungen verloren, der im siebten Monat tot geboren wurde, weil sich die Nabelschnur um seinen Hals gewickelt hatte. »Der kleine Kerl war schlau«, hat Abi einmal zu Eli gesagt. »Er hat sich rechtzeitig aufgehängt.«

Auf der Straße kommt es zu einem Streit über den Parkplatz hinter Pals Rambler. Zwei Fahrer beschimpfen sich gegenseitig, werfen sich die Namen von Gegenständen an den Kopf, die in jeder katholischen Kirche zu finden sind: Kelch, Hostie, Tabernakel. In Quebec flucht man auf diese Weise. Nachdem einer der Männer mit quietschenden Reifen davongebraust ist, findet Eli den Mut, seiner Mutter zu sagen: »Als ich noch klein war, hast du mich ständig geschlagen.« Ihre Augen blitzen auf vor Kelch-Hostien-Tabernake!-Wut.

»Ach, sei nicht so ein Weichei! Du warst nun mal ein schreckliches Kind. Ständig hast du gelogen und dich in alles Mögliche reingesteigert. Du wolltest nichts Grünes anziehen. Keine Fernsehsendungen mit Lachkonserve sehen. Nichts essen, was Knochen hatte. Die Liste war endlos. Es war nicht auszuhalten. Es hat mich verrückt gemacht. Wenn ich dich nicht umgebracht habe, dann nur, weil Pal mich davon abgehalten hat. ›Du kannst es nicht aus ihm rausprügeln‹, hat er gesagt. Das zumindest kannst du deinem Vater zugutehalten.«

Pal, mein Retter, denkt Eli, und merkt erst dann, dass er ein *Pal*indrom benutzt hat.

»Du verlässt ihn also endlich?«

Sie steckt sich eine Kool an, bläst einen Rauchring in die Luft, zerrt die Schleife aus ihren Haaren und wirft sie beiseite.

»Du könntest Nannys Wohnung übernehmen«, schlägt er vor. »Du könntest dem Vermieter sagen, dass du sie haben willst. Und du findest ganz sicher einen Job in Montreal.«

»Wer würde mich denn nehmen? Mon français, c'est de la marde.«

»Pal könnte dir Geld schicken. *Pal*imente.«

»Ich würde nie auch nur einen Cent aus diesem Mistkerl rausschlagen.«

»Vielleicht könntest du dich wieder mit Carol zusammentun.«

Was redet er denn da? Der arme Carol!

»Der Typ hat ein Dutzend Mädchen am Laufen.«

»Nein, nein, höchstens ein halbes Dutzend.«

»Ha.«

Der Pate hatte sich kurz nach dem Vorfall mit dem umgekippten Bier verabschiedet, um die Nacht bei einer seiner Damenbekanntschaften, einer Frau namens Gigi, zu verbringen. Sie hat einen grün-gelben, zweisprachigen Papageien, der jeden entweder mit »Hé, imbécile« oder »Hey, du Idiot« begrüßt.

»Ich bin froh, dass du bei Carol wohnst. Falschgeld hat vorhin zu mir gesagt, er würde dich auch bei sich aufnehmen, aber mach das bloß nicht. Er mag Jungen im Teenageralter ein bisschen zu sehr, falls du weißt, was ich meine.«

Eine Stimme in Elis Kopf sagt: »Vielleicht schläft er *aus Liebe* mit ihnen.«

»Es gibt noch etwas anderes, worüber ich mit dir reden will«, sagt Joy dann. »Nanny hatte ein bisschen Geld. Kein Vermögen, aber ein kleines Finanzpolster. Vierzehntausend Dollar. Sie hat sie mir vermacht.«

»Toll.« Er legt sein Stück Pizza beiseite. »Damit kannst du doch in Montreal neu anfangen.«

»Ich gebe es dir und deiner Schwester.«

»Was? Alles?« Seine Eltern haben ihm keinen einzigen Cent geschickt, seit er weggegangen ist.

»Ja. Zahl damit das College. Oder kauf dir einen Computer.«

»Mann, danke!« Er hat bereits einen verdammt teuren mit einem toastscheibengroßen Bildschirm im Auge.

»Abi ist nicht fürs College gemacht. Ihre Hälfte wird für ihre Psychiater und Therapien aufkommen. Sie bläst ständig Trübsal, und das deprimiert mich.«

»Es gibt einen Grund für die Trübsal.«

Das unaussprechliche Es.

»Ach, hör auf. Sie benutzt es als Entschuldigung, um nicht in die Schule oder zur Arbeit zu gehen oder beim Abwasch helfen zu müssen. Und Pal fühlt sich zu schuldig, um ein Machtwort zu sprechen. Sie ist jetzt neunzehn! Manchmal denke ich, sie ist wie ein autistisches Kind, das ich mein ganzes Leben lang am Hals haben werde. Hoffentlich kriegen die Psychiater sie wieder hin.«

Wird Abi ihnen erzählen, was Pal gemacht hat? Und falls ja, was werden die Psychiater tun? Ihn anzeigen?

Joy bläst weitere Rauchringe. »Als Kind wurde ich auch missbraucht«, sagt sie.

»Um Gottes Willen! Wirklich?«

»Ich war zwölf und habe bei meiner Freundin Sandra übernachtet, nur ein paar Blocks von hier entfernt. Mitten in der Nacht kommt ihr Vater ins Zimmer, schiebt die Hand unter mein Nachthemd und fängt an, mich zu anzufassen, obwohl Sandra keinen Meter entfernt liegt. Ich bin starr vor Angst und weiß nicht, was ich machen soll. Als ich anfange zu weinen, hört er endlich auf und verzieht sich.«

»Gott, wie furchtbar.«

»Aber halte ich mich etwa ständig damit auf? Nein, ich arbeite trotzdem, ich habe Kinder großgezogen. Ich habe es hinter mir gelassen.«

Eli stellt seinen Teller ab. Ihm ist der Appetit vergangen.

»Es war unser eigener Vater«, sagt er mit jetzt schriller Stimme. »Und es ist drei Jahre lang immer und immer wieder passiert. Das ist ein Unterschied.«

Ein grimmig-entschlossener Blick seiner Mutter. Sie wird sich weigern, den Unterschied zu sehen. Eli steht auf. »Ich hole mir ein Glas Wein«, sagt er mit wieder normaler Stimme. »Willst du auch was?«

Sie schüttelt den Kopf, beobachtet zwei keckernde Eichhörnchen, die sich gegenseitig einen Baum hinaufjagen.

Er geht rein und bleibt eine Weile in Nannys Wohnzimmer stehen, während sein Herz wie wild in seiner Brust herumhämmert. Dann geht er statt in die Küche zur Wohnungstür, die Treppe hinunter ins Erdgeschoss, durch die Haustür und dann die kleine Treppe zur Straße hinunter.

Als er davonhastet, entdeckt ihn seine Mutter, die noch auf dem Balkon sitzt. »Ja, Eli, lauf weg!«, ruft sie ihm nach. »Das ist das Einzige, was du kannst.«

Der rosarote Panther und die Wodkaflasche aus Plastik sehen in der Dunkelheit bedrohlich aus, Soldaten, die rechts und links von Carolines Bett Wache stehen. Es ist nach ein Uhr morgens. Eli ist gerade von einem langen Spaziergang zurück, ist kreuz und quer durch die von Touristen überlaufenen kopfsteingepflasterten Straßen von Old Montreal gewandert, um einen klaren Kopf zu bekommen. Auf der Place Jacques-Cartier drehte ein Clown Ballons zu Wiener Würstchen, ein Karikaturist verwandelte irgendjemandes leichten Überbiss in eine monströse Entstellung, Straßenmusiker sangen Folk-Rock-Songs von Harmonium und Beau Dommage. Als es Mitternacht wurde, hatte die drückende Hitze sich gelegt, und es war eine wundervolle Sommernacht. Viele der Menschen, sowohl Mädchen als auch Jungen, sahen in Elis Augen so umwerfend schön aus, dass er sich zusammenreißen musste, um nicht die Hand auszustrecken und sie zu berühren.

»Caroline?«, flüstert er. »Schläfst du?«

Im Dunkeln kann er sie kaum sehen, weiß aber, wie sie aussieht: Sie schläft immer auf dem Bauch, das Gesicht von den Haaren verdeckt.

»Verdammt, Eli«, murmelt sie benommen. »Ja, ich schlafe. Ich habe morgen früh Probe.«

»Kann ich bei dir schlafen? Kein Sex, einfach nur schlafen?« Nur mit Boxershorts bekleidet setzt er sich auf die Bettkante.

»Es ist zu heiß für zwei in einem Bett«, murmelt Caroline.

»Nein, es ist kühler geworden.«

»Du nervst.« Sie dreht sich auf den Rücken. »Also gut, aber ich sage nur ja, weil deine Großmutter gestorben ist.«

Von der Mitte des breiten Betts rutscht sie zur Seite und hebt das Laken an. Die Stelle, auf der sie gelegen hat, ist noch warm, fühlt sich aber gut an. Er legt die Hand auf ihren nackten Oberschenkel, ohne die Finger zu bewegen. Nur sein Daumen streicht langsam vor und zurück, über dieselben paar Zentimeter Haut. Sie hat es gern, gestreichelt zu werden, und ihn beruhigt es, es gibt ihm das Gefühl, weniger allein zu sein, lässt ihn einschlafen.

Später, viel später, wird er wach, als Caroline sich auf ihn legt und seine Erektion durch den Schlitz seiner Boxershorts zieht. Sie versetzt ihm eine Ohrfeige, fest genug, dass es wehtut. So dunkel, wie es ist, könnte sie irgendwer sein. Sie ist Mademoiselle Gagnon; sie ist Eugene Jones junior. Sie ist alle, die er vorhin auf der Straße angeschmachtet hat: Das haitianische Mädchen im gestreiften Schlauch-Top, der langhaarige Typ mit dem Ring in der Brustwarze. Er stöhnt lauter als je zuvor, obwohl das Fenster offen ist und die Nachbarn womöglich alles hören können. Die Hitze ist vorbei, und er stellt sich vor, dass der ganze Block, die ganze Stadt, zur Feier dieses Ereignisses in dieser Nacht ficken.

Als sie gekommen ist, als er gekommen ist, als er ihre verschwitzte Stirn geküsst hat und sie neben ihm eingeschlafen ist, steigt er, immer noch in Boxershorts, aus dem Bett und geht in die Küche im hinteren Teil der Wohnung, um ein Glas Saft zu trinken. Erst als er den Kühlschrank aufmacht und das Licht quer durch den Raum fällt, merkt er, dass jemand am Küchentisch an der hinteren Wand sitzt.

»Fuck!«, ruft er. Es ist der Pate in seinem Seersucker-Anzug. »Ich wusste nicht, dass du zu Hause bist.«

»Offensichtlich.«

Eli erstarrt. Die Leuchtziffern der Mikrowelle zeigen die 3:33, die Mistgabelstunde. Er macht den Kühlschrank zu, und die Küche versinkt wieder in Dunkelheit. Der Pate steht auf, betätigt den Schalter an der Wand und setzt sich wieder. Die Lampe über dem Tisch wirft nur ein trübes, geisterhaftes Licht, trotzdem blinzelt Eli.

»Setz dich zu mir.«

Den Saftkrug in der Hand geht Eli hin, stellt den Krug auf den Tisch und setzt sich. Er kommt sich nackt vor, obwohl er sich oft nur in Unterwäsche durch die Wohnung bewegt, auch wenn der Pate da ist.

»Ich habe beschlossen, doch nicht bei Gigi zu übernachten. Nach allem, was du durchgemacht hast, wollte ich am Morgen für dich da sein.«

»Danke«, sagt Eli, obwohl er vermutet, dass Gigi den Paten rausgeworfen hat. Er hat ständig Krach mit seinen Damenbekanntschaften.

»Vögelst du mit meiner Tochter?«

»Nein«, murmelt Eli, obwohl er fühlt, dass sein Schwanz

auf seinen Oberschenkel tröpfelt, was die Lüge noch schlimmer macht.

Der Pate fährt sich mit der Hand über das Gesicht, als wolle er Falten glätten. Dann streicht er sich damit durch die Schmalztolle. »Ist Junior tatsächlich dein Liebhaber?«, will er wissen. «»Bist du überhaupt schwul?«

Elis Selbsthass meldet sich lautstark zurück. »Ich bin gar nichts, Carol«, sagt er. Das zumindest scheint ihm die Wahrheit zu sein, aber der Pate macht ein skeptisches Gesicht.

»Oh, du bist so Einiges.«

»Es tut mir leid.«

»Ich will dich hier raushaben. Nicht morgen früh. Jetzt sofort. Zieh dich an, verzieh dich. Deine restlichen Sachen kannst du in ein paar Tagen holen, wenn ich mich abgeregt habe.«

Er spricht in einem so ruhigen, gleichmütigen Ton, dass er jetzt schon abgeregt wirkt. Vielleicht ist er von seinem kürzlichen Streit mit Gigi zu ausgepowert, aber dass er so gar nicht wütend wirkt, ist für Eli schlimmer, als wenn er ihm eine blutige Nase verpasst hätte.

Er steht vom Tisch auf und versucht, nicht in Tränen auszubrechen.

»Du bist so ein Lügner, Eli Jones«, sagt der Pate im gleichen unterkühlten Tonfall. »Wie der Rest deiner Familie.«

Elis Hals ist wie ausgetrocknet. Er hat den Saft nicht trinken können, bevor er aus der Wohnung des Paten verschwinden musste. In ein Perrette's kann er nicht gehen, die sind um vier Uhr morgens alle geschlossen. Unter einer Straßenlaterne vor dem Schönheitssalon *Chez Andrée* an der Wellington fasst er in die Tasche seiner weißen Jeans, um sich noch einmal zu vergewissern, dass er den Schlüssel zu Nannys Wohnung eingesteckt hat. Dabei findet er einen

Zettel und holt ihn hervor: Es sind Adresse und Telefonnummer von Falschgeld, die er ihm vorhin zugesteckt hat. Die Wohnung ist nicht allzu weit weg. Wenn er dorthin geht und Falschgeld einen bläst, wird er sich dann noch mehr hassen? Vielleicht könnte es ein Racheakt an sämtlichen Jones sein: an Pal, an Joy, am Paten, an Caroline, sogar an Abi. *Seht ihr, was ihr aus mir gemacht habt? Seht ihr, was für ein Widerling ich geworden bin?*

Aber statt zur Wohnung von Falschgeld macht er sich auf den Weg zu der von Nanny. Unterwegs sieht er zerlumpte Obdachlose, die in Ladeneingängen auf plattgedrückten Pappkartons liegen. Noch ein Jones, denkt er jedes Mal, denn so hat Abi alle genannt, die auf der Straße leben. Und er erinnert sich so voller Sehnsucht, dass ihm die Tränen in die Augen steigen, an das Manhattan aus Pappe.

Vor Nannys Haus angelangt, sieht er eine dunkle Gestalt aus der entgegengesetzten Richtung durch die Riverview kommen. Eine Gestalt mit Marionettengang. Im verwaschenen Lichtoval einer Laterne wartet er, bis Pal nah genug ist, um ihn zu erkennen.

»Junge, ich bin so froh, dich zu sehen.«

Er fragt nicht, wieso sein Sohn zu dieser unchristlichen Zeit unterwegs ist.

Total blau, vermutet Eli. Wenn er seinen Vater umbringen wollte, wäre dies der perfekte Zeitpunkt. Keine Zeugen, Pal zu betrunken, um sich zu wehren. Zu dumm, dass Eli keine Schusswaffe und keinen Ziegelstein bei sich hat, auch keinen Strumpf, um ihn damit zu erwürgen.

Aber er hat sowieso keinen Kampfgeist mehr. »Brauchst du Hilfe, um nach oben zu kommen?«, fragt er.

»Vielleicht, vielleicht auch nicht«, sagt Pal aufgekratzt. Er versucht, den Fuß auf die unterste Stufe zu heben, bleibt aber hängen.

Eli packt ihn, hält ihn fest. Sein Vater und er sind inzwischen gleich groß, eins achtzig, aber Pal wiegt wahrscheinlich gute zwanzig Pfund mehr. Er legt einen Arm um Elis Schulter, und der packt seinen Vater um die Taille. Soldaten in Korea, denkt er. Einer, der einem verwundeten Kameraden vom Schlachtfeld hilft.

Aus Pals Poren wabert Alkoholdunst. Eli atmet nur ganz flach. Gemeinsam stolpern sie die Stufen zum Absatz hinauf. Eli erinnert sich an eine Zeit, als er fünf war und Pal ihn abends herumgetragen hat, damit er dem Resopaltisch, dem Fernsehsessel und der Stereoanlage Gute Nacht sagen konnte.

Auf dem Absatz lehnt sich Pal schwer gegen die Tür des Erdgeschossnachbarn, während Eli in seine Tasche greift und Nannys Schlüssel hervorholt. Zum Glück hat Joy das Außenlicht angelassen, sodass er das Schlüsselloch sehen kann. Nachdem er Nannys Tür aufgestoßen hat, dreht er sich zu seinem Vater um. Eine lange Haarsträhne steht auf seinem Hinterkopf hoch wie bei Alfalfa aus *Die kleinen Strolche*. Fast muss Eli lachen. »Bereit für die nächste Treppe?«, fragt er.

Pal hebt eine Hand. »Erst muss ich dir was sagen.«

»Okay, und was?«

»Ich muss dir sagen, dass ich dich lieb habe, Eli.«

Da sein Vater lügt, fühlt Eli sich frei, auch zu lügen: »Ich dich auch«, murmelt er, ohne Pal anzusehen, wohl wissend, dass der Mann sich morgen früh an nichts erinnern wird.

Eng aneinandergeklammert gehen Vater und Sohn den Rest der Treppe hinauf.

Downtown Montreal

An seinem einundzwanzigsten Geburtstag sitzt Eli Jones mitten auf einer Straßenkreuzung voller Schlaglöcher, auf der zweihundert Menschen »Schwul sein, frei sein, nie mehr unterdrückt sein« skandieren. Eli skandiert nicht, sondern lässt die Protestrufe über sich hinwegfluten. Das Sit-in findet auf dem De Maisonneuve Boulevard statt, genau gegenüber einer dreistöckigen Polizeiwache, auf deren Dach Scharfschützen stationiert sind. Angekündigt wurde die Demo als »Kiss-in«, und wenn die Organisatoren ihre Trillerpfeifen betätigen, küssen die Jungen Jungen und die Mädchen Mädchen. »Jungen und Mädchen«, weil sie so jung sind, die meisten allerhöchstens Anfang zwanzig. Sie riechen nach Schweiß und Sonnencreme und sind mit knappen Shorts, Trägerhemden und Doc Martens bekleidet. Eli, der niemanden in der Menge kennt, bleibt ungeküsst, hätte aber nichts gegen Lippenkontakt mit dem Jungen rechts oder dem Mädchen links von ihm. Das Mädchen sieht aus wie Sinéad O'Connor: rasierter Schädel, Rehaugen; der Junge hat einen Irokesenschnitt und ein Nasenpiercing.

Am Abend zuvor haben Dutzende Polizisten aus dieser Wache eine laute schwul-lesbische Feierabend-Party in einem großen Loft mit vielen Fenstern in der Nähe der Altstadt aufgelöst. Ohne jeden Anlass setzten sie Schlagstöcke ein, teilten Tritte und Boxhiebe aus, zerschmetterten Kniescheiben, schlugen Lippen blutig und nahmen wahllos Leute fest. Deshalb der heutige Protest.

Eli war nicht auf der Party, sondern ist an diesem Nachmittag zufällig auf das Sit-in gestoßen, da die Polizeiwache in der Nähe seiner kleinen Mietwohnung in einem der Hochhäuser der Innenstadt liegt. Eigentlich wollte er in einem Geschäft in der St. Catherine Street neue Vorhänge kaufen. Ein Geburtstagsgeschenk für ihn selbst. Doch die Vorhänge waren vergessen, als er die wütenden Stimmen hörte, die Gerechtigkeit forderten, und die geschwenkten Protestschilder mit ihrem SCHWEIGEN = TOD sah.

Er versucht, den Mut aufzubringen, in die Rufe der Protestierenden einzustimmen. Über die Jahre hinweg hat sich eine stille Wut in ihm aufgebaut. Wenn sie ganz schlimm wird, joggt er den Mount Royal hinauf, bis ganz nach oben zu dem riesigen erleuchteten Kreuz, und sprintet dann wieder hinunter. Erst wenn sein Herz wie wild hämmert und hämmert, lässt die Wut nach, aber heute wächst sie, nährt sich von der anschwellenden Wut der anderen, die im Kreis auf der Straße sitzen. Er selbst sitzt ein paar Reihen vom äußeren Rand entfernt, angetan mit grauer Chinohose, weißem Polohemd mit einem kleinen französischen Krokodil darauf, das über seine linke Brust kriecht, und schwarzen Collegeschuhen. Seine Haare sind kurz mit ordentlichem Seitenscheitel. Er sieht aus wie ein Pfadfinder auf Abwegen.

Reporter und Reporterinnen lokaler Nachrichtensender stehen am Rand der Menschenansammlung – Hyänen, die eine Zebraherde beäugen – und bellen Anweisungen an ihre Kameraleute, dies aufzunehmen, das einzufangen. Als eine der Kameras auf Eli zuschwenkt, dreht er den Kopf weg, sieht nach oben und entdeckt auf dem Dach der Polizeiwache die Scharfschützen, die ihre Waffen auf die Menge gerichtet haben.

Mannschaftswagen der Polizei kommen aus allen vier Richtungen auf die Kreuzung zu. Aus ihnen quellen Dutzende behelmter Polizisten wie Clowns, die im Zirkus aus einer alten Klapperkiste purzeln, bloß dass diese Clowns in Kampfausrüstung stecken. Sie haben Schutzschilder und Schlagstöcke und tragen blaue Latexhandschuhe wie Chirurgen, die gleich operieren müssen. Auf allen Seiten formieren sie sich zu Reihen und kommen mit erhobenen Schilden auf das Sit-in zu. »Hakt euch unter!«, ruft jemand, und Eli verschränkt die Arme mit Sinéad und dem Irokesen.

Kurz darauf stürzen sich die Polizisten auf sie, stoßen ihre Schlagstöcke in Leisten, Brüste, Rippen, bis sie die menschliche Kette aufgebrochen haben. Sie zerren die Protestierenden, die teils noch zu zweit oder zu dritt aneinanderhängen, über das Pflaster. Die am Rand des Kreises werden als Erste attackiert; sie schreien die Polizisten an, sie sollen sie in Ruhe lassen, und treten um sich, aber jeder Widerstand lässt die Männer nur noch brutaler werden. Einer von ihnen zerrt ein Mädchen an den Haaren hinter sich her wie ein Höhlenmensch. Andere Demonstranten werden hochgerissen, nur um wieder zu Boden gestoßen und dann weggeschleift und in die vergitterten Mannschaftswagen geworfen zu werden.

Eli selbst bekommt mehrere Schläge mit einem Schlagstock ab, die brutaler sind als jede Haarbürste. Seine Beschützer, Sinéad und der Irokese, werden von ihm weggerissen. Er selbst wird an den Knöcheln weggeschleift, wobei einer seiner Schuhe verloren geht und sein Polohemd hochrutscht und seinen Bauch entblößt. »Lève-toi, câlisse!«, brüllt der Bulle, dessen Augen hinter dem Visier nicht zu sehen sind. Eli versucht, sich aufzurappeln, doch der Bulle stößt ihn wieder zu Boden und kniet sich auf seinen Rücken. Ein anderer packt Sinéad, die so wild um sich schlägt und tritt, dass der Bulle, der auf Eli kniet, ihn loslässt, um das Mädchen zu bändigen. Eli rappelt sich auf und zwängt sich durch die Menge, während die Demonstranten rufen:

»Schwul sein, frei sein, nie mehr unterdrückt sein – wer von euch reiht sich ein?«

Er stolpert raus aus dem Gedränge, rennt am U-Bahnhof vorbei und von da an im Halbtrott weiter. Passanten werfen ihm verwunderte Seitenblicke zu: Er hat nur einen Schuh an. Er zerrt sich den anderen vom Fuß und wirft ihn in einen Müllcontainer. Den Rest des Wegs nach Hause legt er auf Socken zurück.

An seiner Straße angekommen, bleibt er stehen und horcht. Selbst hier, drei Blocks entfernt, kann er die Rufe der Demonstranten, die Pfiffe, die Sirenen hören. Er hebt den Kopf. Der Julihimmel ist Norman-Rockwell-blau: an seinen Geburtstagen ist immer schönes Wetter und es passieren schlimme Dinge.

Er geht auf das Gebäude zu, in dem er wohnt. Als er näherkommt, sieht er ein Mädchen mit langen, glatten blonden Haaren auf der niedrigen Mauer rund um das Geranienbeet vor dem Haus sitzen. Sie hat eine Mary-Poppins-Reisetasche auf dem Schoß. Jesus Murph, denkt er und bleibt wie angewurzelt stehen. Sie sieht ihn, steht auf, winkt und schwebt wie Julie Andrews über den Bürgersteig auf ihn zu. Nein, das tut sie natürlich nicht, aber er nimmt die auf ihn zukommende Abi Jones als schwebend wahr.

»Ich habe mich noch nie so geschämt wie jetzt für dich«, sagt Joy am Telefon, und würden seine Rippen nicht so wehtun, wenn er tief atmet, hätte Eli laut gelacht. *Sie* schämt sich für *ihn*? Zum Brüllen. Und zum Ausrasten.

Er deckt die Hand über den Hörer und sagt zu Abi: »Ich habe die Familienehre befleckt.«

»Du warst ja auch abscheulich«, sagt Abi. »Was für ein ungeheuerliches Verhalten! Absolut widerwärtig!« Sie hat es sich auf dem Canapé bequem gemacht und nippt an einem Weinglas, das bis zum Rand mit seinem zwanzig-Dollar-Bordeaux gefüllt ist. Ihre Lippen umspielt ein katzenhaftes Lächeln. Fast kann man gelbe Kanarienvogel-Federn aus ihrem Mund ragen sehen. An diesem Morgen hat sie in der Pension in der Torontoer Innenstadt, in der sie wohnt, ihre Mary-Poppins-Tasche gepackt und ist in einen Zug nach Montreal gestiegen, um ihren Bruder an seinem Geburtstag zu überraschen.

»Wehe, du hast AIDS«, fährt Joy fort. »Ich muss mich immer noch um deine Schwester kümmern. Ich kann mich nicht auch noch um dich kümmern.«

»Ich habe kein AIDS.«

Das Sit-in hat es in die Nachrichten geschafft, nicht nur in Montreal, sondern im ganzen Land. Einer der Beiträge zeigt einen entgeisterten Eli Jones, der von einem Polizisten aus der Menge gezerrt und dann von ihm zu Boden gestoßen wird. Als Falschgeld seinen Neffen im Fernsehen entdeckt hat, hat er Pal und Joy in dem kleinen Mietbungalow in einem Vorort von Toronto angerufen, in dem sie seit ein paar Jahren leben. »Euer schwuler Sohn ist im Knast gelandet«, hat er ihnen voller Häme in dem Glauben mitgeteilt, Eli gehöre zu den gut fünfzig Personen, die auf der Demo festgenommen wurden.

Am Telefon sagt Joy nun zu ihrem Sohn: »Wehe, du gibst mir die Schuld daran, dass du so geworden bist.«

»Jesus Murph.«

»Die Leute geben immer der Mutter die Schuld und sagen, wir hätten euch überbehütet.«

»Ich kann dir versichern, dass ich nicht überbehütet wurde.«

»Wenn du jemanden suchst, dem du die Schuld geben kannst, dann gibt sie Pal. Auf seiner Seite der Familie wimmelt es vor Schwulen und Perversen. Wimmelt es!«

»Klappe, Joy«, schreit Pal im Hintergrund. »Gib mir das Telefon.«

Er kommt an den Apparat. »Haben diese Schweine dich verletzt, Junge? Haben sie?«

»Sie haben mich mit Schlagstöcken traktiert. Ich bin überall grün und blau.« Seine Stimme klingt erstickt, er hat einen dauerlutschergroßen Kloß im Hals. Verdammt, er wird doch nicht etwa anfangen, vor seinem Daddy zu heulen? Wie erbärmlich wäre das denn?

»Ich bring sie um, die verfluchten Montrealer Bullen. Barbaren! Kinder zusammenzuschlagen! Ich steige sofort ins Auto und komme. Und dann werde ich sie windelweich prügeln und ihnen die verfluchten Schädel einschlagen.«

»Nein, nein, das brauchst du nicht«, beharrt Eli. »Danke, aber Abi ist hier. Sie wird sich um mich kümmern. Wir gehen zu Ehren meines Geburtstags aus. Erst Essen, und dann noch was trinken.«

»Okay, gut, tu mir den Gefallen, und trink ein Glas auf deinen alten Herrn. Ich bin nämlich zum verflucht sechzehnten Mal wieder trocken. Aber pass auf deine Schwester auf. Das Mädchen trinkt jeden unter den Tisch.«

Auf der Couch kippt Abi den Wein nur so in sich hinein.

»Und wegen dem Schwulsein, ich –« Er bricht ab. Was will er sagen? Dass er es auch mal probiert hat?

»Wen kümmert das denn schon, Junge? Hetero, bi, schwul, ist doch alles dasselbe. Wen du vögelst, spielt keine Rolle.«

Eli sieht zu Abi hinüber, die sich mit ihrem Bic eine Camel ansteckt, trotz seiner strikten »In-der-Wohnung-wird-nicht-geraucht«-Regel.

»Und mach dir keine Gedanken wegen deiner Mutter«, redet Pal weiter. »Die kriegt sich schon wieder ein. Tut sie immer.«

»Nett von dir, Pal«, sagt er und hasst die schmierige Dankbarkeit in seiner Stimme. »Danke.«

»Bonne fête, Élie. Und denk dran, falls du doch jemanden brauchst, der für dich einen Bullen umlegt, ruf mich an, hast du mich verstanden? Jederzeit, Tag und Nacht. Dein alter Herr steht bereit.«

Eli Jones ist Patti Smith; Abi Jones ist Robert Mapplethorpe. Nackt bis auf die Boxershorts kauert er vor dem gusseisernen Heizkörper, sodass seine Rückenwirbel und die sommersprossigen Schultern deutlich zu erkennen sind. Mit seiner Polaroid macht sie Nahaufnahmen seiner Schürfwunden und seiner blauen Flecken. Sobald ein Foto aus der Kamera gleitet, pustet sie auf die Oberfläche, so wie sie früher auf ihre im Tischbackofen aufgewärmten Pop-Tarts gepustet hat. Die Idee, seine Verletzungen zu dokumentieren, stammt von ihr. Als Beweis für Polizeibrutalität.

»Mit den Fotos legen wir ein Album an«, sagt sie. »Es wird ein objet d'art, und wir nennen es *Geburtstag*. Meinetwegen können wir auch ein Foto von einem Geburtstagskuchen mit 21 Kerzen einfügen.«

»Aus der Tragödie Kunst machen«, sagt er, steht auf, trinkt einen Schluck Wein. Wippt auf den Zehenspitzen auf und ab, immer noch überdreht, wild darauf, irgendetwas Destruktives und Unumkehrbares zu tun. Sein Blick fällt auf seinen schwarzen Ghettoblaster. Soll er ihn von seinem Balkon im zehnten Stock schmeißen? Im Augenblick läuft »L'affaire Dumoutier«, ein Song über einen Mann, der wegen geistiger Unzurechnungsfähigkeit von einem Mord freigesprochen wurde.

Abi macht weitere Fotos von ihm, einschließlich einiger Fahndungsfotos von seinem Gesicht: frontal und beide Profile.

»Versuchst du, Mapplethorpe zu übertreffen?«, fragt er. »Soll ich mir vielleicht eine neunschwänzige Katze in den Hintern stecken?«

»Du hast keine neunschwänzige Katze, Jones.«

»Woher willst du das wissen, Jones?«

»Halt still«, befiehlt sie und fotografiert seine Brust, die immer noch so haarlos ist wie die einer neugeborenen Rennmaus. »Der blaue Fleck da, ich wette, der wird bald genauso grünlich-blau wie ein Seerosenteich von Monet.«

Sie macht ein Foto von seinen rot aufgeschürften Knien.

»Deine Verletzungen und Blutergüsse bringen immerhin ein bisschen Farbe in diese Bude.«

Praktisch alles in Elis Wohnung ist grau, schwarz oder weiß. Weiße Laken auf einem weißen Futon. Ein glänzend-schwarzer Schreibtisch. Ein Stapel schwarzer Notizbücher, das Neueste davon ist ihr Geburtstagsgeschenk (sie schenkt ihm jedes Jahr eins). Eine mit grauem Filz bezogene Couch. Die Wände sind im sanften Weiß von Vanille-Softeis gestrichen, die Fußleisten sind lakritzschwarz.

»Es ist, als würde man in den Kansas-Szenen von *Der Zauberer von Oz* leben«, nörgelt sie, die ein langes, lindgrünes T-Shirt über einer Leggins trägt, die mit Campbell's-Suppendosen bedruckt ist – Tomate, Rindfleisch, Hähnchen mit Reis.

Er nimmt ihr die Kamera aus der Hand und richtet sie auf sie.

»Nein!« Sie dreht sich so schnell weg, dass ihre glatten Haare auf diese Swinging-Sixties-Joni-Mitchell-Art fliegen, die sie an sich hat.

»Aber ich habe überhaupt keine Fotos von dir. All die Fotos aus Manhattan, die du mir geschickt hast, und nicht ein einziges von dir.«

»Ich war allein da. Ich konnte keine Fotos von mir selbst machen.«

Er hat sich von einem Teil seines Nanny-Geldes einen Macintosh-Computer gekauft; sie hat ihres für einen Sommer in Manhattan ausgegeben und ihm jede Woche Polaroid-Fotos geschickt: vom Chelsea Hotel, den Bars der

Lower East Side, einem Straßenschild der Great Jones Street, dem protzigen Apartmentgebäude, in dem Salinger gelebt hat, der Wagenauffahrt des Dakota-Buildings, von einer Ratte, die über U-Bahngleise flitzt, von einem bettelnden Jones auf einem zusammengelegten Pappkarton. Die ganze Zeit hat er darauf gewartet, dass sie sagt, er solle sich in einen Zug setzen und zu ihr kommen, aber nein. Das Einzige, was er hat, ist ein Fotoalbum, das er mit »Manhattan« beschriftet hat, mit Bildern von Abis Manhattan, nicht von ihrem *und* seinem. Er ist deswegen immer noch eingeschnappt.

Er richtet die Kamera noch einmal auf sie. »Komm, fais amour à la caméra.«

»Lass das.« Allmählich wird sie wütend.

»Wieso?«

»Weil ich nicht fotogen bin.«

»Wie bitte? Wolltest du nicht Fotomodell werden?«

»Zieh dir was an«, befiehlt sie. »Wir gehen aus. Wir holen uns ein bisschen Farbe.«

Er legt die Kamera beiseite und schiebt seinen Schrank auf.

»Aber nicht dieses brave Zeug. Du bist schließlich kein Mormone, verdammt, sondern ein schwuler Aktivist. Zieh dir was Wilderes an.«

Er kleidet sich ganz in Schwarz – geripptes T-Shirt mit U-Ausschnitt, das seine Schlüsselbeine zeigt, abgeschnittene, ausgefranste Hose, knöchelhohe Stiefel mit abgestoßenen Spitzen. Da er sein Haargel gerade aufgebraucht hat, sträubt er seinen Pony mit Gleitgel.

Auf der Oberlippe hat er einen Weinfleck, der seinen Mund wie den des Joker aussehen lässt. Seine Schwester hat auch einen. Sie werden sie unter keinen Umständen abwaschen. An diesem Abend sind sie Batman-Bösewichte, und très très böse.

»Sich selbst zu lieben ist der Beginn einer lebenslangen Romanze.« Dieses Oscar Wilde-Zitat steht auf Englisch und Französisch auf den Tischsets des Chez Oscar, wo die Geschwister zu Abend essen.

»Und sich selbst zu hassen«, ergänzt Abi, »ist der Beginn einer lebenslangen Romanze mit seinem Psychotherapeuten.« Nach Jahren der Psychotherapie weiß sie, wovon sie spricht.

Obwohl es sein Geburtstag ist, hat sie das Restaurant ausgesucht. Ihr gefallen die Tischdecken: blaues Vichy-Karo, wie Dorothys Kleid im *Zauberer von Oz*. Sie sitzen im Innenhof, der von Papierlaternen überspannt ist. Ihr Tisch steht unter einer Trauerwitwe, die von winzigen, erbsengrünen Raupen bewohnt wird, von denen sich eine an einem Seidenfaden zu ihrem Brotkorb herablässt. Ein Kellner – sie nennen ihn Oskar der Grautsch – hat ihnen den Brotkorb gebracht. Der Grautsch ist nicht wirklich grautschig, hat aber dieselben buschigen braunen Augenbrauen wie der Mülltonnenmann aus der Sesamstraße.

»Sagst du deinem Therapeuten immer die Wahrheit?«, will Eli von seiner Schwester wissen. Sie haben eine Flasche Rotwein bestellt, einen weiteren Bordeaux, und sie trinkt ihn in großen Schlucken. »Wenn ich eine Therapie machen würde, würde ich mir Geschichten ausdenken, damit es nicht langweilig wird.«

»Jones, ich brauche mir keine Geschichten auszudenken. Mein Leben ist ein beschissener Roman«, sagt sie und lacht ihr Cartoon-Gickeln. Sie sieht gut aus. Wie ist das möglich, wo sie kaum etwas isst (heute hat sie nur einen Salat ohne Dressing bestellt), eine Camel nach der anderen raucht (die Leute am Nebentisch werfen ihr schon angewiderte Blicke zu), und den Wein in sich hineinschüttet wie er nach dem Laufen seine Energydrinks? Vielleicht wird sie mit vierzig nicht mehr so belle aussehen. Bis dahin hat sie vielleicht ein angenähtes Basset Hound-Ohr wie Pal und einen Raucherinnen-Anusmund wie Joy. Was denkt er denn da? Es ist ein Wunder, wenn sie überhaupt vierzig wird, und es gibt auch keine Garantie dafür, dass er es so lange machen wird.

Sie lebt immer noch in bedrohlicher Nähe zu Pal und Joy. Anscheinend ist sie wirklich non compos mentis. Diesen Ausdruck aus »Erweitere deinen Sprachschatz« wendet er auf seine Schwester an, die nach wie vor an den Einheiten klebt und mit ihnen mitgezockelt ist, als sie nach Kanada zurückzogen. Rockzipfel und Nabelschnur haben sich bei ihr zu einem großen wirren Knäuel verknotet, das Eli Jones, der nie ein guter Pfadfinder war, nicht entwirren kann.

Als Chef der frisch gegründeten Firma P. A. L. kam Pal nach Kanada zurück, weil er dachte, in seinem eigenen Land hätte er es mit weniger bürokratischen Hürden zu tun als in Amerika. Er eröffnete seine Thermoelektrik-Firma in einem angemieteten Loft über einer maroden Tankstelle. Wegen seiner nur rudimentären Französischkenntnisse kam Montreal nicht in Frage, und dafür, dass sie die Einheiten von *seiner* Stadt ferngehalten haben, dankt Eli Allah, Buddha, Nanuk, Ra, Thor und Jesus Murph auf Knien. Jedes Mal, wenn Pal und Joy zu Besuch in die Stadt kommen, ist Eli ebenfalls non compos mentis und muss sich praktisch selbst ins Douglas einweisen.

Oscar der Grautsch bringt ihnen ihre Bestellung. Eli, einen riesigen Spaghettiberg vor sich, bringt Abi auf den neuesten Stand, was sein Leben angeht. Er besucht Seminare an zwei Universitäten, einer französischen und einer englischen, und arbeitet als freiberuflicher Übersetzer. Ein kleiner Verlag hat ihm den Auftrag erteilt, die ersten Kapitel einer ganzen Serie von Kinderbüchern zu übersetzen, damit die Rechte auf internationalen Buchmessen verkauft werden können. Die Worte »Buchmesse« und »international« auszusprechen, gibt ihm das Gefühl, erwachsen zu sein.

»Und wann schreibst du dein eigenes Buch?«, fragt sie.

Er hat nicht das geringste Bedürfnis, je ein eigenes Buch zu schreiben. »*Du* solltest schreiben«, gibt er zurück. »Du hast die Fantasie, den Scharfsinn, den Wortschatz. Ich bin wie ein blasser xx-Abklatsch deines xys.«

»Männer sind xy, Frauen xx.«

»Siehst du, du bist sogar klüger als ich.«

Sie wedelt mit der Hand vor ihrem Gesicht herum, entweder um den Rauch ihrer Camel oder eine weitere Trauerwitwenraupe zu vertreiben. »Meine Hauptbeschäftigung ist nicht das Schreiben«, sagt sie.

»Was dann? Das Servieren von Suppe?« Sie arbeitet Teilzeit im Soupçon, der Suppenküche des Christlichen Vereins junger Frauen in Toronto.

»Nein, meine Hauptbeschäftigung ist es, *nicht* zu sterben, okay? Mein Job ist es, zu versuchen durchzuhalten und am Leben zu bleiben. Das ist es, was ich tue, und zwar Vollzeit, mehr als Vollzeit. Es ist ein rund-um-die-Uhr-ohne-Kaffeepausen-Job.« Sie lacht, aber es ist kein fröhliches, sondern ein schreckliches und trauriges Lachen. Seit sie die Schlaftabletten von Eugene Jones senior geschluckt hat, hat sie nicht noch einmal versucht, sich das Leben zu nehmen, jedenfalls nicht, dass er wüsste – und er will es auch nicht wissen. Er kann allein den Gedanken daran nicht ertragen.

Sie schiebt Gurkenscheiben in ihrer Salatschüssel herum, isst eine Cherry-Tomate. Ausgehungert schaufelt er sich weitere Spaghetti in den Mund. Sein Teller ist so tomatensoßenverschmiert, dass er aussieht, als hätte darauf ein Gemetzel stattgefunden.

Um das Thema zu wechseln, fragt sie: »Was macht dein Liebesleben?«

»Lieblos.«

»Sexlos?«

»Nein.«

»xy oder xx?«

»Ein bisschen von beidem.«

Er trinkt einen weiteren Schluck Wein. Das Schwanken der Papierlaternen kommt nicht vom Wind, sondern von dem Wein, den er getrunken hat. »Und was ist mit dir? Triffst du dich mit jemand?«

»Ja, mit einem süßen Typen, den ich kennengelernt habe, als ich das letzte Mal im Douglas war. Er ist manisch-depressiv, spielt Akkordeon, heißt Stew und sorgt sich über alles.«

»Ein manisch-depressiver sorgenvoller Akkordeonspieler – scheint zu passen.«

»Ich werde dem armen Kerl endlose Stunden des Kummers bereiten.«

»Du und ich, wir sind einfach nicht der Stoff, aus dem Beziehungen gemacht sind«, sagt er.

»Was für ein Stoff sind wir dann?«

»Irgendwas Empfindliches, das von Hand gewaschen werden muss.«

»Da bin ich anderer Meinung.« Sie lächelt ihr Joker-Lächeln. »Ich denke, wir sind irgendeine robuste Kunstfaser. Ich denke, wir sind so was wie verdammte Kunstseide.«

Die Drag-Queen heißt Fifi Larue. Für Eli sind Drag-Queens nahe Verwandte von Zirkusclowns – beide der Stoff von Alpträumen, aus denen man schreiend aufwacht. Nur Abi konnte es fertigbringen, ihn in diesen Club zu schleppen, aber vielleicht haben auch die diversen Flaschen Wein, die sie getrunken haben, dazu beigetragen. Der Club heißt Élisabeth, da der Besitzer gerne die englischen Königinnen, sowohl I als auch II, verkörpert. Karikaturen beider Königinnen und weiterer Elizabeths – Taylor, Montgomery, Barrett Browning – hängen in verschnörkelten, vergoldeten Rahmen an den Wänden.

Der Tisch, den Abi wählt, steht so dicht vor der Bühne, dass die Geschwister das dicke Make-up sehen können, das sich in den großen Poren von Fifi Larues ölig glänzendem Gesicht absetzt. Fifi hat massige Hängebacken und trägt eine strassbesetzte Brille und eine rosafarbene Perücke, die aussieht wie aus Glaswolle gesponnen. Abi beugt sich über den kleinen runden Bistrotisch zu ihrem Bruder und sagt: »Diane hätte Fifi geliebt.« Diane, die große Diane Arbus, ist immer noch *ihre* Königin.

Eli erwärmt sich für die Drag Queen, als die ersten Keyboardtöne seines liebsten Tanz-Songs aus den Lautsprechern tönen, die rechts und links der Bühne stehen und Fifi anfängt, die Lippen zu »Marcia Baïla« zu bewegen. Der Song von Les Rita Mitsouko feiert das Leben einer jungen Tänzerin, die vom Brustkrebs dahingerafft wird. Ihr Tod wird in eine Aufforderung zum Tanz verwandelt; aus der Tragödie entsteht Kunst.

Am Ende des Songs ist Fifi schweißüberströmt und fächert sich das Dekolleté mit einem zusammenklappbaren Fächer. Der Club ist nur halbvoll, da es mitten in der Woche ist, aber vielleicht ist Fifi auch nicht derselbe Publikumsmagnet wie Elizabeth I und II. Das heutige Publikum ist gemischt: Schwule Männer in eng anliegenden Act-up-T-Shirts, Gruppen weiblicher Büroangestellter, die aufgeregt quietschen, weil sie den Mut hatten, in einen Drag-Club zu gehen, und ein paar ältere Heteropaare, die wie typische Elterneinheiten aussehen.

Die Drinks im Élizabeth werden mit winzigen Schirmchen serviert, als wollten sie sich vor Fifis Schweißtropfengesprüh schützen. In einer Mischung aus Englisch und extrem akzentuiertem Französisch sagt Fifi, das Leben einer Drag Queen bestehe keineswegs nur aus Vergnügen und Pailletten. »C'est très très sérieux, mes amis, ich muss jetzt für eine Sekunde ernst werden.«

Ein als Polizist kostümierter Mann kommt auf die Bühne und baut sich mit weit gespreizten Beinen in der Mitte auf. Er trägt hohe schwarze Stiefel, eine kugelsichere Weste, einen Einsatzhelm mit Visier, eine verspiegelte Sonnenbrille und einen angeklebten Schnurrbart. In der Hand hält er einen Schlagstock, den er langsam in seine andere Hand klatschen lässt. Beide seiner Hände stecken in blauen Latexhandschuhen.

Fifi sieht den Polizisten durchdringend an und stöckelt in ihren rosa Pumps, deren Zehenriemchen mit Pompons verziert sind, anmutig um ihn herum. Als sie hinter ihm ist, versetzt sie ihm einen Karateschlag in die Kniekehlen, woraufhin er in sich zusammenklappt und den Schlagstock fallen lässt. Fifi setzt sich auf seinen Rücken, greift sich den Schlagstock und schlägt ihm damit auf den Hintern wie eine Domina mit Reitpeitsche. Das Publikum applaudiert, Abi lacht, Eli windet sich.

Fifi steht auf, packt den Polizisten bei den Stiefeln, zerrt ihn hinter sich her, wischt mit ihm den Boden. Dann schleudert sie ihre hochhackigen Pumps von sich, hebt den Polizisten hoch (Fifi ist ein großes Mädchen) und wirft ihn hinter die Kulissen, wo hoffentlich eine Matratze seinen Fall abmildert. Dann reibt sie ihre Hände gegeneinander, wie um sie von Schmutz zu befreien. »C'est assez, tabarnak! Es reicht, du Stück Scheiße!« Sie reckt den Schlagstock hoch in die Luft und ruft: »Wir Schwule müssen lernen, zurückzuschlagen!«

Abi springt auf und klatscht. Sie ist ziemlich wacklig auf den Beinen. Schon bevor die Show angefangen hat, hat sie einen Gin Tonic gekippt, während Eli nur ein Perrier bestellt hat.

Den Schlagstock in ihre andere Hand klatschend, kommt Fifi an ihren Tisch geschlendert. »Hat die Nummer dir gefallen, Blondie?« fragt sie, während Abi sich wieder setzt.

Abi sieht zu Eli hinüber, der panisch den Kopf schüttelt, um ihr zu verstehen zu geben: »Halt bloß den Mund«, aber schon platzt sie heraus: »Die Polizei hat heute meinen Bruder zusammengeschlagen.«

»Pauvre enfant«, ruft Fifi und beugt sich über den Tisch. Ihr dickes Make-up hyperdefiniert jede einzelne Falte, ihr Lippenstift ist über die Konturen ihrer Lippen hinaus verschmiert, als wäre sie ein Kind, das beim Ausmalen über die Ränder hinausgeraten ist. »Haben sie dir wehgetan, Baby?«, fragt sie Eli.

»Ich habe blaue Flecken.«

Fifi sieht ihn mitleidig an.

»Soll Mommy sie wegküssen?«

»Lieber nicht.«

»C'est dommage.«

»Ich bin seine ältere Schwester«, sagt Abi. »Und spiele heute Abend den Babysitter für ihn.«

Eli hofft inständig, dass sie seinen Geburtstag nicht erwähnen wird.

»Ihr seid ja zuckersüß«, sagt Fifi. »Vous vous appelez comment?«

»Abi und Eli.«

»Lüg Fifi nicht an. Vous n'êtes pas Abi et Élie.« Fifi sieht sie mit scharfem Blick an. »Wisst ihr, wer ihr seid? Ihr seid Hänsel und Gretel.« Nun richtet sich ihr Blick auf das ganze Publikum. »Hänsel und Gretel in Fleisch und Blut, n'est-ce pas, mes amis?«

Das Publikum lacht.

Abi sieht so verblüfft aus, als könne Fifi hellsehen. »Als wir klein waren, haben wir immer so getan, als wären wir Hänsel und Gretel.«

Mehrere Leute im Publikum fangen an, sich zu unterhalten, was Fifi als Affront nimmt. Sie hebt die Stimme wie eine Lehrerin, die die Klasse auf sich aufmerksam machen will. »Kann ich dir eine persönliche Frage stellen, Hänsel?«, sagt sie zu Eli.

»Lieber nicht«, wiederholt Eli.

»Ach komm schon«, sagt Fifi. »Sei kein Baby.«

»Du kannst *mich* fragen«, schlägt Abi vor.

Fifi wirft ihr einen Hexenblick zu. »Treiben Hänsel und Gretel es miteinander?«

Das Publikum verstummt.

»Wie bitte?«, fragt Abi.

»Treibt ihr beiden es manchmal miteinander?« Fifi hebt eine Hand, bildet mit Daumen und Zeigefinger ein O, hebt die andere Hand, schiebt den Schlagstock durch das O und bewegt ihn vor und zurück. »Wie man hört, treiben manche Geschwister es miteinander«, erklärt Fifi. »Vor allem, wenn sie blond sind. Weil sie es nicht besser wissen. Wie in *Blumen der Nacht*.«

Ein gequältes Lachen hinter Eli, aber der größte Teil des Publikums stöhnt. Abis Gesicht wird ausdruckslos, als hätte es die Räumlichkeiten verlassen, aber Eli springt so abrupt auf, dass der Tisch wackelt. Seine blauen Flecken pochen synchron mit dem Pochen in seinem Kopf. »Verzieh dich, va-t'en!«, sagt er mit glockenklarer Stimme zu Fifi. »Sonst schlage ich zurück, darauf kannst du dich verlassen.«

»Oh là là«, ruft Fifi. »Ich habe einen Nerv getroffen.« In Erwartung eines Lachers sieht sie sich im Publikum um, aber nein, niemand reagiert. Es ist totenstill geworden; sogar der Barkeeper an der hufeisenförmigen Theke hat aufgehört, mit Gläsern zu klirren.

»Setz dich, Jones«, murmelt Abi. »Es ist okay.«

Ein irres Grinsen auf dem Gesicht zieht sich Fifi langsam von den Geschwistern zurück, als seien sie gefährlich, als könnten sie sie in einen Ofen schubsen. Hinter der Bühne betätigt jemand einen Regler, und ein poppiger Song dringt aus den Lautsprechern. Den Schlagstock wie ein Mikrofon haltend, bewegt Fifi die Lippen zur trickfilmartigen Schluckaufstimme Cyndi Laupers, die »Girls Just Want to Have Fun« singt.

»Wie das vielfarbige Pferd«, sagt Abi über die Fontäne im Park, die alle paar Minuten die Farbe wechselt wie das Pferd in der Smaragdstadt in *Die dunkle Welt von Oz*. Die Fontäne befindet sich mitten in einem künstlich angelegten Teich, aus dem alle paar Minuten ein Wasserstrahl in die Luft schießt und auf die in der Nähe herumdümpelnden Enten herabrieselt. Dank der Beleuchtung der Fontäne – im Augenblick Yves-Klein-Blau – und dank des großen, hellen Monds, können die Geschwister von der grasbewachsenen Böschung aus die Enten sehen. Als ein Beagle ins Wasser platscht und auf eine Ente mit ihren Küken zupaddelt, heben die Vögel in Reih und Glied ab. Ihre Flossenfüße trippeln über die Wasseroberfläche, wobei die Mutter ihr Quack-quack-quack von sich gibt, die Küken ihr Piep-piep-piep.

Die Geschwister sind im Parc La Fontaine, um in Ruhe ein Bier zu trinken. Auf Abis Drängen hin hat Eli nach dem Élisabeth in einem Perrettes's vier Schraubverschlussflaschen gekauft. »Klau sie«, hatte Abi gescherzt, wie damals, wenn sie Eli dazu anstiftete, im Perrette's in Middlesex Flaschen mit Cola Light mitgehen zu lassen.

Er fischt ein Bier aus der Papiertüte und reicht es ihr.

»Wo ist das Etikett?«, fragt sie.

»Oh, das Bier war im Angebot«, lügt er, als ergäbe das irgendeinen Sinn. Ehe er den Laden verließ, hat er die Etiketten abgerissen, damit Abi nicht merkt, dass es alkoholfreies Bier ist. Er findet, sie hat genug getrunken. Sie spricht schon undeutlich, als hätte sie einen Rückfall ins Marsianische.

Am Fuß der Böschung lässt eine Gruppe Cégep-Studenten, die am Rand des Teichs auf Bänken sitzen, einen Joint herumgehen. Der Achselgeruch des Grases wabert bis zu den Geschwistern hinauf, deren Falschbier einen zitronigen Nachgeschmack hat und widerlich schmeckt. Trotzdem trinken sie weiter. Als der Beagle mit seinem Herrchen weitergeht, paddeln die Enten zurück zum Rand des Teichs, lassen sich für die Nacht nieder und stecken die Schnäbel unter die Flügel. Über ihnen hat der Mond eine orange Färbung angenommen, wie Abi, wenn sie zu viel Beta-Karotin zu sich genommen hat.

Die Fontäne ist jetzt ampelrot. Die Geschwister sitzen einfach nur da und beobachten, ohne viel zu reden. Nach einer Weile sagt Eli: »Siehst du die kleine Brücke da drüben? Die den Teich in zwei Hälften teilt? Letzten Monat habe ich auf dieser Brücke gestanden und die Enten beobachtet, als ein Typ, vielleicht in den Vierzigern, aus heiterem Himmel auf mich zukommt und sagt: ›Je peux te demander combien tu charges?‹«

»Er hat dich gefragt, wieviel du verlangst?«

»Genau. Ich wollte schon fragen, ›Wofür?‹, aber dann hat es in meinem idiotischen Schädel doch noch Klick gemacht.«

»Was hast du gesagt?«

»›Die Augen in deinem Kopf.‹«

Die Augen in Abis Kopf sind halb geschlossen. »Was?«, fragt sie.

»Du weißt schon. Les yeux de la tête. Der französische Ausdruck dafür, dass etwas extrem teuer ist. Und der Typ sagt: ›Und wenn ich dir nur eins meiner Augen gebe? Was kriege ich dafür?‹«

Eli lacht. Damals fand er die Antwort des Mannes geistreich, aber Abi wirft ihm einen Blick zu, der so durchdringend ist wie der von Fifi Larue.

»Du hast doch nicht etwa –?«

»Natürlich nicht.«

»Im Perrette's hast du immer dieses gekünstelte Lächeln

aufgesetzt, um die Kundinnen dazu zu bringen, dir ihr Kleingeld zu schenken.« Ihr Lallen ist weg, als sei sie plötzlich nüchtern geworden. »Du warst damals eine kleine Hure, und das bist du immer noch.«

»Verdammt, ich habe nicht mit dem Kerl geschlafen, okay?«

Sie schüttelt den Kopf. Sie weiß es. Sie ist wieder in seinem Inneren, bewohnt ihn.

»Ihm in einem Auto für vierzig Mäuse einen runterzuholen zählt nicht als mit ihm schlafen«, sagt er und wird so rot wie die Fontäne. »Bring mich bitte nicht dazu, mich zu schämen.« Erst recht nicht nach allem, was du abgezogen hast, würde er am liebsten hinzufügen, tut es aber nicht.

»Eigentlich solltest du der unkaputte Jones sein«, sagt sie.

Er trinkt einen Schluck des grässlichen Biers, um die Wut hinunterzuspülen, die in seiner Kehle aufsteigt. »Ich bin mit sechzehn abgehauen, damit ich nicht kaputt gehe – so kaputt wie du.«

Seine Worte sollen verletzen, aber ihr Gesicht bleibt unbewegt. Die Fontäne wird Crème-de-Menthe-grün. Abi fummelt in ihrem Handtäschchen herum, holt die Camels und das Bic heraus, fischt mit den Zähnen eine Zigarette aus der Packung und steckt sie sich an. Als sie den Rauch ausgestoßen hat, sagt sie: »Ich war froh, als du gegangen bist. Weil ich es nicht ertragen konnte, dein Gesicht zu sehen.«

»Mein Gesicht?«

»Dein Gesicht, das mir die Schuld gab. Ich kann es ertragen, wenn sie mir die Schuld gibt, ich kann es ertragen, wenn er mir die Schuld gibt, nicht ertragen kann ich, wenn *du* sie mir gibst.«

»Die Schuld wofür?«

»Was glaubst du wohl?«

Er hat seit Jahren nicht gelangzuckt, jetzt tut er es, zwei Mal.

»Der Fuchs und der Waggon«, sagt sie.

Es klingt wie ein Märchen der Gebrüder Grimm, und fast hätte er sich dumm gestellt und »Hä?« gesagt, aber er weiß, worauf sie hinauswill: auf das, in was er an dem Tag, an dem er zwölf wurde, hineingestolpert ist.

Sie weiß es also; sie weiß, dass er es weiß. Sie weiß, dass er es tief im Inneren immer gewusst hat, oder zumindest seit dem Tag mit dem Fuchs und dem Waggon. An diesem schicksalhaften Tag hatte er die Chance, den einen Menschen zu retten, den er liebte, aber als der Versager, der er ist, hat er es vermasselt. Lass uns so tun, als wüsste ich es immer noch nicht, würde er gern sagen, sagt aber: »Ich habe nie *dir* die Schuld gegeben, Jones.«

»›Wieso hat sie zugelassen, dass es passiert? Wieso hat es so lange weitergehen lassen? Wieso hat sie nicht geschrien? Wieso hat sie sich nicht gegen ihn gewehrt? Hat es ihr gefallen? Es muss ihr gefallen haben‹«, sagt Abi. »All das lässt sich von deinem Gesicht ablesen.« Sie klatscht die Hand gegen ihr eigenes Gesicht, ohrfeigt sich praktisch.

»Joy denkt vielleicht so. Ich nicht, das schwöre ich.« Er sieht sie nicht an, dreht ihr nicht das Gesicht zu, denn er *hat* sich das alles gefragt und schämt sich dafür zu Tode. Er sieht die Böschung hinunter, betrachtet die hintereinander aufgereihten Enten. In der Ferne, in der Nähe der Brücke, ziehen ein Mann und eine Frau sich bis auf die Unterwäsche aus und waten, vor Kälte kreischend, in das dunkle, hüfttiefe Wasser.

»Du denkst, er hat es gemacht, weil er mich mehr liebt«, sagt Abi. »Vielleicht aber hat er es gemacht, weil er mich weniger liebt. Mich konnte er brechen, aber dich, seinen Jungen, hat er heil gelassen.«

»Foutaise!«, faucht er und sieht sie nun doch an. »Hat

dein Psychofritze dir diesen Mist in den Kopf gesetzt? Diese Typen unterziehen einen doch einer Gehirnwäsche, bringen einen dazu, allen möglichen Scheiß zu glauben. Denk nur an Sybil aus *Eine Frau mit vielen Gesichtern*. Ihr Therapeut hat sie dazu gebracht zu glauben, dass sie ungefähr sechzehn verschiedene Persönlichkeiten hat, dabei war das alles nichts als ein Haufen Scheiße.« Die Worte purzeln nur so aus seinem Mund, dabei glaubt er sie nicht einmal selbst; er redet einfach nur um des Redens willen.

Urplötzlich geht das farbige Licht der Fontäne aus, aber der Mond ist hell genug, um Abis Gesicht sehen zu können, das trotz der kantigen Cruella-de-Vil-Schatten, die darüber fallen, irgendwie engelhaft bleibt.

»Weißt du was, Jones?«, sagt sie. »Ich denke, du bist eifersüchtig. Ich denke, manchmal wünschst du dir, er hätte *dich* an deinem dreizehnten Geburtstag zum Vögelbeobachten mitgenommen und im Wald gefickt.«

»Verdammte Scheiße!«, schreit er. »So eine verdammte Scheiße!« Die Kiffer weiter unten sehen mit zusammengekniffenen Augen zu ihnen hoch. »Wie kommst du nur darauf, so etwas zu sagen?«

Sie sieht den Mond an. »La vérité fait mal«, sagt sie.

»Deine Wahrheit tut nicht weh. Deine Wahrheit ist eine beschissene kranke Lüge.«

»Ach, gib mir noch ein Bier.«

Am liebsten würde er ihr die Flasche überziehen, dreht aber den Verschluss ab und reicht sie ihr. Innerlich kochend beobachtet er sie. Wieso hat er keinen richtigen Alkohol mitgebracht, keine Flasche Whiskey? Sie könnten sich bis zur Besinnungslosigkeit volllaufen lassen, umkippen und den ganzen verdammten Tag auslöschen, oder vielleicht sogar ein Ohr verlieren.

Sie setzt ihr kleines verführerisches Lächeln auf, das Perrette's-Lächeln, das er als Kind von ihr gelernt hat. Trotz aller Hässlichkeit, die sie beide ertragen haben, hat sie ihre Schönheit bewahrt. Es scheint unlogisch, unfair.

»Gott, ich hasse dich«, murmelt er, aber sie hört es.

»Ich weiß.« Sie trinkt einen großen Schluck des unechten Biers und gibt einen leisen Rülpser von sich. »Irgendwann bringe ich alle dazu, das zu tun.«

Mile End, Montreal

Abi fliegt aus der Pension in Toronto, in der sie die letzten paar Jahre gelebt hat, weil eine ihrer Camels ein Feuer verursacht hat. Sie spielt es herunter und behauptet, es sei keineswegs lebensgefährlich gewesen und man hätte damit bestenfalls Marshmallows rösten können. Ihr Plan lautet, für eine Weile wieder zu den Einheiten zu ziehen, aber Eli schlägt ihr vor, nach Montreal zu kommen und sich seine große neue Wohnung im obersten Stock eines Dreifamilienhauses mit ihm zu teilen. »Es wäre ein Neuanfang. Du könntest sozusagen reinen Tisch machen«, sagt er. Und sie: »Als gäbe es für mich Neuanfänge. Oder als könnte ich je wieder rein sein.«

Er rechnet nicht damit, dass sie kommt, aber sie kommt, mit ihrer Mary-Poppins-Tasche. Es ist Anfang September, die Geschwister sind dreiundzwanzig und fünfundzwanzig, und es ist sieben Jahre her, seit sie zuletzt zusammengelebt haben. Die neue Wohnung liegt im selben Block wie eine Fabrik, die einen kleinen, mit Crememasse gefüllten Schokoladenkuchen herstellt, der als Jos. Louis bekannt ist. Auf der anderen Seite liegt eine Bagel-Bäckerei. Wenn der Wind aus der einen Richtung weht, riecht es nach Schokolade, kommt er aus der anderen, riecht es nach Hefe. Das

Viertel heißt Mile End, was ausdrücken soll, dass es eine Meile von der Innenstadt entfernt ist. »Es ist nicht Hell's Kitchen«, sagt Abi, »aber ganz okay.«

Die Wohnung: zwei Schlafzimmer nach vorne heraus, das von Abi mit Balkon, ein winziges Arbeitszimmer für Eli, ein großes Wohnzimmer, eine Küche nach hinten heraus mit einem zweiten Balkon, der auf eine Gasse hinausgeht. Eli streicht die Wände weiß, putzt die Fenster mit Essig, wischt zwanghaft an jedem Schmierstreifen herum, kauft in einem nahegelegenen Geschäft einen neuen Staubsauger, dessen Logo einen Elefanten mit einem Dreck-einsaugenden Rüssel zeigt. Putzen beruhigt ihn so wie Joggen, der Geruch von Vim, Ajax, Palmolive macht ihn high, deshalb stört es ihn nicht weiter, dass Abi höchstens einmal ihre dreckigen Teetassen auswäscht. Er ist glücklich, wenn er schrubben, scheuern, fegen kann. Sie nennt ihn ihre Stepford-Frau.

Im ersten Stock wohnt eine Gesangslehrerin, und wenn sie Unterricht gibt, schweben die Klänge wie ein gedämpftes Schlaflied nach oben in die Wohnung der Geschwister. Im Viertel leben Schauspieler, Maler, Schriftsteller, Tänzer und Bildhauer, und Eli hofft, dass sie eine Inspiration für Abi sein werden, die seiner Meinung nach eine Künstlerin auf der Suche nach ihrer Kunstform ist. Er drängt sie zu schreiben, vielleicht sardonische kleine Essays über modernes Leben à la Fran Lebowitz oder sardonische kleine Erzählungen über modernes Leben à la Tama Janowitz. Er selbst besucht einen Kurs über Literatur aus Quebec und arbeitet als Übersetzer. Von dem Geld, das er damit verdient, kauft er sich und Abi als Mitglieder im Musée des beaux-arts de Montréal ein, und sie besuchen es oft. Die Ausstellungen sind Balsam für ihre Seelen, ähnlich wie ein Glas Whiskey. Außerdem unternehmen sie mit der Polaroid-Kamera nächtliche Streifzüge durch die Stadt, und

Abi schießt stimmungsvolle Fotos durch die Fenster geschlossener Geschäfte, beispielsweise von den in einem Waschsalon aufgereihten himmelblauen Waschmaschinen mit ihren offenstehenden Türen.

Sie hat eine Idee für ein Fotoprojekt: Auf der ganzen Welt will sie Frauen namens Abigail Jones aufspüren und fotografieren. »Cindy Sherman fotografiert immer wieder sich selbst in unterschiedlichen Aufmachungen und Umgebungen. Das hier wäre das absolute Gegenteil. Keine Fotos von mir, sondern nur von Frauen mit meinem Namen. Von anderen Versionen von mir.«

Vielleicht könnte sie ein Reisestipendium bekommen, um sich auf die Suche nach diesen Frauen zu machen, schlägt Eli vor. Die Künstler und Künstlerinnen der Nachbarschaft bewerben sich ständig um Stipendien. »Wie willst du dein Projekt nennen?«

»*Namensschwestern.*«

Wird sie es wirklich durchziehen? Garantiert wird sie, obwohl ihre Mutter immer behauptet hat, Abi sei faul und habe kein Durchhaltevermögen. Er nimmt Abi mit in Kneipen und führt Nachbarn und Freunden seine kluge, lustige, hübsche Schwester vor wie eine auf Besuch weilende Berühmtheit, und wie eine Berühmtheit zeigt sie kaum Interesse an ihnen, amüsiert sie erst mit ihrem Charme und blendet sie aus, sobald sie anfangen, über ihr eigenes Leben zu sprechen. Als Eli ihr deswegen Vorhaltungen macht, verdreht sie die Augen und sagt: »Die Hölle, das sind die anderen.«

»Das empfinde ich ja genauso, aber wenigstens tue ich so, als würde ich zuhören.«

»So tun als ob ist dasselbe wie Lügen.«

»Und ich? Bin ich für dich auch die Hölle?«

»Du bist nicht die anderen. Du bist eine andere Version von mir selbst.«

»Eine xx-Version?«

»xy! Verdammt, du kannst die Geschlechter ja immer noch nicht auseinanderhalten.«

»Erzähl mir was Neues.«

Sie fallen zurück in ihren alten Austausch von Schlagfertigkeiten. Am Anfang fürchtet er, ihre Anwesenheit könne ihn an die Vergangenheit erinnern, die zu vergessen er sich solche Mühe gegeben hat, und ja, das tut sie, aber sie holt ihn auch aus der Einzelhaft seines Kopfes heraus. Seine Obsessionen und Zwänge bessern sich zwar nicht, aber immerhin werden sie auch nicht schlimmer.

Ein Beispiel: Er sieht sich im Kino einen Film an, in dem eine Frau bügelt. Dabei fällt ihm ein, dass er zwar ein Bügeleisen besitzt, es aber nie benutzt, und er empfindet das zwingende Bedürfnis, es wegzuwerfen. Er bekommt das verdammte Bügeleisen einfach nicht mehr aus dem Kopf, es brennt sich in seine Gehirnzellen ein. Er kann sich nicht mehr auf den Film konzentrieren und geht, nein, *rennt* nach Hause, wirft das Bügeleisen in einen Müllcontainer, beruhigt sich. Wird wieder normal, oder so normal, wie Eli Jones es sein kann.

Nur Abi kann er diese verrückten Sachen gestehen, die er macht. Sie sieht Logik, wo andere keine erkennen: »Du hast recht, wir haben dieses Bügeleisen nicht gebraucht. Bon débarras.«

Umgekehrt ist es bei Abi so: Wenn man sie fragt, wie es ihr geht, antwortet sie »Mal so, mal so« und dreht die Hand hin und her wie um zu sagen »Comme çi, comme ça«. Es gibt Tage, an denen sie sich stundenlang in ihrem Zimmer verkriecht, eine Camel nach der anderen raucht, ein Buch nach dem anderen liest und nur zum Vorschein kommt, um eins ihrer ewig langen, Fingerspitzen-schrumpelnden Bäder zu nehmen. Aber zumindest ist die Kakerlake unter Kontrolle und Eli hat keine Angst mehr, dass sie in der krallenfüßigen Wanne eine Diane-Arbus-Nummer abziehen könnte. Sie redet sogar davon, wieder zur Schule zu gehen und ihren Highschool-Abschluss nachzuholen.

Der Dezember jedoch bringt einen Wechsel ins Dunkel mit sich – für Abi, für Eli, für alle in der Stadt. Es fängt an einem Mittwochabend an, als Eli auf dem Laufband im Trainingsraum vor Schweiß trieft. Draußen wird es schon dunkel, es ist nach Hund, ein gutes Stück in Richtung Wolf. Durch das Fenster der Halle sieht er einen Krankenwagen vorbeirasen, dann ein Polizeiauto, hört die Sirenen. Dann noch ein Krankenwagen, zwei weitere Streifenwagen. Normalerweise läuft er 60 Minuten, keine Minute mehr, keine Minute weniger, heute jedoch hört er nach siebenundzwanzig Minuten auf, zieht sich nicht um, duscht nicht, zieht einfach seinen Parka über den Trainingsanzug und verlässt das Gebäude. Sein Bauchgefühl sagt ihm, er soll verdammt nochmal machen, dass er hier wegkommt. Der Trainingsraum ist Teil der Université de Montréal und etwa eine Meile von Mile End entfernt. Schnee stöbert über den Boden, Schlaglochpfützen sind zugefroren und rissig und sehen aus wie zerschmetterte Spiegel, die jahrelanges Unglück bringen.

Weitere Streifenwagen rasen vorbei, den Berg hinauf in den Campus. Den Rucksack auf dem Rücken joggt Eli nach Hause. Im Hintergrund heulen die Sirenen weiter. Als er die aneinander gereihten Edelboutiquen und Nobelrestaurants auf der Laurier Avenue erreicht, rennt er.

Zu Hause sitzt Abi auf der Treppe, die zu ihrer Wohnung führt. Sie trägt ihren Kimono, eine Strickmütze, einen Schal und Handschuhe, weil es auf der Treppe immer kalt ist. Neben ihr steht eine offene Weinflasche.

»Was ist?«, fragt er.

Sie kommt die Treppe herunter. Zum allerersten Mal

sieht er Tränen in ihren Augen, und ihr Weinen ängstigt ihn mehr als die durch die Nacht heulenden Sirenen.

Sie drückt ihn fest an sich. »Ich hatte solche Angst, du wärst tot«, sagt sie.

»Wieso sollte ich tot sein?«

Mehr oder weniger ahnt er die Antwort, bevor sie ihm den Grund nennt.

Oben in der Wohnung besteht sie darauf, dass sie in sein Arbeitszimmer gehen, einen kleinen, fensterlosen Raum von der Größe eines begehbaren Kleiderschranks. Sie macht die Tür von innen zu, als sei das Zimmerchen ein sicherer Raum, in den kein Buhmann eindringen kann. Das einzige Licht kommt von der grünen Bankierlampe auf seinem Schreibtisch. Er holt seinen Ghettoblaster, sie eine Flasche Wein. Sie sitzen auf dem Boden, Abi noch mit der Mütze auf dem Kopf, deren Ohrenklappen sie aussehen lassen wie einen Labrador. Der Schweiß trocknet auf Elis Haut und lässt ihn bis ins Mark frieren. Sie reichen die Weinflasche zwischen sich hin und her, trinken direkt aus der Flasche, bekleckern sich mit Pinot Noir, während sie sich im Radio die Eilmeldungen über die dramatischen Ereignisse anhören.

An diesem Abend ist ein bewaffneter Mann am Polytechnikum der Universität Amok gelaufen und hat zwei Dutzend Menschen angeschossen, bevor er sich selbst den Schädel wegpustete. Die Geschwister hören mit weinverschmierten, vor Entsetzen offenen Mündern zu. Als sich herausstellt, dass der Wahnsinnige es vor allem auf Frauen abgesehen hatte und mindestens ein Dutzend von ihnen getötet hat, macht Abi das Radio aus. Sie können es nicht mehr ertragen, noch länger zuzuhören.

»Ein Dutzend Frauen«, sagt Eli fassungslos.

»Ein Dutzend heute, ein Dutzend morgen, ein Dutzend am Tag darauf«, sagt sie. »Und immer so weiter.«

In den nächsten Tagen verlässt Abi die Wohnung kein einziges Mal, auch nicht, als Eli vorschlägt, an einer Mahnwache für die insgesamt vierzehn getöteten Frauen teilzunehmen. Er würde auch ohne sie gehen, aber sie will nicht alleingelassen werden. Sie will nicht einmal, dass er zum Perrette's gleich um die Ecke geht. Er ist nicht sicher, ob sie Angst hat, ein Verrückter könne ihn auf der Straße abknallen, oder dass einer einbricht und sie ermordet. Vielleicht beides.

Sie bittet ihn, seinen Schreibtisch, den Computer, den Drucker und den Aktenschrank in sein Schlafzimmer zu stellen, damit sie ihren Futon in das kleine Zimmerchen bringen kann, das sie inzwischen als Panikraum bezeichnen. Hier fühlt sie sich weniger panisch. Sie hat nichts dagegen, dass er den Ghettoblaster bei seinen französischen Chansons auf volle Lautstärke dreht, aber Nachrichten, in denen es um die Morde geht, sind verboten. Auch herumliegende Zeitungen darf es nicht geben. Zum Glück haben sie keinen Fernseher. »Lass mich in Unwissenheit leben«, sagt sie zu Eli.

Ihre Mutter ruft an, aber die Geschwister ignorieren die Nachricht, die sie auf ihrem Anrufbeantworter hinterlässt. Während Eli Rosinenmuffins bäckt, ruft Joy noch einmal an. Dieses Mal geht er ran. »Du hast doch Kurse an dieser Universität belegt, oder?«, will sie wissen.

»Ja, aber ich war an dem Abend nicht da«, lügt er.

Pal kommt an den Apparat. »Wie geht es Abi? Hol sie ans Telefon, ja?«

»Es geht ihr gut, aber sie ist nicht da. Sie ist in der Bibliothek.«

Als die Muffins fertig sind, bringt er einen Teller damit zum Panikraum und klopft an die Tür. Abi ruft »Herein.« Sie liegt auf ihrem Futon, einer kuscheligeren, dickeren Version des Papp-Manhattans, und liest einen Roman von

Shirley Jackson. Eli setzt sich zu ihr, und sie knabbern die warmen Muffins. Abi isst drei, mehr als alles, was sie seit dem Amoklauf auf einmal gegessen hat.

»Die Einheiten haben angerufen, um zu hören, wie es uns geht. Ich habe gesagt, dass du nicht da bist.«

Abi schüttelt den Kopf und starrt eine Weile auf die Krümel auf ihrem Schoß. »Er hat gesagt, dass es in manchen Kulturen etwas ganz Normales ist, aber er wusste nicht, in welchen. Ganz klar ist er kein Anthropologe.«

Wie bitte? Was? Eli kann ihr nicht folgen. Und hätte fast gesagt: Deine Gedankensprünge werden immer chaotischer.

»Er hat gesagt, es wäre aus reiner Liebe passiert. Das Wort ›rein‹ hat er immer wieder verwendet. Ich war rein, er war rein, unsere Reinheit war schön und spirituell, und ich« – hier gibt sie einen rasselnden Seufzer von sich –, »ich habe drei Jahre gebraucht, um zu erkennen, dass es reiner Schwachsinn war.«

»Oh Gott«, sagt Eli, der ihr endlich folgen kann. »Es tut mir so leid.« Ihm tun all die furchtbaren Dinge leid, die Männer Frauen und Mädchen antun. Ebenso seine eigene, feige Reaktion, seine übereilte Flucht, und dass er selbst jetzt noch am liebsten sagen würde: »Lass mich in Unwissenheit leben.«

»Als ich es ihr gesagt habe, hat sie mit dem Finger vor mir herumgewedelt und gesagt: ›Mädchen, du solltest deine Schlafzimmertür abschließen.‹ Hätte ich sie abgeschlossen und drei Jahre lang verschlossen gehalten, wäre nichts Schlimmes passiert. Er hätte keinen Zusammenbruch gehabt. Weihnachten wäre nicht ruiniert gewesen. Wir wären eine glückliche F-Wort gewesen und hätten Weihnachten mit Mistelzweigen, Eierpunsch und einer Krippe gefeiert.«

»Wieso halten wir eigentlich immer noch Kontakt zu ihnen?«, fragt Eli. »Wir hätten sie ein für alle Mal mit einem

Tritt aus unserem Leben rausbefördern sollen. Denken wir vielleicht, wenn wir lange genug warten, bekommen wir eine Antwort oder eine Erklärung von ihnen, die Sinn ergibt?«

Abi sieht ihn grimmig an. »Vielleicht denken wir, wenn wir lange genug warten, lernen sie, uns auf normale Weise zu lieben ... auf die reine Weise.«

Für die Feiertage hängen die Geschwister Mistelzweige auf, machen Eierpunsch und bauen auf einer Fensterbank eine Krippe aus Nannys alten Red-Rose-Tee-Figuren auf. Der rote Fuchs, ihr kleines Jesuskind, liegt in einer leeren Streichholzschachtel, die als Krippe dient. Rund um den Fuchs scharen sich Humpty Dumpty, der Lebkuchenmann, Mutter Gans und die anderen Märchenfiguren.

Die Einheiten werden über die Feiertage in der Stadt sein, und die Geschwister haben sie für den Vierundzwanzigsten zum Essen eingeladen. Dieses Weihnachtsessen, dieser Réveillon, wird eine Art letztes Abendmahl werden. Das Weihnachtsgeschenk der Geschwister an sich selbst ist eine neue Große Flucht, die Große Entfremdung genannt. Das Wort »Entfremdung« gefällt ihnen, es entspricht ihrem Verhältnis zu den Einheiten, seiner Fremdartigkeit. Beim Essen werden sie nicht die Vergangenheit heraufbeschwören, nicht versuchen, den Einheiten eine Entschuldigung zu entlocken. Was hätte das für einen Sinn? Hätten Pal und Joy sagen wollen, dass es ihnen leidtut, hätten sie das vor Ewigkeiten getan. Anders als in Shirley Jacksons Roman werden sie ihre Eltern auch nicht mit Arsen in der Zuckerdose vergiften, obwohl Abi diese Möglichkeit in Erwägung gezogen hat. Stattdessen werden sie die Einheiten am Ende des Abends zur Tür bringen und dort etwas Einfaches und Direktes sagen wie: »Das war's, Leute. Wir wollen euch nie wieder sehen.« Und ehe Pal oder Joy reagieren können, werden sie ihnen die Tür vor der Nase zuschlagen und den Schlüssel zweimal umdrehen. Sie werden vom Karussel abspringen, aus der Tretmühle aussteigen, Jones-Town hinter sich lassen. Tschüss, Bye-bye, auf Nimmerwiedersehen, salut. Ihr Plan klingt ein bisschen kindisch, wie etwas, was sich rachsüchtige Zwölfjährige ausgedacht haben könnten. »Passt doch«, sagt Abi zu Eli, »weil wir ihretwegen bis ans Ende unseres Lebens in unserer Kindheit feststecken werden.«

In der Woche vor Weihnachten ruft Junior aus Brooklyn an, wo er Jura studiert, und fragt, ob er über die Feiertage nach Montreal kommen kann. »Ich brauche eine Auszeit vom amerikanischen Irrsinn«, sagt er.

Eli warnt ihn vor dem kanadischen Irrsinn und vor amoklaufenden, schießwütigen Verrückten.

»Klingt wie jeder ganz normale Tag hier«, sagt Junior.

Eli erzählt ihm auch vom Irrsinn der Großen Entfremdung. Junior ist der Einzige, dem Eli die grausigsten Details der Jones-Saga erzählt hat. Er hat die Katze schon vor mehreren Jahren aus dem Sack gelassen, bei einem spätnächtlichen, halb-betrunkenen Anruf, nachdem Junior ihm gestanden hatte, er habe seine Freundin geschwängert und ihre Abtreibung bezahlt. »Du bist der Einzige, dem ich das sage, Bruder.« Das veranlasste Eli zu seiner eigenen großen Enthüllung. Als Junior hörte, was Pal Abi angetan hatte, weinte er am Telefon – nur ein bisschen, aber immerhin, und Eli dachte: Dieser Mensch ist viel zu empfindsam, um Anwalt zu werden.

Am Tag nach Juniors Anruf meldet sich der Pate und sagt, dass er im neuen Jahr zu einer seiner Damenbekanntschaften nach Toronto ziehen wird, und Eli lädt auch ihn zum Réveillon ein. »Bring Caroline mit, wenn sie Zeit hat«, sagt er. Das Zerwürfnis zwischen ihm und dem Paten währte nicht lange, aber Eli hat sich danach nie wieder wie sein Sohn gefühlt. Jetzt fühlt er sich wie eine der Ehemaligen des Paten, wie jemand, zu dem der Mann noch Kontakt hält, an dem ihm aber nicht mehr so viel liegt.

Pals ältester Bruder, Richard, wird ebenfalls über die Feiertage in Montreal sein, und Pal ruft an um zu fragen, ob er auch kommen kann. Richard Jones ist zwar katholisch aufgewachsen, aber dennoch ein Geistlicher der protestantischen United Church of Canada geworden, der jetzt in Nordontario lebt. Reverend Rick, der Sprachen liebt und gleich mehrere beherrscht, ist der einzige Onkel, den Eli ertragen kann, deshalb ist er einverstanden.

Der Réveillon wird eine Art Jones-Ratatouille werden.

Zeugen dabei zu haben, könnte es schwerer machen, mit den Einheiten zu brechen, fürchtet Eli, aber Abi ist anderer Meinung: »Je mehr wir sie verwässern, desto leichter können wir sie aus uns rausspülen.«

»Frohe Weihnachten!«, rufen die Einheiten unisono, als Eli ihnen am Abend des Vierundzwanzigsten die Haustür öffnet. Die Eltern stehen auf dem Absatz vor der Tür, Pal mit einem mannsgroßen Ficus aus Plastik in den Armen, der aussieht wie etwas, was man in Zahnarztpraxen oder den Lobbys billiger Hotels findet.

»Euer Weihnachts- und Einweihungsgeschenk«, sagt Joy und zermalmt ihre Kippe unter ihrem Stummelabsatz. Ihr Lippenstift hat die Farbe von Blutorangen, eine künstliche Magnolie steckt in ihren Haaren. »Wie ich Abi und dich kenne, würdet ihr eine echte Pflanze ja doch nur umbringen, deshalb kriegt ihr dieses Monster.«

Pal schiebt sich so dicht an Eli vorbei, dass die Blätter der Pflanze über sein Gesicht schaben. Sie ist das kitschigste Geschenk, das Eli je bekommen hat. »Danke«, sagt er, als sein Vater das Ding die Treppe hochschleppt.

Joy folgt Pal auf dem Fuß, und Eli will die Tür gerade

wieder schließen, als ein Taxi vorfährt und mit laufendem Motor neben dem brandneuen New Yorker seines Vaters anhält. Ein junger Mann steigt aus. Er ist groß und schlank, aber kräftiger als früher, mehr Fahnenmast als Bohnenstange. Der Afro ist raspelkurzen Haaren gewichen. Auch die Schildpattbrille ist neu.

Obwohl Eli keinen Mantel anhat, läuft er die Treppe hinunter. Er hat Junior nicht mehr gesehen, seit der ihn in dem Sommer besucht hat, in dem er von der Polizei zusammengeschlagen wurde.

Junior stellt seinen Koffer in den Schnee, und die beiden umarmen sich fest. Junior riecht nach teurem Eau de Cologne, wahrscheinlich aus irgendeiner schicken Manhattaner Boutique, während Eli nach Zitronen-Scheuermilch riecht.

»Hältst du dich einigermaßen, Bruder?«

Eli langzuckt.

»Ich dachte, damit hast du aufgehört?«

»Wenn die Einheiten in der Nähe sind, habe ich Rückfälle. Sie sind gerade eben eingetrudelt, mit einer riesigen Plastikpflanze, die aussieht wie aus *Der kleine Horrorladen*.«

Junior lacht. »Ach du je.«

»Es wird dir noch leidtun, dass du gekommen bist.«

»Spinnst du?«, sagt Junior. »Ich studiere Familienrecht. Euch Jones' zu beobachten ist für mich Feldforschung.«

Die Papiertischdecken sind mit Rudolphs bedruckt, deren rote Nasen laut Abi auf eine Mischung aus Rum und Rosacea zurückzuführen sind. Die Rentiere überziehen zwei im Wohnzimmer zusammengeschobene Tische, einen davon haben sie von der Gesangslehrerin unter ihnen ausgeliehen.

Als Ältester bei diesem Réveillon sitzt Reverend Rick am Kopf des Tischs, dem Platz des Vaters. Er hat die gesträubten, buschigen Raupenaugenbrauen, die Eli eines Tages wohl auch bekommen wird. »Wer will das Tischgebet sprechen?«, fragt Reverend Rick.

Die anderen acht an den Tischen versammelten Jones, unter ihnen kaum ein Kirchgänger, rutschen auf ihren Stühlen herum. Vor ihnen stehen Teller mit vegetarischem Chili, von dem Eli einen großen Topf gekocht hat, mit vielen roten und grünen Paprikaschoten drin, die dem Ganzen ein festliches Aussehen verleihen sollen.

»Gib du uns die Ehre, Ricky«, sagt Falschgeld. Er, der zweitälteste Onkel, ist uneingeladen zusammen mit Reverend Rick gekommen, der bei ihm wohnt, zufälligerweise nur ein paar Blocks entfernt. Falschgeld sitzt am anderen Tischende, dem Platz der Mutter. »Schließlich bist du der einzige Nichtsünder unter uns«, sagt er zu Reverend Rick.

»Wenn das nur wahr wäre«, erwidert Reverend Rick.

»Ich kann das Gebet sprechen«, bietet sich Abi an.

Seit der Ankunft der Gäste hat sie kaum etwas gesagt, außer dass sie Junior wegen seiner adretten Anwaltsfrisur und -kleidung aufgezogen hat. Bügelfaltenhose! Hornbrille! Pullover mit Zopfmuster! In der Hand hält sie ein Weinglas, in dem ein Goldfisch bequem herumschwimmen könnte. Jetzt stellt sie es ab. Was sie gebetsmäßig wohl für ein Ass im Ärmel hat? Eli und Junior werfen sich Blicke zu, wohl wissend, dass Abi mit Gott absolut nichts am Hut hat.

Sie zieht einen Zettel aus der Tasche ihres Kimonos. Er sieht aus, als hätte sie ihn aus einem Notizbuch herausgerissen. Sie faltet ihn auseinander. »Ich werde das Gebet *vorlesen*«, sagt sie, räuspert sich und fängt an: »Anne-Marie, Anne-Marie, Annie, Annie, Barbara, Barbara.« Über den Tisch hinweg sieht sie Pal an, der den Blick in seinen Schoß gesenkt hat wie ein betender Sünder. »Geneviève, Hélène, Maryse, Maryse«, fährt Abi fort. »Maud, Michèle, Nathalie, Sonia … Amen.«

Sie faltet den Zettel zusammen und steckt ihn wieder in ihre Tasche. Sie muss die Namen aus der Ausgabe der *La Presse* haben, die Eli mitgebracht hat, bevor Zeitungen aus der Wohnung verbannt wurden. Wie lange trägt sie diese Liste schon mit sich herum? Ist sie der Grund dafür, dass sie diesen Kimono ständig anhat?

»Freundinnen von dir?«, fragt der Patenonkel.

»Es sind die vierzehn«, antwortet Caroline ihrem Vater. Sie braucht nichts weiter zu erklären, die Zahl vierzehn sagt alles. »Gutes Gebet«, lobt sie Abi. Die beiden waren als Kinder wie Essig und Öl, aber jetzt, als Erwachsene, vermischen sie sich ganz gut. Sie sitzen nebeneinander, und Caroline tätschelt Abis Arm.

»Mehrere der Frauen hatten denselben Vornamen«, ergänzt Eli, als sei diese Übereinstimmung der rätselhafteste Teil der Tragödie. »Zwei Annies, zwei Anne-Maries, zwei Barbaras, zwei Maryses.«

»Wir alle, alle Frauen, sind Annie, wir alle sind Barbara«, sagt Caroline. Ihre Haare sind inzwischen so schwarz wie die ihres Vaters, für eine Rolle gefärbt. Praktisch jedes Mal, wenn Eli sie sieht, hat sich ihr Stil geändert. Heute ist sie in ihrem 50er-Jahre-Abschlussballkleid eine Femme fatale à la Bettie Page.

»Eli besucht Kurse an dieser Universität«, teilt Joy allen Anwesenden mit.

»Ich war an dem Abend nicht da«, lügt er wieder.

»Das klingt, als wärst du, falls du dagewesen wärst«, sagt Abi, »hingerannt und hättest Leben gerettet.«

Wenn seine Schwester trinkt, kann sie verletzend und gemein sein. Sie hat ihn mehr als einmal in Kneipen in Verlegenheit gebracht. »Oh, ich habe den geriebenen Käse vergessen«, ruft er als Vorwand dafür, den Raum verlassen zu können. »Fangt schon mal ohne mich an.« Damit springt er auf und geht in die Küche. Auf dem Boden ein Weinfleck.

Er wischt ihn mit einem Schwamm weg, kämpft gegen den Drang an, auch den restlichen Boden zu wischen, langzuckt einmal, zweimal, dreimal und holt dann den Cheddar aus dem Kühlschrank. Auf dem Schneidebrett reibt er ihn, aber so hastig, dass er sich den Daumenknöchel blutig scheuert. Er hält die Hand unter den Wasserhahn und denkt, was für ein Fehler es war, diese ganzen Jones einzuladen. Anfänglich war er aufgeregt und voller Erwartung, ein Kind, das sich auf Santa freut, jetzt jedoch fühlt er sich völlig erschöpft, dabei hat der Abend kaum angefangen.

Als er wieder an den Tisch kommt, steckt Pal mitten in einer Geschichte, in der es darum geht, wie er Abi gerettet hat, als sie sich mit zehn die Nase gebrochen hat. Sie war von einer Reifenschaukel gesprungen, der Reifen schwang zurück und traf sie im Gesicht. »Das Blut!«, sagt Pal. »Es waren ganze Ozeane! Ich bin über jede rote Ampel gerast, um sie in die Notaufnahme zu bringen. Erst dachte ich, sie würde von da an mit einer Boxernase herumlaufen müssen, aber alles ist wirklich schön verheilt. Es ist eine noble Nase geworden. Was, Abi?«

Abi bläht die Nasenlöcher. »Ich liebe meinen Daddy«, sagt sie und lässt ihre Kleinmädchenstimme noch kleinmädchenhafter klingen.

»Und weißt du noch, wie Eli fast an einer Kaugummikugel erstickt wäre, als er zwei war?«, sagt Joy. »Du hast ihn auf den Kopf gestellt und ihm auf den Rücken gehauen, bis das Ding rausgeflogen kam.«

»Und einmal habe ich ihn aus dem Brome Lake gezogen«, macht Pal weiter. »Du hast ausgesehen wie eine ertrunkene Ratte, Junge. Ich dachte schon, ich müsste dich mit Mund-zu-Mund-Beatmung wiederbeleben, aber dann hast du angefangen zu husten und bist von selbst zu dir gekommen.«

Mund-zu-Mund, denkt Eli. Quelle horreur.

»Hast du in Korea irgendwem das Leben gerettet?«, fragt Falschgeld.

Pal verstummt und schüttelt den Kopf.

»Oder ging es da mehr darum, Leben zu nehmen?«

»Benimm dich, Bill«, tadelt Reverend Rick.

»Einmal habe ich einem Kerl zwar nicht direkt das Leben gerettet, aber so was Ähnliches«, sagt der Pate. »Einem Radfahrer, der sich im Herbst auf dem Plateau hingelegt hatte. Als ich ihn fand, saß er neben seinem demolierten Fahrrad am Straßenrand und sah total belämmert aus. Er hatte sich Ellbogen und Knie ziemlich übel aufgeschürft und muss auch hart mit dem Kopf aufgeschlagen sein, denn er konnte sich an nichts erinnern, nicht einmal an seinen Namen. Ich habe ihn untergehakt und ins Hôtel-Dieu-Krankenhaus gebracht und bin ein paar Stunden bei ihm geblieben.«

»Ich habe auch einmal jemanden gerettet«, sagt Falschgeld. »Er hatte sich eine Überdosis gespritzt, und ich bin mit ihm ins Krankenhaus gerast.«

»Und wer hat ihm die Drogen gegeben?«, fragt Joy. »Soll ich raten?«

»Trotzdem habe ich ihn gerettet«, gibt Falschgeld zurück.

»Es reicht«, ruft Caroline. »Schluss mit großen, starken Männern, die Leben retten.«

»Wir sind nun einmal nicht alle schlecht«, kommt es von Falschgeld. »Ein paar von uns sind durchaus rechtschaffene, anständige Leute… Ich natürlich nicht. Ich bin ein ziemlich mieses Arschloch.«

Alle Jones lachen, sogar Abi.

»Aber es muss unter uns den ein oder anderen geben, der gut ist«, beharrt Falschgeld. »Anwesende Geistliche vielleicht?«

»Bring mich nicht zum Lachen«, sagt Reverend Rick.

»Und was ist mit dir, Yankee Doodle?«, will Falschgeld von Junior wissen. »Bist du gut?«

»Ich habe gute und schlechte Tage«, sagt Junior.

»Ach was, Junior ist ein guter Junge«, widerspricht Joy. »Weißt du noch, wie du dich gegen die Rassisten im Komplex gewehrt hast, die dagegen waren, dass Kinder bestimmter ethnischer Gruppen mit Schulbussen in andere Bezirke gebracht wurden, um der Rassentrennung in den dortigen Schulen entgegenzuwirken? Du hast eine Petition pro Umverteilung aufgesetzt und sogar manche von diesem weißen Abschaum dazu gebracht, sie zu unterschreiben.«

»Und wieder läuft alles darauf hinaus, dass nicht alle Männer schlecht sind«, sagt Abi. »Und wer wird dabei vergessen?«

»Wir«, antwortet Caroline. »Wir Frauen.«

»Wir sind angearscht«, dies wieder von Abi. »So wie immer.«

»Ach, hört auf zu jammern und esst euer Chili«, sagt Joy. »Ist übrigens echt gut, Eli. Und schmeckt als wäre richtiges Fleisch drin. Was ist das für ein Zeug?«

»Texturiertes Soja.«

»Iihh«, macht Joy. »Hätte ich bloß nicht gefragt.«

Reverend Rick erklärt Eli die spanische Sprache, sagt ihm, dass Pronomen vor Verben wegfallen, »weil die Endungen der Verben einem sagen, ob ich, du, er/sie/es, wir oder sie sprechen.« Normalerweise flippt Eli bei Grammatik total aus, aber im Moment ist er viel zu angespannt. Er fürchtet nämlich, dass sich die Einheiten am Ende des Abends einfach verdrücken könnten, bevor er und Abi die Große Entfremdung in die Tat umsetzen können. Was, wenn sich die Gäste alle zusammen verabschieden? Sie können die Einheiten schließlich nicht im Beisein der anderen vor den Kopf stoßen, oder? Das wäre furchtbar für alle. Er beobachtet die inzwischen in der ganzen Wohnung verteilten acht Jones, als seien sie Douglas-Patienten und er der Oberpfleger der Station. Joy und der Pate, die in der Küche den Abwasch machen, kriegen sich kaum ein vor Lachen, dann singt Carol das Lied des kleinen Mädchens, das sich zu Weihnachten ein Nilpferd und nichts als ein Nilpferd wünscht, wobei er perfekt eine Kleinmädchenstimme, eine Shirley-Temple-Stimme, imitiert. Währenddessen schmücken Junior und Caroline, miteinander flirtend, den Ficus mit Toilettenpapiergirlanden. Sie sind drei Schritte vom Mistelzweig entfernt, drei Schritte davon entfernt, sich darunter zu küssen. Auf dem vorderen Balkon raucht Falschgeld einen Joint, bellt allen Passanten ein »Joyeux Noël!« zu, das wie ein Fluch klingt, und bewirft sie gelegentlich mit Schneebällen. Am meisten versetzt Eli jedoch in Panik, dass Abi und Pal im Panikraum sind. Der Raum soll eine sichere Zuflucht sein, also was zum Teufel hat Pal da drin zu suchen? Den letzten Heiligabend hat Eli allein in seiner alten Wohnung verbracht und sich ungeliebt gefühlt; dieses Jahr ist er in seiner neuen Wohnung von Jones-Massen umgeben und fühlt sich völlig neben sich selbst.

»Lass mich bloß nicht mit dem spanischen Konjunktiv anfangen«, sagt Reverend Rick. »C'est pas du gâteau.«

Wäre Eli dreißig Jahre früher auf die Welt gekommen, wäre aus ihm vielleicht auch ein asexueller Geistlicher wie Reverend Rick mit seiner Bügelfaltenhose, seinem Pullunder und seinen braunen Kreppsohlenschuhen geworden. Was denkt er denn da schon wieder? Sein Onkel mag zwar wie ein Eunuch wirken, aber vielleicht nagelt er seine Vorhaut an Holzbretter, weil es ihm einen Kick gibt, oder rammt sich Glühbirnen in den Hintern. Woher soll Eli das wissen? Das Habit macht noch keinen Mönch, wie die Franzosen sagen.

Eli entschuldigt sich, um zur Toilette zu gehen, aber in

Wirklichkeit will er wissen, was im Panikraum los ist. Oh Gott, jetzt ist auch noch die Tür zu. Abi und Pal sind zusammen in einem winzigen Zimmer mit geschlossener Tür, und Eli denkt: Waggon. Als er aus dem Bad zurück ist, klopft er an die Tür. »Der Nachtisch ist fertig«, lügt er.

»Verpiss dich, Jones«, ruft Abi.

Eli zieht sich zurück, geht zum Mistelzweig und dem mit Toilettenpapier geschmückten Ficus.

»Eli, du hast mir nie gesagt, wie kultiviert dein Liebhaber ist«, sagt Caroline.

»Er ist nicht mein Liebhaber«, gibt Eli zurück, obwohl er und Junior, ja, miteinander geschlafen haben, als Junior das letzte Mal in der Stadt war.

»Bruder, du hast mir nie gesagt, wie sinnlich deine Freundin ist«, sagt Junior.

»Sie ist nicht meine Freundin«, obwohl sie, ja, miteinander geschlafen haben, immer wieder einmal, seit der Pate ihn vor Jahren rausgeworfen hat.

Die beiden sehen Eli gespannt an, als sei er ein dressierter Pudel, der gleich einen lustigen kleinen Tanz aufführen und einen Gummiball auf der Nase balancieren wird.

»Darf ich dich daran erinnern«, sagt Eli zu Junior, um den Überschwang seines Freundes zu dämpfen, »dass du in Brooklyn eine Freundin hast, die Kriminalrecht studiert?« Und zu Caroline. »Und du, mein Kohlkopf, hast einen Flickschuster mit Löchern in den Schuhen.«

Caroline wendet sich an Junior und sagt über Eli: »Dein Liebhaber ist eine furchtbare Spaßbremse.«

Und Junior zu Caroline: »Und deiner hat einen Stock im Arsch.«

Dieses letzte Abendmahl wird Elis Tod sein. Hätte er einen Christuskomplex, würde er damit rechnen, um Mitternacht an das Kreuz auf dem Mount Royal genagelt zu werden. Er erhascht den Zimtduft des Apfelstreusels, den er im Ofen hat. Er sollte unbedingt danach sehen, nicht dass er noch anbrennt. In der Küche sind Joy und der Pate mit dem Abwasch fertig. Nebeneinander lehnen sie an der Arbeitsplatte. Joy, die verspielt und unartig aussieht, schlägt mit dem Geschirrhandtuch nach dem Paten. Als der Zeitschalter des Backofens klingelt, sagt der Pate: »Dürfte ich?« zieht sich Topfhandschuhe über, einer schwarz, einer weiß, holt das große Blech mit Apfelstreusel heraus und stellt es auf das Schneidebrett. Joy löffelt das dampfende Dessert in Schalen, und der Pate holt die Sahne aus dem Kühlschrank und kippt einen guten Schuss in jede der Schalen. Es ist, als hätte Eli plötzlich ein neues Einheitenpaar, ein bizarres zwar, aber weniger bizarr als das ursprüngliche.

Wie wäre ihrer aller Leben wohl verlaufen, hätte die schwangere Joy Pal vor dreiundzwanzig Jahren rausgeschmissen und sich mit dem Elvis-Notar zusammengetan? Vielleicht hätte diese eine Entscheidung nicht nur Pals Verbrechen verhindert, sondern, dem Schmetterlingseffekt entsprechend, auch den Tod der vierzehn Frauen.

Mit Hilfe Joys und des Paten stellt Eli die Dessertschalen auf die Tische, und alle Jones versammeln sich aufs Neue. Falschgeld kommt wieder rein, eingehüllt in eine Wolke aus Marihuanadunst, ein bekiffter Pig-Pen. Pal kommt aus dem Panikraum, einen eigenartigen Ausdruck auf dem Gesicht. Nicht belämmert, sondern eher wie ein Wolf im Schafspelz. Nur Abi fehlt. Die Anwesenden machen sich über den Nachtisch her und singen Loblieder auf Eli. »Ahornsirup ist die geheime Zutat«, verrät er, und seine eigene Stimme klingt für ihn sirupsüß, als sei diese Jones-Zusammenkunft eine weihnachtliche Hallmark-Produktion.

»Geh und hol deine Schwester«, sagt Joy, und Eli geht und klopft noch einmal an ihre Tür. »Ich bin's«, sagt er und rechnet damit, dass sie ihn auch dieses Mal wegschicken wird.

»Komm rein«, befiehlt sie.

Er tut es. Sie sitzt mitten auf ihrem Futon, die Knie an die Brust gezogen. Er schließt die Tür und setzt sich zu ihr, und sie sieht ihn mit schmalen Augen an. »Falls du denkst, ich hätte ihm für 40 Mäuse einen runtergeholt, liegst du falsch«, sagt sie.

Er wird *sie* an dieses verdammte Kreuz nageln. »Was ist passiert, Jones?«

»Ich habe verlangt, dass er sich entschuldigt, und das hat er getan.«

»Ach, ich dachte, genau das wollten wir nicht tun?«

»Ich habe es mir anders überlegt.«

»Ohne mich zu fragen?«

»Ich brauche mir keine Erlaubnis von dir einzuholen. Du bist irrelevant.«

»Bin ich nicht«, faucht er und klingt wie ein rotznäsiger kleiner Bruder. Nicht zu sagen wagt er: Mich haben sie auch kaputtgemacht.

»Als er sagte, dass es ihm leidtut, hatte er Tränen in den Augen«, sagt Abi.

»Krokodilstränen. Was hat er sonst noch gesagt?«

»Das geht nur ihn und mich was an, okay?«

Es geht immer ausschließlich seine Schwester und seinen Vater was an. Wenn er könnte, würde Eli die nagende Eifersucht, die er fühlt, aus seinem Körper herausreißen wie ein unbedeutendes kleineres Organ, ohne das er problemlos leben könnte.

»Wir spülen sie aber doch trotzdem aus uns raus, oder?«, fragt er, obwohl er bereits weiß, dass das, was rausgespült wurde, die Große Entfremdung ist.

»Brauchen wir nicht. Er hat gesagt, dass es ihm leidtut, mehrmals. Und ich habe seine Entschuldigung angenommen.«

»Er war vielleicht fünfzehn Minuten hier drin. Wie können fünfzehn Minuten auslöschen, was er drei Jahre lang getan hat?«

Abi plustert die Wangen auf wie ein Kugelfisch und lässt die Luft langsam wieder entweichen. »Was bringt es schon, die ganze Zeit wütend und verbittert zu sein?«, sagt sie. »Das ist, als würde man in Batteriesäure baden. Schlecht für die Haut.«

»Je te comprends pas. Je te comprends vraiment pas.«

»Ich liebe den Typ immer noch.«

Sie sagt »Typ«, als sei Pal eine alte Highschool-Flamme, jemand, an dem sie immer noch hängt.

»Er ist meine längste Beziehung mit einem Mann.«

»Ach Jones«, stöhnt Eli.

»Ich will ihn nicht leiden sehen.«

»Interessiert es ihn, ob du leidest? Dass du leidest?«

»Ja, tut es.«

»Das kaufe ich ihm nicht ab.« Beim Essen hat sie gesagt, Frauen seien immer angearscht. Was ist aus ihrer wütenden, intensiven Seite geworden? Fünfzehn Minuten allein mit Pal, und schon ist das alles weg?

»Hör zu«, sagt sie. »Ich dachte, du bist froh, dass ich mich besser fühle.«

»Fühlst du dich denn besser?«

Ihre Ausdruckslosigkeit verwandelt sich in ein sprödes Lächeln.

»Okay, okay, wenn du dich besser fühlst«, sagt er, »fühle ich mich auch besser.«

Zurück zur Ausdruckslosigkeit. »Weil du eine Version von mir bist.«

Er hofft inbrünstig, dass dem nicht so ist. »Komm jetzt, es gibt Apfelstreusel.«

»Wie viele Kalorien?«

»Mit oder ohne Sahne?«

»Ohne.«

Damit sie mitkommt, lügt er: »Nur hundert pro Portion.«

Die Gäste gehen einer nach dem anderen, wodurch sich Eli auf dem Absatz vor dem Haus einzeln von ihnen verabschieden kann.

Caroline lässt ihre Zunge in sein Ohr schnellen und flüstert ihm dann zu: »Keine Ahnung, was dein Liebhaber in dir sieht. Er könnte was viel Besseres haben.«

Der Patenonkel holt eine Visitenkarte aus seiner Brieftasche und überreicht sie Eli. Sie ist von einem Laden namens »Bye-Bye Mon Cowboy«, geschrieben mit Lassos anstelle der Os. »Ich habe dort ein Paar Cowboystiefel für dich vorbestellt. Frag nach Jean-Michel. Er wird deine Füße ausmessen und dir die genau richtige Größe besorgen. Wenn du diese Babys liebst, werden sie deine Liebe erwidern.«

Vielleicht liebt der Patenonkel ihn doch.

Reverend Rick verabschiedet sich dreisprachig: »Muchas gracias, lieber Neffe. Joyeux Noël et bonne année.« Er legt Eli die Hand auf den Kopf, die Finger gespreizt, die Berührung federleicht.

Falschgeld sagt: »Wenn du für die Feiertage ein bisschen Hasch oder Heroin brauchst, lass es mich wissen.« Sein breites Feixen enthüllt einen fehlenden Seitenzahn, die Lücke sieht aus wie eine verborgene Tür in seinen Mund. »Ich mache dir einen guten Preis. Un prix d'ami.«

Pal und Joy sind die letzten. Sie sind in Verdun untergekommen, in der Wohnung eines weiteren Bruders von Pal, der über Weihnachten an einem kubanischen Strand Zigarren raucht. Abi begleitet Eli nach unten, um die Einheiten zu verabschieden. Zu viert stehen sie auf dem Absatz vor der Tür. Es schneit. Pal öffnet den Mund und fängt Schneeflocken mit der Zunge ein. »Ich habe den ganzen Abend nur Wasser getrunken, jetzt schlucke ich Schnee«, sagt er, selbst erstaunt darüber, dass er schon seit über einem Jahr trocken ist.

»Es war wirklich nett von euch, alle einzuladen«, sagt Joy zu Eli. Sie sieht glücklicher aus als seit Jahren. Er fragt sich, wieso. Weil Pal trocken ist? Weil sie ein paar Stunden mit dem Patenonkel verbringen konnte? Oder weil die Jones einen Abend ohne »Szene«, wie sie es nennen würde, hinter sich gebracht haben?

»Danke für den Abwasch und dass du den Boden gefegt hast«, erwidert Eli. »Und für die Pflanze Audrey.«

»Vergiss nicht, sie zu gießen. Ha!«

Abi sagt kein Wort. Sie ist nicht beschwipst genug, um umzukippen, aber viel fehlt nicht. Jetzt streckt sie die Arme aus und schlingt sie unbeholfen um Pals Taille, wobei sein Parka ein knisterndes Geräusch von sich gibt. »Ich liebe meinen Daddy«, wiederholt sie. Aber anders als beim Essen ist ihr Ton nicht spöttisch, sondern traurig, voller Bedauern.

Pal reagiert verschämt, seine Augen werden rührselig. Er küsst Abi auf den Kopf, als sei sie wieder acht Jahre alt.

Joy sieht Eli an und verdreht die Augen, als ginge es um einen Insiderwitz.

»Je ne veux plus jamais vous revoir.«

Eli hat gerade gesagt, dass er ein für alle Mal mit den Einheiten fertig ist, aber da ihr Französisch de la marde ist, sagen sie nur: »Pardon?«

Und er macht einen Rückzieher. »Schnallt euch an und fahrt vorsichtig«, übersetzt er falsch.

Die Einheiten gehen die Treppe hinunter zur Straße – Pal klappert dabei mit den Schlüsseln in seiner Tasche, Joy hält die Magnolie in ihren Haaren fest, die der Wind durchpustet –, und steigen in das leichenwagenähnliche Auto, das Pal sich geleistet hat. Als der dunkelgraue New Yorker losfährt, würde Eli die Haustür am liebsten zuknallen, aber er ist nun einmal ein Weichei und schließt sie leise, um die Nachbarn nicht zu stören.

Abi ist bereits auf der Treppe. Sie sieht nicht glücklich aus, sieht nicht so aus, als ginge es ihr besser. Eli folgt ihr. Oben holt sie sich eine halbleere Flasche Bordeaux aus der Küche und verzieht sich, ohne ihren Bruder eines Blickes zu würdigen, in den Panikraum. Eli geht in die Küche, wischt mit einem Schwamm über die Arbeitsfläche, obwohl Joy bereits das allermeiste saubergemacht hat. Dass er und seine Mutter einen Reinlichkeitsfimmel haben, hat, anders als die Amerikaner sagen, absolut nichts mit Gottesfurcht zu tun.

Junior nimmt ein Bad. »He, Mr Jones«, ruft er. »Komm tuut swit her.«

Eli geht zum Badezimmer, klopft, geht rein.

Junior liegt in der Wanne mit den Klauenfüßen, die vor Schaum überquillt, als hätte er die ganze verdammte Flasche Schaumbad hineingekippt. Sein Gesicht ist mit einer hellgrünen Paste beschmiert – Abis Avocado-Gesichtsmaske.

»Du bist ein richtiges Mädchen geworden«, sagt Eli.

»Danke für das Kompliment. Willst du reinkommen?«

Eli schließt die Tür und zieht sich aus.

»Ich hatte ganz vergessen, dass du untenrum ein Rotschopf bist«, sagt Junior, als Eli nackt in die duftenden Schaumbläschen steigt. Das Wasser ist heiß, hat die wunderbare Temperatur kurz vor zu heiß. Er lehnt sich mit dem Rücken gegen Junior. Der streicht mit seinen warmen, nassen Händen über Elis Gesicht und greift sich dann den Tiegel mit der Gesichtsmaske, der auf dem Rand der Wanne neben Juniors zusammengeklappter Brille steht. Mit den Fingerspitzen verteilt er die grüne Paste auf Elis Wangen. Sie fühlt sich angenehm und kühl an; Eli würde sie am liebsten ablecken, als sei es Pistazieneis.

»Auf Französisch sind ›Avocado‹ und ›Advokat‹ ein und dasselbe Wort«, sagt Eli. »Un avocat. Wie das wohl kommt?«

»Vielleicht weil beide außen hart und innen weich sind?«

»Ha, das stimmt, Junior. Du *bist* innen weich.«

»Wohingegen du hart bist.« Junior pikst Eli in den Bauch.

Eli empfindet sich selbst tatsächlich als innen hart. Eine Überlebensnotwendigkeit.

»Und, hast du sie durchgezogen?«, fragt Junior. »Deine Große Entfremdung?«

»Es war letztendlich doch nicht das letzte Abendmahl«, antwortet er voller Bedauern. Er muss unbedingt härter werden, zäher, fieser.

»Mach dir keine Sorgen, Baby. Es wird weitere letzte Abendmahle geben.«

»Weitere letzte Abendmahle? Ist das nicht ein Widerspruch in sich?«

»Hm – eher ein Oxymoron.«

Während die Paste auf seinem Gesicht fest wird, entspannt sich Eli in Juniors Armen. Er weiß es noch nicht, aber nie wieder werden die vier Jones aus seiner engsten F-Wort gemeinsam an einem Essenstisch sitzen. Das heutige Abendmahl *war* das letzte.

»Wisst ihr, nach deiner Schlaftabletten-Nummer, Abi, hat mein Dad gesagt: ›Die beiden leiden an Todessehnsucht, Junior. Meide sie wie die Pest.‹ Als hättet ihr Typhus oder Tuberkulose. Und als ich neulich zu ihm gesagt habe, dass ich über Weihnachten zu euch fahre, hat er gesagt: ›Sind die zwei tatsächlich noch am Leben?‹«

Junior sitzt auf dem Canapé im Wohnzimmer, je einen Arm um die Geschwister geschlungen. Abi und Eli haben die Köpfe auf seine Schultern gelegt, die nicht mehr so knochig sind wie damals in Cook County. Er streicht mit den Fingern durch ihre Haare.

Es ist nach Mitternacht, die Zeit, zu der ihnen eigentlich fröhliche fette Elfen Geschenke bringen müssten – zu dumm, dass die Geschwister keinen Kamin haben. Das einzige Licht im Wohnzimmer kommt von der funkelnd-weißen Lichterkette, die Eli um den Ficus gewunden hat. Er hatte sie für den Balkon gekauft, ist aber nie dazu gekommen, sie aufzuhängen. Jetzt fragt er sich, ob sie vielleicht zu heiß wird und die Toilettenpapiergirlande in Brand setzt.

»Dein Dad wollte, dass du bei uns eine Große Entfremdung durchziehst«, sagt Abi, die nicht mehr so weinbeschwipst ist. »Aber du hast zu uns gehalten.« Sie hebt die Hand und streichelt Juniors taufrische Avocadowange.

»Du solltest uns adoptieren«, murmelt Eli, groggy und total geschafft vom Stress des Réveillons.

»Ja, adoptier uns und nimm uns mit nach New York«, fährt Abi fort. »Deine eigenen Hoffnungen und Träume spielen keine Rolle. Leg deine Pläne auf Eis und kümmere dich stattdessen um uns, deine siechen Kinder, den kleinen Typhus und die kleine Tuberkulose.«

»Es wäre keine allzu große Verpflichtung, Junior«, versichert Eli ihm. »Angesichts unserer Todessehnsucht werden wir nicht lange auf dieser Welt weilen.«

»Jetzt weiß ich wieder, wieso ich euch zwei liebe«, sagt Junior. »Und hasse.«

»Wir können nervig sein«, gibt Abi zu.

»Lästig.«

»Niederträchtig.«

»Halsstarrig.«

»Anbetungswürdig.«

»Böswillig.«

»Hört auf damit«, schimpft Junior wie ein Vater, der sich nicht mehr zu helfen weiß. »Sonst kommt es noch zu einer

Kindstötung.« Er zieht Abi und Eli enger an sich und drückt ihnen die Kehlen zu.

Härter, zäher, fieser. Wagt es ja nicht, Eli Jones in die Quere zu kommen, sonst tritt er euch die Zähne aus. In seinen neuen, komplett schwarzen Stiefeln, die er gerade im Bye-Bye Mon Cowboy abgeholt hat, stapft er durch die Park Avenue und weicht Pfützen aus, weil deren salziges Schmelzwasser das Leder angreifen würde. Vor zwei Tagen hat Junior den Zug zurück zur Penn Station genommen, und Eli wäre froh, sein Freund wäre noch hier und könnte sehen, wie tough er gekleidet ist. Schwarze Stiefel, schwarzer Parka, schwarze Strickmütze. Er sollte Abi dazu bringen, ihn in dieser Aufmachung zu fotografieren und das Foto an Junior in Brooklyn und den Paten in Toronto schicken. Gerade als er das denkt, kommt er an einem Fotogeschäft vorbei, das für die Woche zwischen den Jahren Preisnachlässe verspricht. Er bleibt stehen, geht rein und kommt zwanzig Minuten später mit einer neuen Nikon mit Zoom-Objektiv raus. Ein Geschenk für Abi, obwohl sie ausgemacht hatten, sich nichts zu schenken, da Abi total pleite ist. Die Nikon wird sein Beitrag zu *Namensschwestern* sein. Irgendwo in Montreal versteckt muss es die ein oder andere Abigail Jones geben. Seine Schwester könnte damit anfangen, in der näheren Umgebung zu fotografieren, bevor sie ihren Radius ausweitet, bis er irgendwann die ganze Welt umfasst. Oder sie könnte die Schaufenster im Viertel fotografieren, die allmählich in nach-weihnachtlicher Tristesse versinken. Hauptsache, es lockt sie aus der Wohnung, in der sie sich seit den Morden verkriecht.

Zu Hause klopft er an die Tür des Panikraums. Keine Antwort. Vielleicht schläft sie. Das Mädchen schläft ja praktisch nur noch. Er dreht den Knauf und drückt die Tür auf. Decken und Laken sind auf dem Futon zusammengeknüllt und sehen fast aus wie das Nest, das Barney und Bernice sich immer gebaut haben. Er geht in Abis eigentliches Schlafzimmer, um dort nachzusehen. Ihre Mary-Poppins-Tasche ist da, sie selbst aber nicht. Er versucht es im Badezimmer. Sie liegt nicht leblos und mit glasigen Augen in der Badewanne. Also ist sie endlich ausgegangen. Er redet sich selbst ein, dass er erleichtert ist, ist es aber nicht. Wenn sie in den Waschsalon gegangen ist, in die Bibliothek, oder sonst wohin, könnte genau dort ein schießwütiger Irrer umgehen.

Sie kommt nicht zum Abendessen nach Hause. Vielleicht ist sie in ein Restaurant gegangen, obwohl sie nie auswärts isst (auch zu Hause isst sie kaum etwas). Vielleicht hat sie einen Freund oder eine Freundin getroffen (sie hat keine). Vielleicht ist sie im Rialto und sieht sich den neuen Woody Allen an (obwohl sie immer sagt, dass er *Manhattan* nie übertreffen wird). Um sich abzulenken, macht Eli Polaroid-Fotos von der Wohnung, Nahaufnahmen vom kleinen Fuchs-Jesuskind, den Blättern des Plastikficus, den schwarz-weißen Fliesen im Badezimmer. Die Nikon liegt noch in ihrer Verpackung in seinem Schrank und wartet geduldig auf Abis Rückkehr.

Sie kommt die ganze Nacht nicht nach Hause. Er schläft unruhig. Am nächsten Morgen überlegt er, ob er die Polizei, die Krankenhäuser, die Einheiten anrufen soll. Non, non, il ne veut pas exagérer.

Er putzt die Wohnung von vorn bis hinten, saugt sogar das Innere der Fußleistenheizkörper. Flitzt zum Staubsaugerladen am St. Laurent Boulevard, um weitere Beutel zu kaufen. Als er danach sucht, sieht er Abi am Fenster vorbeigehen und rennt nach draußen und den Bürgersteig entlang, ohne darauf zu achten, dass seine Cowboystiefel durch Pfützen platschen.

Er holt sie ein. Sie trägt einen Dufflecoat. In Kanada

heißen die Dinger »Canadienne«. Er hat diesen Mantel, der ein bisschen fadenscheinig ist, noch nie an ihr gesehen.

»Oh, hi«, sagt sie beiläufig.

»Woher hast du den Mantel?«

»Geht dich nichts an.«

»Okay, okay, alles cool. Tu as découché.«

Sie ignoriert ihn.

»Découcher«, redet er weiter. »Was meinst du? Gibt es in anderen Sprachen auch Verben, die sich als ›Ich bin gestern Nacht nicht nach Hause gekommen, weil ich mit einem dahergelaufenen Fremden, den ich irgendwo aufgelesen habe, geschlafen habe‹ übersetzen lassen? Oder gibt es dieses découcher ausschließlich im Französischen?«

»Jones, halt bitte den Mund. Ta gueule, okay? Mir ist nicht nach Reden zumute. Bring mich einfach nach Hause.«

Er vermutet, dass sie in irgendeiner Bar einen Typen kennengelernt hat. Oder ein Mädchen. Seit sie sich mit dreizehn in Jodie Foster in *Das Mädchen am Ende der Straße* verliebt hat, behauptet sie, sie sei bi. Es wäre schön, wenn sie eine Jodie in ihrem Leben hätte, irgendein Mädchen, das ihr Auftrieb geben und Eli einen Teil der Last abnehmen würde. Er korrigiert sich: Abi ist keine Last. Sie ist eine Künstlerin, vielleicht die nächste Cindy Sherman. Aber als sie nach Hause kommen, gibt er ihr die Nikon nicht, sondern verwahrt sie weiter in seinem Schrank und wartet auf den perfekten Kodak-Moment, wartet darauf, dass sie wieder miteinander reden, wieder Vertraute sind.

Ein paar Tage später verschwindet sie erneut, dieses Mal das ganze Wochenende, hinterlässt ihm aber immerhin eine Nachricht auf dem Anrufbeantworter – zwei Worte: »Je découche.« Am Montag kommt er vom Lebensmitteleinkaufen zurück und packt gerade in der Küche die Papiertüten aus, als er die Canadienne bemerkt, die über die Rückenlehne des Canapés im Wohnzimmer geworfen worden ist.

Er geht zum Panikraum, klopft an die Tür. »Jones, ich mache Käseomelette. Willst du auch was?«

Keine Antwort. Er sollte nicht einfach bei ihr reinplatzen, tut es aber. Mädchen, du solltest deine Schlafzimmertür abschließen, hätte er um ein Haar gesagt. Doch dann sieht er sie auf der Seite liegen, die Augen offen, aber glasig. Ein Spuckefaden tröpfelt aus ihrem Mund. Betrunken, denkt er. Betrunken um zwei Uhr nachmittags. Ein Jones trocken, ein anderer hackedicht. »Abi, alles okay?« Er kniet sich neben den Futon, berührt ihr verschwitztes Gesicht, streicht klebrige Haarsträhnen beiseite. Sie zuckt zusammen, murmelt etwas, hört auf, setzt wieder an. Sie spricht mit ihrer alten nasalen Stimme, aber als weltweit einziger lizensierter Marsianisch-Übersetzer versteht er: »Anne-Marie Anne-Marie, Annie Annie, Barbara Barbara, Maryse Maryse ...«

Auf dem Bett liegt eine Zigarrenkiste, die aussieht wie die, in der er Bernice beerdigt hat, außer dass die hier keinen Stadtplan von Manhattan zeigt, sondern Bonhomme Carnaval, das unheimliche Schneemann-Maskottchen Montreals mit seiner roten Zipfelmütze. Abi verwahrt ihre Bleistifte und Kugelschreiber in dieser Kiste. Das weiß er. Weswegen also klappt er den Deckel auf? Nur so ein Gefühl.

Keine Stifte in der Kiste. Stattdessen eine Spritze, Wattebäusche, ihr Stahl-Feuerzeug, ein Teelöffel, ein Gummischlauch. Der Schlauch hat dieselbe Farbe wie Bernstein, Bernstein, der ganze Insekten verschluckt.

An diesem Abend geht er ins Le Rapace, eine Bar in der St. Laurent. Chinesische Glückslaternen in der Farbe von Joys Lippenstift hängen an der Decke. Die Wände sind olivgrün gestrichen. Lederhocker reihen sich an der Theke aneinander. Auf der Theke steht eine ausgestopfte Eule mit ausgebreiteten Flügeln auf einem Stück Treibholz, die Augen so rund und gelb, dass sie nach Trickfilm aussehen. Im Hintergrund läuft der gespenstische Zeitlupen-Soundtrack von *Twin Peaks*. Die Sängerin klingt, als sei ihre Stimme in einem Leichensack aufgenommen worden.

Eli bestellt ein Glas Wein und setzt sich nach hinten in die Nähe des Kickers, wo die Roten darauf warten, gegen die Blauen anzutreten. Er ist schon einmal im Le Rapace gewesen, mit Caroline, die ihn dort warnte, der Flickschuster hätte gesagt: »Sag dieser kleinen Tunte, dass ich ihm die Fresse einschlage, wenn er nochmal mit dir schläft.«

An diesem Abend ist nicht viel los, es sind vielleicht zehn Gäste da, so kurz nach den Feiertagen und dazu noch an einem Montag. Eli trägt seine Cowboystiefel, um härter zu wirken, und hat sein zweites Glas Wein vor sich, als der Mann, auf den er wartet, hereinkommt und an die Theke geht. »Comme d'habitude«, sagt er zum Barkeeper, der ihm einen Whiskey on the Rocks vorsetzt.

Der Mann sieht aus wie wie eine größere, dümmere, glücklichere Version von Pal.

»Bill«, ruft Eli.

Falschgeld dreht sich um.

Eli deutet auf den Stuhl an seinem kleinen Tisch, und Falschgeld kommt herübergeschlendert. Beim Réveillon hat Eli mitbekommen, wie der Onkel zu Caroline sagte, das Le Rapace sei sein zweites Zuhause und er komme praktisch jeden Abend auf einen Absacker hierher. »Bienvenue chez moi«, sagt er zu Eli.

»Setz dich«, erwidert der.

Der Mann zieht seine Schaffelljacke aus und setzt sich. Seine Elmer-Fudd-Mütze behält er auf. Seine Hose sieht aus, als hätte er sie extrem weit hochgezogen, aber vielleicht wirkt sie auch zu kurz, weil seine Beine so ewig lang sind. Er ist der Größte der Jones: eins fünfundneunzig. Mit selbstzufriedenem Gesichtsausdruck schwenkt er sein Glas, sodass die Eiswürfel gegen die Wände klirren.

»Hast du ihr die Drogen gegeben?«

Falschgeld lächelt. »Sie hat nach den Feiertagen ein bisschen was Aufmunterndes gebraucht. Wir können doch alle ein bisschen was Aufmunterndes brauchen, um das neue Jahr glücklicher anzufangen.«

»Versprich mir, dass du das nie wieder tun wirst.«

»Jetzt hör mir mal zu, Eli Jones. Du bist nicht deiner Schwester Hüter. Abi ist ein großes Mädchen. Und es ist besser, sie kommt zu mir, als dass sie zu irgendeinem Idioten da draußen geht. Mein Stoff ist sicher. Sogar Ricky hat ihn probiert. Und hat ihm das Prüfsiegel der United Church of Canada verliehen.«

Reverend Rick, der sich eine Nadel in den teigigen Arm sticht, ist kein Bild, das Eli vor seinem inneren Auge haben möchte.

»Da draußen weißt du nie, was du bekommst. Mein Stoff ist sauber – hundert Prozent reine Liebe.«

»Wenn du ihr nochmal was verkaufst, dann –«

»Dann was? Beißt du mich dann? Die verdammte Lassie ist angsteinflößender als du.« Falschgeld gibt ein kleines Bellen von sich: »Wuff! Wuff! Wuff!«

»Ich sage es Pal.«

»Dem Schlappschwanz?« Falschgeld sieht aus, als wolle er sich kaputtlachen. »Was will der denn machen? Mich thermoelektrisch exekutieren?«

»Schläft sie manchmal bei dir?«

»Ja, ich lasse sie bei mir pennen. Aber keine Sorge, ich kümmere mich gut um sie. Ich kümmere mich um die ganze Familie.«

Bringt er sie auch ins Bett?

»Schläfst du mit ihr?«

Ein breites Grinsen, das den fehlenden Zahn enthüllt.

»Blödsinn. Sie ist nicht meine tasse de thé. Ich dachte, das wüsstest du. Ich dachte, du und ich, wir teilen die Liebe für denselben Earl Grey.«

Eli trinkt seinen Wein auf einen Zug aus und stellt das Glas auf den Tisch, ohne seinen Onkel anzusehen, aber er spürt den Blick des Mannes, der darauf wartet zu hören, mit welch albernem Kinderkram sein babygesichtiger Neffe als Nächstes herausrücken wird.

Eli sieht hoch. »Hör zu, ich mache dir einen Vorschlag.«

»Geht nichts über gute Vorschläge. Schlag los.«

»Du gibst ihr keinen Stoff mehr, dafür kannst du mich ficken.«

Falschgelds Loft liegt über einer Garage. Auf dem Dach erhebt sich eine riesige, erleuchtete Reklametafel, die ein vor Senf triefendes, dick belegtes Montrealer Rauchfleischsandwich anpreist. Das Loft selbst ist völlig anders, als Eli es sich vorgestellt hat: überall liegen Bücher. Regale und noch mehr Regale voller Bücher. Sogar in den Küchenschränken stapeln sie sich. Sie erfüllen die Wohnung mit einem muffigen Geruch. Kein Wunder, dass Abi ganze Tage hier in dieser Bibliothek verbracht hat.

»Ich wusste gar nicht, dass du liest«, sagt Eli.

»Oh, ich stecke voller Überraschungen. Wie eine Piñata. Wenn du auf mich draufhaust, weißt du nie, was dabei rauskommt.«

»Womit genau verdienst du nochmal dein Geld?«

»Gelegenheitsjobs«, sagt Falschgeld. »Je gelegenheiter, desto besser.«

Trotz des muffigen Geruchs sieht das Loft sauber aus, und das breite Bett, das genau in der Mitte steht, möglicherweise genau unter dem vor Senf triefenden Sandwich, ist à la Joy perfekt gemacht, obwohl Falschgeld nie in der Armee war.

Der Mann setzt sich auf die Bettkante. »Fast hätte ich gesagt: ›Willkommen in meiner bescheidenen Behausung‹, aber ich bin nicht bescheiden. Ich bin manchmal ein anmaßendes, überhebliches Arschloch. Da muss ich unbedingt noch dran arbeiten.«

Er ist von Ironie zu Selbstironie übergegangen, was Eli lieber ist, und sieht seinen immer noch stehenden Neffen an. »Du bist ein schöner Junge«, sagt der Onkel. »Hat dir schon mal jemand gesagt, dass du schön bist?«

»Nein«, spöttelt Eli, als sei es absurd, so etwas zu sagen, aber das Kompliment rührt ihn, und er denkt: Also wirklich, Jones, mehr braucht es nicht? Irgendein alter Knacker braucht dir nur vorzulügen, dass du hübsch bist?

Falschgeld zieht Hemd und Unterhemd so schnell und geschickt aus, dass man meinen könnte, er sei Houdini. Er nimmt Elis Hand und legt sie auf die Schuppen der verblassenden blauen Schlange, die auf seiner Brust eintätowiert ist. Seine Haut ist heiß, als sei das Feuer aus dem Maul der Schlange real. Er hat nicht viele Brusthaare, nur ein paar, genau wie Pal. Die Haare auf seinem Kopf sind zerzaust von der albernen Mütze, die er Gott sei Dank abgenommen hat. Eli streckt die freie Hand aus und streicht eine hochstehende Strähne glatt, eine kleine Geste, die sich zutiefst intim anfühlt.

Falschgeld steht wieder auf, knöpft Elis Flanellhemd auf und zieht es ihm aus. »Kann ich dich umarmen?«

Eli nickt und denkt: Je me déteste, aber noch hasst er sich nicht. Er hat zu viel Angst. Hinterher wird genug Zeit für Selbsthass sein.

Sein Onkel zieht ihn an seine Brust, die sehnig und muskulös ist. Er muss auf dem Boden des Lofts eine Menge Liegestütze machen. Er küsst Eli auf den Kopf, genau wie Pal Abi geküsst hat, und Eli erschaudert.

»Ich werde dir nicht wehtun, versprochen«, flüstert

Falschgeld. »Ich halte meine Versprechen. Ich stehe zu meinem Wort.«

Er labert Scheiße, das weiß Eli, aber auch falsche Ehrlichkeit hat ihren Charme.

Falschgeld drückt ihn auf die Bettkante und zieht ihm die Stiefel aus. Am rechten muss er ziemlich lange zerren. An den Armen des Mannes treten die Adern deutlich vor, und Eli fragt sich, ob das vom Heroin kommt.

»Ich muss mir auch so ein Paar besorgen«, sagt Falschgeld.

»Bye-Bye Mon Cowboy. Auf der Wellington.« Elis Mund ist wie ausgedörrt, als sei seine Spucke komplett eingetrocknet.

»Kann ich dich küssen?«

Wird sein Onkel bei jedem weiterem Schritt um Erlaubnis bitten? Kann ich dich umarmen? Kann ich dich küssen? Kann ich in dich eindringen?

Falschgeld drückt ihn aufs Bett, kniet sich über ihn, hebt sein Kinn an, beugt sich vor, küsst Elis Wangen und nähert sich dann seinem Mund. Umfasst Elis Nacken und knetet eine Stelle, als befinde sich dort eine Verspannung, die er lösen muss.

Eli schließt die Augen. Wenn er sie geschlossen hält, könnte diese Person, dieser neue Liebhaber, der ihm die Zunge in den Mund steckt und ihm das Gesicht mit seinen Bartstoppeln zerkratzt, einfach jeder sein. Während der Küsserei hört er draußen ein Scheppern. In der Gasse ist eine Mülltonne umgekippt, vielleicht umgestoßen von einem Waschbären, der zu dieser milden Mitternachtsstunde im Januar nach Nahrung sucht. Ein Bild aus seiner Kindheit schießt ihm durch den Kopf: ein Waschbär, der hinter dem Perrette's Katzenfutter aus einer Schale frisst. Abi konnte sich in seinen Körper verkriechen, und Eli wäre froh, er könnte sich jetzt in den Waschbären hinter dem Loft seines

Onkels hineinversetzen. Dort wäre es sicher. Kuschelig. Wie im pelzigen Kostüm eines Mannschaftsmaskottchens.

Als Falschgeld von ihm runterrutscht, öffnet Eli die Augen. Sein Onkel steht schwer atmend neben dem Bett. Elis Spucke glitzert auf dem Gesicht des Mannes. Er betrachtet Eli, lässt den Blick über den Körper des Jungen hinweghuschen, als sei es zu viel, alle Teile auf einmal wahrzunehmen. Dann macht Falschgeld seinen Gürtel auf, zieht die Hose runter und schleudert sie von sich. Seine Erektion wölbt die weiße Boxershorts, ein Tropfen Präejakulat zeichnet sich als dunkler Fleck darauf ab. Dann zieht er die Shorts herunter und befreit seinen langen, dünnen Penis, der leise wippt.

»Oh Gott«, sagt Eli und lacht. Wendet den Blick von seinem nackten Onkel ab und sieht dann wieder hin. »Oh Gott!«

»Was?« Falschgeld klingt verärgert.

»Wir haben den gleichen Schwanz«, sagt Eli und lacht wieder, ruiniert die Stimmung – nicht, dass sie romantisch gewesen wäre, aber trotzdem. »Meine Schamhaare sind im Gegensatz zu deinen nicht schwarz, aber unsere Schwänze sind praktisch gleich.«

»Zeig«, sagt Falschgeld.

Es ist ein Uhr fünfunddreißig, als Eli die elf Ziffern wählt. Er betrachtet die fröhlichen Lichter an seinem Ficus, während fünfhundert Kilometer entfernt in einem kleinen Bungalow, den er, wie er sich schwört, nie betreten wird, ein Telefon klingelt – einmal, zweimal, dreimal.

»Hallo?« Die Stimme klingt ruppig, aufgeschreckt.

»Ich bin's.«

»Junge? Bist du das?«

Eli stöhnt gequält und voller Selbstekel auf und fängt an zu weinen.

»Eli, was ist? Ist was mit deiner Schwester? Was hat sie jetzt schon wieder angestellt? Sag schon, ist mit Abi alles in Ordnung?«

Pal nimmt an, dass es um seine Tochter geht, nicht um seinen Sohn. Natürlich tut er das. Und es geht tatsächlich um Abi, aber auch um Eli. Er ist auch relevant.

Er schnieft und wischt sich die Augen. »Du musst kommen und sie zurücknehmen«, sagt er zu seinem Vater, als sei Abi eine ungebärdige Katze, die er an die Tierhandlung zurückgeben möchte. »Ich kann mich nicht mehr um sie kümmern. Sie ist auf Drogen, sie ist auf Heroin.«

Herr im Himmel, unsere Heroin ist auf Heroin, denkt Eli, dabei ist Abi diejenige, die auf derart alberne Wortspiele steht. Jetzt würde er am liebsten erst recht losheulen.

»Verdammt. Ist sie da? Kann ich mit ihr reden? Gib sie mir.«

»Sie schläft, in meinem Arbeitszimmer eingeschlossen. Im Augenblick hat sie keine Drogen, glaube ich zumindest, aber sie wird sich welche besorgen.« Er ist eine Petze, ein Verräter, einer, der seine Schwester den Löwen zum Fraß vorwirft. Wieder stöhnt er, lauter, ändert seine Meinung aber nicht. »Bitte komm«, bettelt er. »Ich habe dich noch nie im Leben um etwas gebeten, außer um zwei lächerliche Rennmäuse, deshalb musst du das hier für mich tun, Pal.«

Im Hintergrund sagt Joys schläfrige Reibeisenstimme: »Was für eine neue Hölle ist das jetzt schon wieder?«

»Okay, Junge, ganz ruhig, ich komme. Ich mache mich sofort auf den Weg.«

»Du kannst bis morgen früh warten«, sagt Eli.

»Nein, ich bin jetzt sowieso wach. Und mache mich gleich auf den Weg. Alles wird gut, Junge. Dein Vater kommt.«

Toronto

Das nächste Arschloch, das uns die Ehre gibt, ist Eli Jones«, sagt der Herausgeber, der bei der Vorstellung der neuen Anthologie in einem Saal des Brownstone Hotel den Moderator macht.

Unter spärlichem Applaus betritt Eli die Bühne.

»Eli ist den ganzen weiten Weg aus Montreal gekommen«, fährt der Herausgeber fort, der für Black Ink Press arbeitet und einen Hochglanzzylinder und ein T-Shirt mit aufgedruckten Smoking-Aufschlägen trägt. »Was heißt ›Arschloch‹ in la belle Provinz, Eli?«

»Trou de cul.«

»Truda Kull«, versucht es der Herausgeber.

»So ähnlich.«

Arschloch lautet der Titel der Anthologie, die auf dem Tisch am Halleneingang zum Verkauf ausliegt. Vorne auf dem Einband ist das Hinterteil eines Mopses abgebildet, den Stummelschwanz hochgereckt, sodass der schwarze Anus deutlich zu sehen ist. Auf der Rückseite prangt das eingedrückte Gesicht des Hundes. In allen Geschichten im Buch geht es um absolut unsympathische Gestalten, niemand darunter, an den man sich im wirklichen Leben ankuscheln wollte, aber wieso sollte man sich in der fiktiven Welt nicht beispielsweise in den Kopf eines Serienmörders hineinversetzen wollen, der den Nachbarschaftshunden die Köpfe abhackt?

Der Herausgeber verlässt die Bühne, und Eli tritt ans Pult. »Anders als die anderen Vorlesenden an diesem Abend«, sagt er ins Mikro, »bin ich kein Schriftsteller, sondern habe dieses Stück übersetzt. Es stammt von einem montrealer Schauspieler und Bühnenautor namens Steve Côté. Falls ihr also findet, dass die Story scheiße ist, beschwert euch bei Steve, nicht bei mir.«

Im Publikum wird gelacht. Es müssen etwa hundert Leute da sein. Sie sitzen zu dritt oder viert an kleinen, von Kerzen beleuchteten Tischen oder lehnen an den Wänden. Von einigen der Schriftsteller, die an diesem Abend lesen, hat Eli schon gehört, sie sind echte Literaten. Deshalb ist er nervös, nicht gleich-wird-mir-schlecht-nervös, aber presque. Statt des uralten Tricks, sich das Publikum nackt vorzustellen, stellt er sich die Leute als von Beruhigungsmitteln zugedröhnte Klapsmühleninsassen vor, die in Pals Flanellschlafanzug und Joys pinken Flauschpantoffeln im Douglas herumhängen.

Das Stück, das er übersetzt hat, handelt von einem fünfundzwanzigjährigen Mann (Elis Alter), den niemand ernst nimmt, weil er eher klein ist, Grübchen in den Wangen hat und wie ein Engel aussieht. Er selbst jedoch sieht sich als kleinen Kamikaze-Kämpfer, der zwar »Bitte« und »Haben Sie recht vielen Dank« zu Kellnern, Polizisten und Staatsbediensteten sagt, dabei aber die ganze Zeit darüber fantasiert, allen den Schädel einzuschlagen, 7-Elevens niederzubrennen und Dunkin'-Donuts-Filialen in die Luft zu jagen. »Cherub« wurde als kurzer Monolog für die Bühne geschrieben, also hat Eli das Stück auswendig gelernt und sich trotz seiner eins achtzig in diesen kleingewachsenen Irren hineinversetzt, wobei sein eigenes Babygesicht sehr hilfreich war. Für die Rolle hat er sich einen Bostoner Akzent zugelegt, verschluckt die Rs und verlängert die Vokale, um eine gewisse Distanz zwischen sich selbst und den unverschämten, ichbesessenen Erzähler zu legen.

Nicht, dass Eli Jones im realen Leben nicht auch unverschämt und ichbesessen sein kann. So zum Beispiel hat er Abi, obwohl er sie seit Ewigkeiten nicht gesehen hat, strikt verboten, zur Lesung zu kommen, weil er fürchtet, sie könne einen Wein nach dem anderen in sich hineinschütten und schließlich vor diesen ganzen Literaten, die er beeindrucken will, auf spektakuläre Weise umkippen. Und wer kommt keine Minute nachdem er mit »Cherub« angefangen hat auf die Bühne zugewankt und lässt sich auf den Stuhl fallen, auf dem er bis eben gesessen hat? Sie trägt einen Kunstpelz, ein Chewbacca-braunes Ding, das ihr bis zu den Knien reicht. In der Hand hat sie ein Glas Rotwein, mit dem sie ihm zuprostet.

Sein wütender Blick sagt: »Was zum Teufel willst du hier, Jones?«

Ihr Grinsen antwortet: »So leicht wirst du mich nicht los.«

Aber sie benimmt sich, sitzt aufmerksam da, so wie sie früher immer auf ihrem Bett saß, ganz Ohr, wenn er ihr aus *Das schöne Biest* vorgelesen hat. Und obwohl er es nur ungern zugibt, schraubt ihre Anwesenheit an diesem Abend sein Lampenfieber auf praktisch Null herunter. Während er das Arschloch bewohnt, bewohnt Abi ihn und sagt ihm, dass er seine Sache gut macht.

Am Ende des kleinen Monologs senkt Eli die Stimme, bis sie nur noch ein unheimliches Flüstern ist. »Tief in mir drin steckt eine Zeitbombe«, sagt er in seiner Rolle, die Lippen fast am Mikrofon. »Sie beschützt mich vor den ganzen Idioten da draußen und hält mich, wie ich hoffe, davon ab, mich eines Tages selbst in einen Idioten zu verwandeln.«

Er vollführt eine steife kleine Verneigung und sagt: »Haben Sie recht vielen Dank.«

Leute applaudieren, jemand pfeift, Abi steht klatschend auf. Er nickt scheu, fühlt sich jetzt, wo er wieder in seinen eigenen Körper zurückgekehrt ist, unbehaglich. Dann hastet er von der Bühne und stolpert fast auf der Treppe nach unten.

Das High nach der Lesung fühlt sich an wie ein Zuckerrausch, als hätte er eine große Schüssel Cap'n Crunch-Frühstücksflocken gegessen. Die anwesenden Schriftsteller äußern sich anerkennend, klopfen ihm auf die Schultern, einer gibt ihm die High Five. »Du solltest ans Theater gehen, Eli Jones«, sagt Susie Gaynor, als er an der hufeisenförmigen Bar zwei Gläser Portwein bestellt. »Du hast etwas so Dramatisches.« Er hat ihr Buch gelesen, *Der Konjunktiv-Modus*, in dem es um siebzehn Zeiten zum Verzweifeln geht. Jede Story der Sammlung hat einen Titel im Konjunktiv: »Sei es, wie es will«, »Wünschte, du wärst hier«, »Möge Gott die Königin schützen« und so weiter. Susie Gaynor benutzt Sprache, als sei jedes Wort ein Steinchen, das sie akribisch in ein Mosaik einfügt. Hingerissen würde er am liebsten auf die Knie fallen und ihre hohen Schnürstiefel küssen; stattdessen murmelt er ein undramatisches Danke und hastet zurück zu Abi, wobei er den Portwein fast verschüttet.

Sie hat einen abgeschiedenen Tisch für zwei im hinteren Teil der Cocktail-Lounge des Hotels gefunden. Über dem Tisch hängt ein herzförmiges Brett mit einem aufmontierten, räudig aussehenden Hirschkopf mit sumpfig-grünen Glasaugen.

Statt ihres Markenzeichens, dem unergründlichen Pokerface, zeigt Abi heute einen selig-weggetretenen Flower-Power-Ausdruck. Sie trägt ein langes T-Shirt-Kleid mit U-Ausschnitt, das mit manischem Kindergekritzel in allen erdenklichen Farben bedruckt ist, und um den Hals eine Kette aus aufgefädelten Buntstiftstummeln, deren Spitzen nach unten zeigen. Der Chewbacca hängt über der Stuhllehne.

»Was für ein Outfit«, sagt Eli.

»Hat meine Freundin gemacht.«

»Freundin-Freundin oder Geliebte-Freundin?«

»Letzteres. Sie heißt Tina, entwirft Klamotten und ist verdammt kreativ. Ich bin zu ihr in ihre Wohnung in The Annex gezogen. Schönes Viertel.«

»Ein Toast auf die talentierte Tina.« Er hebt sein Glas, um mit seiner Schwester anzustoßen.

»Bist du überrascht?«

»Überrascht, dass es so lange gedauert hat. Bist du glücklich? Du siehst irgendwie glücklich aus.« Trotzdem hat ihre Glückseligkeit etwas Gekünsteltes, wie ein auf eine Vogelscheuche aufgemaltes Smileygesicht. Ist er einfach nur nicht daran gewöhnt, sie so zu sehen, oder müsste ihr Antidepressivum neu eingestellt werden?

»Glücklich ist übertrieben, Jones. Aber ich habe Tina, die einfach toll ist. Und ich habe einen neuen, ganz großartigen Therapeuten, der will, dass ich die Abendschule besuche. Außerdem rauche ich nicht mehr so viel und war bei ein paar Treffen der Anonymen Süchtigen.«

Eli hebt sein Portweinglas und zieht fragend eine Augenbraue hoch.

»Oh, ich fange mit den harten Sachen an.«

Kein Einwand von Eli, der inzwischen ausschließlich Wein trinkt, aber davon viel zu viel.

»Allerdings habe ich letzten Monat etwas Dummes gemacht.« Abi beugt sich näher zu ihm. Ihre Stimme ist fast ein Flüstern, obwohl niemand in ihrer Nähe sitzt.

Sein Blick geht an ihr vorbei. An der Bar spendiert der Herausgeber einigen der *Arschloch*-Schreiberlinge zur Feier des Tages eine Runde Bier. Eli sollte dort sein und mittrinken, sich an den Herausgeber ranschmeißen und ihm einen großartigen Roman aus Quebec ans Herz legen, den er vor kurzem gelesen hat.

»Und was hast du gemacht?«, fragt er Abi und verkneift sich den Zusatz »dieses Mal«, der jedoch im Ton mitschwingt.

»Meine Freundin ist Diabetikerin, und ich habe mir ihr Insulin gespritzt.« Sie verdreht die Augen, als hätte sich jemand anderes dieses unmögliche Verhalten geleistet, aber doch nicht sie, doch nicht Abi Jones.

»Macht Insulin denn high? J'comprends pas.«

»Wenn man sich zu viel spritzt, absorbieren die Körperzellen den ganzen Blutzucker. Es ist praktisch wie eine Überdosis doppelt gefüllter Pop-Tarts.« Sie lacht ihr Betty-Geröllheimer-Lachen. »Das Gehirn bekommt keine Glucose mehr und klinkt sich aus, man verliert das Bewusstsein und schläft den Schlaf der Toten. Jedenfalls hat Tina schnell gemerkt, was los war und hat mich ins Krankenhaus geschafft. Die haben mir ein Gegenmittel gegeben, und alles war wieder gut.«

Eli sieht den Hirschkopf an. »Hilf mir, Bambi«, sagt er. »Hilf mir, meine Schwestaa zu verstehen.« Das »Schwester« spricht er in dem Bostoner Akzent, den er sich für die Lesung zugelegt hatte.

Abi wirft ihm mit zur Seite geneigten Kopf einen kummervollen Blick zu, ihre Augen sind auf einmal so sumpfig-grün wie die des Hirschs. »Es waren wieder die Hände«, sagt sie. »Die Hände, die auf mich runterdrücken.« Sie betrachtet ihre eigenen Hände, die auf dem Tisch liegen. Sie sind klein, keine Ringe an den Nikotin-verfärbten Fingern, kein Nagellack auf den Nägeln, die kürzer geschnitten sind als die von Eli.

»Aber jetzt geht es dir gut«, sagt er hoffnungsvoll. »Es geht dir besser. Du bist sogar irgendwie glücklich. Die Hände sind weg.«

»Ja, die Hände sind weg. Vielleicht für immer. Wäre das nicht toll? Wäre das nicht ein gottverdammtes Wunder?«

»Ich trinke auf die nicht mehr vorhandenen Hände.«

Sie stoßen noch einmal miteinander an. Eli kippt den Rest seines Portweins, der süß ist, runter. Nicht doppelt-gefüllte-Pop-Tarts-süß, aber vielleicht süß genug, um seinen Zuckerrausch wieder aufleben zu lassen.

»Noch einen Drink?«

Sie schüttelt den Kopf, sie hat ihren Port noch nicht ausgetrunken. Eli geht los, um sich selbst noch ein Glas zu holen, und um das gruselige Bild von Abi als mit Insulinspritzen gespicktes Nadelkissen aus dem Kopf zu bekommen. Sie bohren sich in ihre Unterarme, Knöchel, ihren Hals, Po, ihre Augen. Ihre Heroin-Eskapade von vor zwei Jahren steckt ihm noch in den Knochen.

An der Bar sitzt der Herausgeber auf einem Hocker. Seine Wangen und seine Nase sind gerötet von Rosacea. Auf dem Schoß hält er den Zylinder, mit der Öffnung nach oben, als könne ein Kaninchen herausspringen. Als er Eli sieht, ruft er: »Unser Übersetzer!«

Eli stürzt sich in seine halb-eingeübte Rede über den Roman aus Quebec, den er zu übersetzen hofft, *C'est pas moi, je le jure!* von Bruno Hébert. »Der Erzähler ist ein eigensinniger, verstörter Junge, dessen Fantasiewelt in seine Realität einsickert.«, erklärt er. »Der Titel bedeutet ›Ich bin es nicht gewesen, das schwöre ich‹. Aber das ist reine Ironie, weil der Erzähler der Autor im Alter von sechs Jahren ist. Das Buch ist halb-autobiografisch, aber wer kann schon sagen, was erdichtet ist und was nicht.«

Der Herausgeber grinst Eli anzüglich an, legt ihm die Hand auf die Schulter, drückt sie, beugt sich näher. Er riecht nach Whiskey, riecht nach Pal. »Normalerweise schlafe ich nicht mit Kerlen«, sagt der Mann, »aber für dich würde ich eine Ausnahme machen.«

Hat Eli sich verhört? Er weicht einen Schritt zurück.

»Ich will dich nur auf den Arm nehmen«, sagt der Herausgeber und boxt Eli in die Schulter, spielerisch, aber es tut weh. »Gehört alles heute zu meiner Masche. Ich bin ein Arschloch. Verstehst du? Ein Truda kull.«

»Oh, okay, ja«, sagt Eli mit einem gekünstelten Lachen.

Zum Glück kommt in diesem Moment der Barkeeper, Eli bestellt einen Pinot Noir. Der Herausgeber setzt seinen Zylinder wieder auf, aber schief, sodass man eher an den schiefen Turm von Pisa als an Abraham Lincoln denkt. Eli bezahlt seinen Wein, entschuldigt sich und fühlt sich, obwohl die Anmache ein Scherz war, plötzlich demoralisiert, degradiert, demoliert und all die anderen deprimierenden Wörter mit ›d‹, die Abi ihn irgendwann einmal auswendig hat lernen lassen. Er trinkt einen großen Schluck Wein und geht zurück in die Lounge, aber seine Schwester sitzt nicht mehr an ihrem Tisch. Auch der Chewbacca ist weg. Nur zwei leere Gläser sind noch übrig.

Eli sieht dem Hirsch in die Augen. »Wo ist meine *Schwestaa*?«, fragt er. »Ist sie gegangen?«

»Ist sie«, sagt der Hirsch. »Dieses Mädchen hat sich schon vor Ewigkeiten abgemeldet.«

»Ich liebe dich, Jones. Je t'aime beaucoup«, lautet die Nachricht, die Abi ein paar Wochen später, als er sich gerade die Spätvorstellung von *Besinnungslos* im Rialto ansieht, auf seinem Anrufbeantworter hinterlässt. Sie spricht mit hingehauchter Zeichentrickfilm-Teenie-Stimme, so wie er sich die Stimme von Pebbles Feuerstein vorstellt, und er denkt, dass sie es als Witz meint, nur so tut, als sei sie wieder ein kleines Mädchen, obwohl sie selbst damals nie gesagt hat, dass sie ihn liebt. Vielleicht ist sie betrunken oder bekifft; vielleicht ist sie völlig zugedröhnt von einer zu hohen Dosis eines neuen Antidepressivums.

»Gute Nacht, kleiner Bruder. Bonne nuit. Bye-bye. Bye-bye.«

Arschloch, das er ist, löscht Eli die Nachricht und ruft nicht zurück.

Pal ruft Eli nie an. Selbst vor einem Jahr, als er sich tausend Dollar für die ins Wackeln geratene P. A. L. leihen wollte, ließ er Joy anrufen und um das Darlehen bitten. Aber an einem Morgen Anfang Juni, zwei Wochen nach Abis »Gute Nacht«-Nachricht, klingelt Elis Telefon. Es ist Pal: »He, Junge, hier ist dein alter Herr.«

An diesem Morgen sitzt Eli an seinem Schreibtisch und übersetzt eine Broschüre über eine Kampagne zur Bekämpfung von Kakerlaken in Sozialbauwohnungen. Als er Pals Stimme hört, weiß er tout de suite, dass sein Vater wegen der Kakerlake von Miss Abi Jones anruft. »Was hat sie angestellt?«, fragt er ohne Umschweife.

»Ach, nichts, worüber man sich Sorgen machen müsste«, sagt Pal, aber seine Stimme – delirium-tremens-zittrig – verrät, dass es allen Grund zur Sorge gibt.

»Was ist passiert?«

»Wir machen so was ja nicht erste Mal mit, und sie hat sich noch jedes Mal wieder berappelt. Das Mädchen ist zäh.«

»Pal, sag mir, was sie verdammt nochmal gemacht hat, okay?«

»Sie hat sich Insulin gespritzt.«

Die Rückkehr der doppelt-gefüllten Pop-Tarts.

»Ihre Mitbewohnerin ist Diabetikerin«, sagt Pal.

»Haben die Ärzte ihr ein Gegenteil gespritzt?«, fragt Eli. »Ich meine natürlich, ein Gegenmittel. Die gibt es nämlich, wenn man zuviel Insulin genommen hat.«

»Die Ärzte tun, was sie können. Wir warten alle darauf, dass sie wieder wach wird. Es war deine Mutter, die darauf bestanden hat, dass ich dich anrufe.«

»Soll ich kommen? Ich kann den Zug nehmen und in ungefähr sechs Stunden da sein.«

»Nein, nein, nicht nötig. Sie wird zu sich kommen; sie wird durchkommen. Sie wird wieder. Ich stehe hier in einer Telefonzelle, und jemand anderes wartet. Also werde ich dich nicht länger aufhalten.«

»Ruf mich an und sag mir Bescheid, sobald sie zu sich kommt, okay?«

Als er aufgelegt hat, fällt ihm wieder ein, was Abi im Brownstone Hotel gesagt hat: den Schlaf der Toten schlafen. Seine Schwester liegt im Koma, während er hellwach ist, aufgekratzt und kribbelig, als hätte er siebzehn Espressos getrunken. Am liebsten würde er den Mount Royal hochrennen, auf das verdammte Kreuz klettern, aber er kann die Wohnung nicht verlassen, weil er dann Pals Anruf verpassen könnte. Also legt er Daniel Bélanger auf und spielt *Les Insomniaques s'amusent* so laut, dass er jeden Moment damit rechnet, dass seine Nachbarn an die Tür hämmern. Er macht gefühlt hundert Liegestütze, gefühlt tausend Sit-ups, eine Million Hampelmänner. Als das Album durch ist, legt er Jean Leloup auf, und während der ingrimmige Wolf in *L'Amour est sans pitié* über die Brutalität der Liebe singt, klingelt das Telefon erneut. Eli dreht die Lautstärke runter und reißt den Hörer hoch.

»Hallo?«, meldet er sich, während sein Herz gegen seine Rippen hämmert.

»Eli, hier ist deine Mutter.«

»Ist sie wach?«

»Dieses Mal hat sie es fertiggebracht, dieses dumme, dumme Mädchen.«

»Aber Pal hat gesagt, dass sie wieder in Ordnung kommt«, beharrt er, jammert er. »Dass sie durchkommt!«

»Dem Idioten darfst du doch kein Wort glauben! Der lebt doch wie immer in seiner verdammten Fantasiewelt. Du setzt dich jetzt sofort in einen Zug, Eli, hast du mich verstanden. Und kommst so schnell es geht her.«

Ihre Haare, zu einem hohen Pferdeschwanz gebunden, liegen auf dem Kopfkissen, zusammengehalten von einem einfachen Gummiring. Gummiringe rauen die äußere Schicht der Haare auf und machen sie krisselig. Hat Abi das im Lauf der Jahre nicht hundert Mal zu ihm gesagt? Er wird in eine Drogerie gehen und einen Haargummi aus Seide kaufen – nein, klauen –, sonst wird sie ihn zur Sau machen, weil er zugelassen hat, dass die Krankenschwestern ihre Haare ruinieren. Sie hängt an einem Atemgerät, ein Schlauch führt in ihre Luftröhre. Er wird in ihrem Mund durch ein Ding an Ort und Stelle gehalten, das wie ein riesiger Schnuller aussieht. Ein weiterer Schlauch führt in ihre Nase, ein dritter in ihren Arm, hier ist die Einstichstelle mit einem X aus weißem Klebeband fixiert. Ein letzter Schlauch kommt unter dem Laken hervor und endet am Fuß des Bettes in einem großen Plastikbehälter, der so ähnlich aussieht wie die, in denen man diese blaue Scheibenwischerflüssigkeit kaufen kann, doch die Flüssigkeit in diesem Behälter ist uringelb.

Eine Krankenschwester kommt herein, um nach Abi zu sehen. Ist es dieselbe, die ihn am Morgen, als er ankam, in ihr Zimmer geführt hat? Er kann es nicht sagen. Alle hier sind für ihn gesichtslose Androiden. »Wenn wir sie mit einer Nadel in die Fußsohle piksen, zuckt sie«, sagt die Android. »Das ist ein gutes Zeichen.«

Er nickt, nimmt es ihr aber nicht ab. Er sieht keine guten Zeichen. Die Augenlider seiner Schwester sind nicht ganz geschlossen, es gibt einen schmalen Schlitz, vielleicht einen oder zwei Millimeter, durch den Licht einfallen kann, und wenn er sein Gesicht dicht vor ihres schiebt und die richtige Stellung findet, kann er durch diesen Schlitz ihre Augäpfel sehen. Ihre grün-mit-braunen-Scheißesprenkeln-durchsetzten Pupillen bewegen sich nicht. Sie sind so kalt und leer wie die Augen eines ausgestopften Tiers.

Als die Krankenschwester weg ist, zieht er sich einen Stuhl ans Bett, der so laut über den Boden kreischt, dass selbst Tote aufwachen würden, aber kein Mucks von Abi. Er fühlt sich genauso unwohl wie immer in Krankenhäusern und Anstalten. Seine Schläfen pochen von einem Kater. Im Zug gestern Abend muss er ein halbes Dutzend Miniflaschen Rotwein gekippt haben. Um elf Uhr abends, nach Ende der Besuchszeit, kam er in der Stadt an und verbrachte eine schlaflose Nacht im selben Bed and Breakfast, in dem er auch wegen der *Arschloch*-Veranstaltung abgestiegen war.

Er sitzt da, tätschelt den dünnen Arm seiner Schwester, den, in dem kein Infusionsschlauch steckt, nimmt ihre Hand in seine. Hänsel und Gretel, für immer im Schwarzwald verloren. Ihre Handfläche fühlt sich so schwielig an wie eine Katzenpfote, also dreht er sie um, betrachtet sie. Die flachen Warzen, die in Joys Handflächen wachsen, wachsen jetzt auch in denen von Abi. Vier oder fünf, alle schorfig. Sie muss an ihnen herumgeknibbelt haben.

»Die Dinger haben das Fass zum Überlaufen gebracht«, sagt Abi in seinem Kopf zu ihm. »Ich habe mich in sie verwandelt, in Joy, also hatte ich keine andere Wahl, als mich selbst auszuknipsen.«

Er kneift die Augen fest zu. »Keine Witze, Jones«, flüstert er. »Noch nicht. Ich bin noch nicht soweit.«

Der Arzt ist kein Androide. Er hat ein menschliches Gesicht, ein gutaussehendes Gesicht, wie aus einer Krankenhausserie, bloß lebensechter, als hätte George Clooney einen Silberblick, Aknenarben und schütteres Haar. Dr. Clooney hat gerade erklärt, wieso das Gegenmittel dieses Mal nicht anschlagen konnte, nämlich weil Abi sich das Insulin vor dem Schlafengehen gespritzt und Tina es erst am nächsten Morgen gemerkt hat, als sie sie nicht wachrütteln konnte. Zuviel Zeit war vergangen, als dass das Gegenmittel den

Schaden hätte abwenden können. »Wenn der Körper mit Insulin geflutet wird, sackt der Blutzuckerspiegel ab«, erklärt der Arzt. »Das Gehirn bekommt keine Glucose mehr, was die Hirnzellen schädigt.« Dann verfällt er ins Medizinische, und Elis Hirn ist zu durcheinander, um dem Fachchinesisch folgen zu können. Den Einheiten und Tina geht es garantiert genauso. Sie alle sitzen in einem abgeschiedenen kleinen, fensterlosen Raum bei geschlossener Tür. Hierher, vermutet Eli, bringen die Ärzte Familien und Freunde, um ihnen das Schlimmste mitzuteilen. Die Canapés, Sessel und Kissen sind von einem traurigen Senfgelb, als hätten sie einmal sonnengelb angefangen, seien aber im Lauf der Jahre durch den vielen Kummer, den sie absorbiert haben, nachgedunkelt.

Während der Arzt redet, schluchzt Tina leise auf. Eli wirft ihr einen vernichtenden Blick zu. Wenn sie anfängt zu flennen, bringe ich sie um, denkt er. Sie ist eine mollige junge Frau in einer roten Jacke aus demselben plüschigen Material, aus dem auch Toilettendeckelbezüge gemacht sind. Ihre Haare sind jungenhaft kurz und so dicht wie ein Biberpelz, ihre Augen sind dunkle, schmerzerfüllte Pfützen. Sie sitzt auf einem Canapé neben der knochigen Joy, die sich von dem Mädchen weglehnt, als fürchte sie, Tina könne jeden Augenblick trostsuchend die Arme um sie schlingen.

Pal sitzt allein in einem Sessel. Seine Wangen sind faltig, sein Gesicht ist grau, seine Hände liegen schlaff auf den Knien. Er sieht aus, als sei er wieder in Korea und noch wie betäubt von einer in der Nähe explodierten Granate.

Eli unterbricht den Arzt: »Sagen Sie uns ganz offen: Ist sie hirntot?«

»Nein, ein paar Hirnfunktionen gibt es noch, aber sie sind minimal. Ich würde es fast-vegetativer Zustand nennen.«

Fast-vegetativer Zustand. Als wäre sie nur zu acht statt zu zehn Zehnteln Matsch in der Birne.

»Sie reagiert auf Nadelstiche«, fährt der Arzt fort, »aber Reaktionen auf Schmerz entstehen im Hirnstamm.« Aus der Brusttasche seines weißen Clinique-Kittels zieht er eine Stiftlampe und bewegt sie hin und her. »Wir haben ihre Augenlider angehoben und in ihre Augen geleuchtet. Ihre Augen folgen dem Licht nicht, und das, fürchte ich, deutet auf eine massive Schädigung der Hirnrinde hin.«

»Ich will einfach nur, dass sie aufwacht«, bittet Tina. Obwohl sie so jungenhaft aussieht, hat sie eine Kleinmädchenstimme, so kleinmädchenhaft wie die von Abi.

»Ich auch«, sagt Joy.

Pal reißt sich aus seiner Starre. »Ja«, murmelt er, aber vielleicht hat er sich auch nur geräuspert.

»Ich nicht«, sagt Eli. »Wenn sie aufwacht, wird sie eine Topfpflanze sein. Sie wollte sterben, also lasst sie um Himmels willen.« Alle, sogar der Arzt, sehen ihn an, als sei er der Sensenmann. »Seit sie fünfzehn ist, versucht sie, sich umzubringen.«

»Das damals war ein Unfall«, widerspricht Joy. »Du hast selbst gesagt, dass sie aus diesem Jeep *gefallen* ist.«

»Tja, das war gelogen.«

Seine Mutter, die Königin der Verleugnung, wendet sich an den Arzt: »Abi wollte sich nie wirklich umbringen. Sie macht diese Dummheiten nur, um Aufmerksamkeit zu erregen. Sie ist süchtig nach Aufmerksamkeit.«

Der Arzt klickt die Stableuchte an und aus. »Ein Hilfeschrei kann manchmal tragisch enden«, sagt er.

»Sie liegt im Koma und ist praktisch Matsch im Kopf«, lässt Eli nicht locker. »Was für Optionen gibt es?«

»Wir können ihre Atmung in Gang halten. Wir können sie intravenös ernähren. Wir können dafür sorgen, dass es ihr an nichts fehlt.«

»Wie lange?«

»Nun, manche Familien entscheiden sich dafür, ihre komatösen Lieben jahrelang, manchmal jahrzehntelang am Leben zu halten.« Obwohl der Arzt sich bemüht, neutral zu klingen, verraten seine Augen, für wie abwegig er selbst diese Option hält.

Abi als Dornröschen.

»Können wir ihr nicht eine Überdosis Morphium geben?«, fragt Eli. »Es jetzt enden lassen? Das wäre doch das Humanste, oder? Das würden wir auch für einen kranken Hund tun.«

»Deine Schwester ist kein kranker Hund«, faucht Joy.

Tina fängt an, leise zu weinen, und Eli muss sich zusammenreißen, um nicht zu schreien: »Sie hat dich nicht geliebt! Sie hat dich nur benutzt, um an dein verdammtes Insulin zu kommen.«

»Euthanasie ist immer noch illegal«, antwortet der Arzt. »Eine legale Option wäre jedoch, sie vom Beatmungsgerät zu nehmen, um zu sehen, ob sie noch eigenständig atmen kann. Falls nicht, würde sie schnell und schmerzfrei entschlafen.«

»Und wenn sie kann?«, fragt Eli.

»Wenn sie eigenständig atmen kann, können Sie entscheiden, ob Sie die künstliche Ernährung beenden möchten.«

»Einen Moment«, wirft Eli ein. »Es ist illegal, ihr eine tödliche Spritze zu setzen, aber legal, sie verhungern zu lassen?«

Der Arzt mit seinem George-Clooney-Gesicht nickt.

Eli stöhnt auf, als habe jemand ihm einen Schlagstock in den Bauch gerammt. »Das ist doch krank«, murmelt er.

Tina fischt ein Taschentuch aus ihrer Jacke und putzt sich mit einem fast komischen Trompetenstoß die Nase. Pal, der sich in seinem Sessel vor und zurück wiegt, starrt den

Boden an. Niemand sagt etwas. Dann Joy: »Sie hat nie viel gegessen«, als hätte Abi nichts dagegen, oder würde sich vielleicht sogar freuen, auf Nulldiät gesetzt zu werden und dahinzuschwinden.

Der Arzt macht den Test und entscheidet, dass Abi ohne Hilfe atmen kann. Er entfernt das Beatmungsgerät mitsamt riesigem, schnullerartigem Halteding, sodass jetzt mehr von ihrem Gesicht zu sehen ist. Doch immer noch führt eine Ernährungssonde in ihr linkes Nasenloch und durch den Hals in ihren Magen. Ernährt wird sie aus Beuteln mit einer Flüssigkeit, die für Eli wie Milchkaffee aussieht. Joy und Pal haben noch nicht entschieden, ob diese Nahrungszufuhr eingestellt werden soll. Von Rechts wegen haben sie als die Eltern das letzte Wort, nicht Eli, aber er versucht, sie in diese Richtung zu lenken, wenn sich ihre Wege im Krankenhaus kreuzen. Alle drei wechseln sich damit ab, während der Besuchszeiten bei Abi zu sitzen, und im Augenblick ist Eli an der Reihe. Vorher war er im Shoppers Drug Mart in der Nähe seines Bed and Breakfast und hat zwei Produkte von Cetaphil, Abis Lieblingsmarke, mitgehen lassen, die Reinigungslotion und die Feuchtigkeitscreme. Mit Wattebäuschen trägt er die Reinigungslotion auf, verteilt sie auf ihren Wangen, ihrer Nase, ihrer Stirn und ihrem Kinn. Dann befeuchtet er ein paar weitere Wattebäusche mit seiner Wasserflasche, reibt die Reinigungslotion wieder ab, tupft ihr Gesicht mit einem Tuch trocken und trägt die Feuchtigkeitscreme auf.

»Die Sonnencreme werden wir uns sparen«, informiert er sie.

»Das ist einer der Vorteile, wenn man jung stirbt«, sagt Abi. »Man braucht sich keine Gedanken über Falten oder Melanome zu machen.«

Er zieht einen Kamm durch ihre Haare, löst kleine Knötchen. Die Ansätze werden allmählich fettig, also wird er vielleicht auch ein Trockenshampoo klauen. Er fasst ihre Haare zu einem Pferdeschwanz zusammen und streift einen mit schwarzem Stoff bezogenen Zopfgummi darüber. Er hat einen schwarzen, einen weißen und einen grauen, die er abwechselnd benutzen wird.

Während Eli ihre Haare auf dem Kopfkissen drapiert, kommt Pal in den Raum geschlurft, bleibt an dem haferflockenfarbenen Vorhang stehen, der Abis Bett von dem freien an der Tür trennt, und betrachtet seine Kinder. Seine Augen sind verkatert-rot, sein Frankenstein-Ohr hängt nach unten, sein Gesicht ist aschgrau und voller tiefer Falten. Seit Abis Überdosis ist er um zehn Jahre gealtert.

»Sie hat so schöne Haare«, sagt er barsch. »Vielleicht schneide ich mir eine Strähne ab. Als Erinnerung an mein wunderschönes Mädchen.«

Seine Augen füllen sich mit Tränen, und eine Sekunde lang hat Eli Mitleid mit ihm, bis er Abi sagen hört: »Lass ja nicht zu, dass der Dreckskerl meine Haare nimmt.«

Eli sucht sein schwarzes Heft, das Französisch-Englisch-Wörterbuch und sein zerfleddertes Exemplar von *C'est pas moi, je le jure!* von der Fensterbank zusammen. Vorhin hat er seiner Schwester ein Kapitel seiner Übersetzung vorgelesen. Er steckt die Sachen in seine Büchertasche und hängt sie sich über die Schulter. Pal sitzt bereits zusammengesunken in dem Sessel, den Eli geräumt hat. Ehe Eli das Zimmer verlässt, dreht er sich zu seinem Vater um und sagt ganz ruhig und unbewegt: »Wenn du ihr auch nur ein einziges Haar abschneidest, rufe ich die Bullen.«

»Es ist dein Liebster«, ruft Juniors Freundin Alyssa. Sie ist Kinderbuchillustratorin und zehn Jahre älter als er. Eli hat sie letzten Sommer kennengelernt, als das mit ihr und Junior gerade erst angefangen hatte und die beiden anlässlich des

Jazz-Festivals für ein langes Wochenende nach Montreal geflogen kamen. Eli hatte ihnen sein Bett überlassen und selbst auf der Couch geschlafen und sich die ganzen drei Tage ihres Aufenthalts nach beiden verzehrt.

»He, Bruder, was gibt's?«, fragt Junior, als er am Apparat ist.

Seit dem Tag von Abis Überdosis hat Eli kein einziges Mal geweint. Was für ein eiskalter, herzloser Bastard er ist. Aber als er Juniors Stimme hört und das Gefühl hat, sein alter Freund sei bei ihm in diesen Krankenhausflur und würde ihn so fest umarmen wie zuletzt auf dem Montrealer Flughafen, bricht Eli zusammen, ohne auf die androiden Ärzte, die androiden Besucher und die androiden Patienten zu achten, die rund um ihn herum ihren Angelegenheiten nachgehen.

»Eli, was ist?«, ruft Junior. »Was ist mit dir, Baby?«

»Ich kann … kann … kann nicht«, japst Eli, der keine Luft bekommt.

»Was ist passiert? Was?«

Elis Beine fühlen sich ganz weich an, deshalb kauert er sich hin und lehnt, den Hörer immer noch ans Ohr geklebt, den Kopf an die kühle Wand.

»Oh Gott, es ist Abi, oder?«, ruft Junior. »Ist sie tot, Eli? Um Himmels willen, sag es mir.«

Eli kann immer noch nicht sprechen. Dabei will er seinem Freund vor allem sagen, dass er in den letzten Tagen begriffen hat, dass manche Dinge schlimmer sind als der Tod.

Die Androiden-Schwester deutet mit dem Finger an die Decke. Sie ist dabei, einen neuen Milchkaffee an der Ernährungsapparatur zu befestigen, und Eli hat gefragt, wie lange ein Mensch ohne Nahrung und Nährstoffe überleben kann. »Das weiß nur der da oben«, sagt sie.

»Meinen Sie Dr. Clooney?«, fragt Eli, allerdings benutzt

er den richtigen, Nicht-Hollywood-Namen von Abis Arzt, dessen Büro in einem der oberen Stockwerke des Krankenhauses liegt.

Plötzlich entwickelt die Schwester ein richtiges menschliches Gesicht mit Augen, die ihn mitleidig ansehen. »Nein, Kindchen«, sagt sie sanft. »Ich meine Gott.«

Von ihrem Bett aus sagt Abi: »Gott weiß einen Dreck.«

»Ich will, dass du mir die ganzen grausigen Details verrätst.«
»Kommt nicht in die Tüte.«
»Bitte, ich muss es wissen.«
»Tja, zu dumm, weil ich sie dir nicht verraten werde. Sie wären nicht gut für dich. Du bist viel zu empfindsam, Jones. Du kannst ja nicht mal mit was Türkisfarbenem umgehen.«
»Ich denke, sie zu kennen, würde mir sehr wohl helfen.«
»Du denkst, du wärst weniger wütend, wenn er nur dieses oder jenes gemacht hätte, und wütender, wenn es etwas anderes gewesen wäre? Und wie, denkst du, würde ich mich fühlen, wenn du weniger wütend wärst? Und wenn du wütender wärst und ihm am liebsten die Kehle durchschneiden würdest, würde ich mich auch nicht so besonders fühlen. Ich kann also nur verlieren.«
»Joy sagt, es war keine ›richtige‹ Vergewaltigung.«
»Und wo würde Joy es auf ihrer Skala der schlimmsten Dinge einordnen, die man einem Kind antun kann? Bei sieben? Bei acht? Und wenn es ihrer verdrehten Vorstellung von einer ›richtigen‹ Vergewaltigung entsprochen hätte, hätte sie den Kerl dann verlassen? Das ist das grausige Detail, das *ich* gern kennen würde.«

Kein Kalorienzählen mehr für Abi Jones. Sobald der Milchkaffee-Hahn abgedreht ist, wird es bis zum Schluss null Kalorien für sie geben.

Joy hat entschieden, die künstliche Ernährung einzustellen (sie war es, die den Anruf getätigt hat, wird Pal immer betonen). Später an diesem Nachmittag wird der Arzt die Sonde aus Abis Magen ziehen wie ein Angler, der eine leere Leine einholt. Eli dankt seiner Mutter für ihre Entscheidung, umarmt sie, nennt sie »Mum«, begleitet sie sogar in die Krankenhaus-Cafeteria und spendiert ihr das Essen.

Sie sitzen ein gutes Stück von den anderen Essensgästen entfernt. Eli hat einen Rosinen-Kleie-Muffin (dreihundertsechzig Kalorien) und einen grünen Salat mit Cherrytomaten, Gurken und drei Oliven, aber ohne Dressing vor sich (einhundertdreißig Kalorien), die Art von Micker-Mahlzeit, die sich Abi wohl zusammengestellt hätte. In der Woche seit dem Überdosis-Tag hat er so viel Gewicht verloren, dass die Chinos ihm von den Hüften rutschen.

Auch Joy hat nie dünner ausgesehen. Ihre Schlüsselbeine ragen vor wie hölzerne Kleiderbügel. Sie hat ihre Pommes mit so viel Salz bestreut, dass man einen vereisten Montrealer Bürgersteig damit auftauen könnte. »Für eine Kool würde ich töten«, sagt sie. »Die zwingen uns Raucher dazu, draußen bei den Müllcontainern zu stehen, als wären wir selbst Müll. Gestern habe ich dort einen alten Kerl im Krankenhausnachthemd getroffen, der lauter nässende Wunden an den Beinen hatte und mit seinem Infusionsdings hingerollert war.« Sie knabbert eine ihrer Pommes. »Zu dumm, dass wir deiner Schwester keine letzte Zigarette geben können. Sogar Häftlinge im Todestrakt bekommen eine.«

»Wir könnten eine Packung Camel, eine Tasse Red-Rose-Tee und eine Flasche Heineken in einen Mixer kippen und einen Shake fabrizieren. Schließlich hat sie jahrelang hauptsächlich davon gelebt. Es wäre wie eine Henkersmahlzeit.«

»Ha!«, lacht Joy.

Wer hätte gedacht, dass er in dieser Situation Witze reißen kann?

»Wir könnten auch noch eine Möhre dazutun, wegen dem Vitamin K«, fügt er lachend hinzu. »Sie hat Möhren geliebt.«

Jetzt würde er am liebsten heulen, weil er die Vergangenheitsform benutzt hat. Er beugt sich über seinen Muffin und zupft die Rosinen heraus wie ein aasfressender Vogel, der einem überfahrenen Tier die Augen auspickt.

»Dein Zimmer in diesem Bed and Breakfast muss einen Haufen Geld kosten«, sagt Joy. »Du könntest genauso gut bei uns in Scarborough wohnen.«

Was für ein hässlicher Name. Scarborough – Narbenbezirk. Er hat genug Narben, wieso welche hinzufügen, indem er im Bungalow der Einheiten übernachtet?

»Das B&B ist okay. Und ganz in der Nähe von Kensington Market, was ich toll finde.« Tut er nicht. Er bewegt sich wie in Trance durch das Viertel, praktisch ohne die Geschäfte und Stände und die Hippie-Atmosphäre wahrzunehmen. Betritt den Naturkostladen, mahlt wie ein Roboter seine eigene Erdnussbutter, löffelt Müsli aus den großen Behältern, sucht Äpfel ohne Druckstellen heraus. Aber das B&B mag er tatsächlich. Er hat das vordere Erdgeschosszimmer in einem hohen Reihenhaus, das einem Ehepaar gehört, das im Souterrain lebt. Obwohl die beiden malayischer Herkunft sind, haben sie das Haus im japanischen Stil eingerichtet. Ein zusammenrollbarer Futon. Eine Tatamimatte. Schränke, in denen er seine Sachen verstecken kann. Kein einziges Staubkörnchen.

»Pal und ich haben Abi eine Wohnung in einem Sozialwohnungsbau in der Nähe von Kensington Market besorgt. Wir haben mit allen möglichen Leuten gesprochen, alle Papiere für sie ausgefüllt. Hat sie dir das erzählt?«

»Nein.«

»Das war letztes Jahr. Aber eines Nachts hat sie sich in irgendwelchen Kneipen betrunken und einen Kerl mit nach Hause genommen. Allerdings hatte sie ihren Schlüssel vergessen, und der Kerl hat die Haustür eingetreten. Die Polizei kam und hat ihn verhaftet, und Abi wurde rausgeschmissen. Sie hatte vielleicht sechs Wochen da gewohnt, als sie vor die Tür gesetzt wurde, und Pal und ich mussten was anderes für sie finden. Wir haben ihr was in Roncesvalles besorgt, ein Haus, ein richtiges Haus, aber dann ist sie einfach abgehauen und zu diesem Indigenen-Mädchen gezogen. Da Pal und ich den Mietvertrag für das Haus unterschrieben hatten, mussten wir einen neuen Mieter dafür finden. Ein einziges großes Chaos, so wie immer.«

»Das wusste ich nicht.«

»Du weißt anscheinend nicht sehr viel.«

»Bitte, Joy, nicht. Nicht jetzt. Nicht heute.«

»Ich habe einen Job an der Essensausgabe vom Frauenhaus für sie gefunden, und Pal eine NA-Gruppe, du weißt schon, eine Gruppe der Anonymen Süchtigen. Okay, sie hat den Job nach ein paar Monaten geschmissen und ist bei den Anonymen Süchtigen ausgestiegen, aber wenigstens haben wir versucht, deiner Schwester zu helfen. Und was hast *du* gemacht, seit sie aus Montreal weg ist? Nicht viel, außer, dich um dich selbst zu kümmern. Du bist ein Egoist, Eli, das ist alles, was ich damit sagen will. Nichts für ungut.«

Er denkt daran, dass Abi einmal zu ihm gesagt hat, ihre Hauptbeschäftigung sei es, *nicht* zu sterben. Und dass das ein Vollzeitjob sei. Ist es nicht auch seine Hauptbeschäftigung, Jones-Town zu überleben? Aus seinem Versteck zu kriechen – nicht unbeschadet, aber zumindest lebendig –, nachdem alle den vergifteten Saft getrunken haben?

Joy sagt er nichts von all dem. Er wird nicht ihr pflichtgetreuer Sohn sein, sondern ihr unzuverlässiger Sohn. Er reißt Stücke von seinem Muffin ab, schluckt sie. Trocken und schal sammeln sie sich in seinem Magen wie Staubwülste in einem Staubsauger.

Eine bucklige alte Dame, die sich an ihre Gehhilfe klammert, schiebt sich langsam an ihrem Tisch vorbei.

»Wenn Sie Hilfe brauchen, rufen Sie einfach, ja?«, schreit Joy.

»Süß von Ihnen«, trillert die alte Dame.

Als sie weggehoppelt ist, wendet Joy sich wieder ihrem Sohn zu: »Gibt es jemanden in deinem Leben?«

Er tut so, als verstehe er nicht.

»Eine Freundin? Oder, möge der Himmel es verhüten, einen Freund?«

Er schüttelt den Kopf.

»Schade. Es ist einfacher, durch die Hölle zu kommen, wenn es jemanden gibt, an den man sich anlehnen kann. Pal und ich, wir haben immer einander.«

Als Eli Abi am nächsten Tag besuchen will, findet er dort Tina in dem braunen Chewbacca-Mantel vor. Sie sitzt am Bett, springt aber auf, als sie Eli sieht. Es ist das erste Mal, dass er sie in Abis Zimmer antrifft. Er und die Einheiten hatten angenommen, dass sie Abi überhaupt nicht besucht.

Sie schlurft auf Eli zu. »Ich hätte nach ihr sehen müssen, bevor ich mich an jenem Abend schlafen gelegt habe. Ich hätte mein Insulin kontrollieren müssen.«

»Wäre es nicht das Insulin gewesen, wäre es etwas anderes gewesen«, sagt Abi. »Sag ihr das, Jones. Und sag ihr, dass ich sie großartig finde.«

»Hass mich bitte nicht«, fleht Tina.

»Ich hasse dich nicht«, sagt Eli. Er hat Abi ein Vierteljahrhundert gekannt, Tina nur ein Vierteljahr. Sie ist keine Jones. Sie hat nur eine Statistenrolle im Film seines und Abis Lebens.

Tina fängt an zu weinen, aber es klingt wie kurze, heftige Hustenstöße.

»Nicht weinen«, sagt er, hört sich aber barsch an, tadelnd.

Tina reibt sich die Augen und zieht den Chewbacca aus. Darunter trägt sie eine abgewetzte Blue Jeans und ein weißes T-Shirt, in dessen Ärmel sie ihre Zigarettenschachtel geklemmt hat. Mit ihren nach hinten gegelten Haaren sieht sie aus wie ein Automechaniker aus den Fünfzigerjahren. Attraktiv. Sie legt den Mantel über Abis Oberkörper und Beine, was aussieht, als sei ein zotteliger Hund aufs Bett gesprungen, um sie zu trösten.

»Spiel nicht die Eiskönigin, Jones. Tröste sie.«

Das tut er nicht. Vielmehr macht er auf dem Absatz kehrt, verlässt das Zimmer und begibt sich auf die Suche nach einem Raum, in den er sich setzen kann. Um ihn herum das Krankenhausleben mit seinen grässlichen Geräuschen und Gerüchen. Ein Schrei gellt durch einen Flur, aber es ist ein Androidenschrei, also bedeutet seine Grässlichkeit ihm absolut gar nichts.

Eine Schwester kommt auf ihn zu, berührt seinen Arm. »Unten im Souterrain gibt es eine kleine Kapelle.« Beim Klang ihrer Stimme geht ihm auf, dass es dieselbe Schwester ist, die an den da oben glaubt. »Da unten ist es ruhig. Vielleicht finden Sie dort ein wenig Frieden.«

Laut Abi hatte Jesus dunkle, dicht geringelte Locken, bräunliche Haut und eine breite Nase und war eher klein. Diesen echten Jesus beschrieb sie in allen Einzelheiten, wann immer die Mormonen von ihrem hochgewachsenen amerikanisierten Jesus mit seinen hellbraunen Flower-Power-Haaren, seiner hellen Haut und seiner schmalen Nase brabbelten. Beruht ihr dunkelhäutiger Jesus auf Tatsachen? Eli hat keine Ahnung. Er ist kein Religionswissenschaftler. Als er noch klein war, hat Abi ihm eingeredet, die vier Bücher des Neuen

Testaments stammten von Johannes, Lukas, Markus und Ringo. Später dann, in Salt Lake City, wollte sie, dass Eli, der gut zeichnen konnte, einen dunkelhäutigen Jesus malte, um dann in die Mormonenkirche einzubrechen und ihn gegen das Bild des hellhäutigen Jesus auszutauschen. Diese Erinnerung fällt Eli wieder ein, als er vor dem Jesusgemälde steht, das in der Kapelle hängt. Ein Schild an der Tür verkündet, die Kapelle sei nicht konfessionsgebunden, was zum Teufel also hat dieser weiße Jesus hier zu suchen? Er hat einen Silberblick, genau wie Dr. Clooney, und Eli fragt sich, ob der Arzt das Bild gemalt hat. Er würde es gern abnehmen und mit dem Gesicht zur Wand in die Ecke stellen, als sei Jesus ein Drittklässler, der dafür bestraft werden soll, dass er zerkaute Papierkügelchen geworfen hat, aber der Prophet scheint an die Wand gedübelt zu sein.

Die Kapelle ähnelt dem Zimmer, in dem der Arzt sie über Abis fast-vegetativen Zustand unterrichtet hat. Keine Holzbänke, sondern die gleichen, mit kratzigem, senfgelbem Stoff bezogenen Couches und Sessel. Trotzdem kommt Eli ab jetzt jeden Tag mit seiner Büchertasche hierher, übersetzt ein paar Seiten von *Ich schwöre, ich war's nicht*, geht dann nach oben und liest sie seiner Schwester vor.

Nur sehr selten kommen Leute in die Kapelle, wenn er da ist, und er fängt an, sie als seinen eigenen privaten Ort der Anbetung zu betrachten. Er, ein trauriger, einsamer Priester, der die meisten seiner Schäfchen verloren hat, hat den Einheiten von der Kapelle erzählt, aber bis jetzt waren sie noch nicht da, um zu sehen, was er dort treibt.

Am dritten Tag von Abis Null-Kalorien-Diät geht die Tür quietschend auf und Eli sieht von seiner Arbeit hoch. »Ja, mein Kind, wie kann ich dir helfen«, hört er sich im Kopf sagen, aber das Schäfchen stellt sich als Carol Jones heraus.

Die Einheiten müssen ihm gesagt haben, wo er Eli finden

kann. Er und der Pate haben sich nur selten gesehen, seit dieser zu seiner Bekannten nach Toronto gezogen ist, einer Friseurin, die ihn davon abgebracht hat, seine Schmalztolle mit Schuhcreme zu schwärzen. Jetzt ist sie schneeweiß.

Eli steht auf. Der Pate kommt mit ausgebreiteten Armen und über den Boden klappernden Cowboystiefeln auf ihn zu und umarmt ihn so fest wie Junior damals. Es fühlt sich gut an. Der Mann trägt sein übliches Eau de Cologne, Polo von Ralph Lauren, von dem Eli normalerweise Kopfschmerzen bekommt, aber sogar das riecht heute gut.

Er überragt den Paten, sodass der Kopf des Mannes praktisch an der Brust des Jungen liegt. Aber als er sagt: »Wie hältst du dich, mein Junge?«, sinkt Eli auf die Couch und fängt an zu weinen. Der Pate setzt sich neben ihn, nimmt ihn in die Arme, wiegt ihn sanft hin und her, küsst ihn auf den Kopf, sagt »Na, na, na« und »Ist ja gut, ist ja gut« und andere tröstliche Dinge, die ein Vater zu seinem leidenden Kind sagen sollte.

Abis neue Bettnachbarin hat Gebärmutterhalskrebs. Sie ist in den Dreißigern und so kahl wie ein frischgeschlüpftes Küken. Und sie ist eine Kämpferin, jedenfalls wiederholt ihre Familie das immer und immer wieder. »Du bist eine Kämpferin, Heidi«, sagt, oder vielmehr fleht, ihr Vater. »Du hast eine positive Einstellung. Du wirst dieses Ding besiegen.«

Die lauschende Abi sagt dazu: »Wieso wird von den Kranken immer erwartet, Soldaten oder Krieger zu sein? Zum Teufel mit der verdammten Tapferkeit. Sie ist verflucht anstrengend. Sie bringt einen um.«

»Du bist doch selbst ein Sturmtruppler«, erinnert Eli sie.

»Ja, aber einer mit einer negativen Einstellung. Einer, den Darth Vader gleich am Anfang des Films wegen ungebührlichen Verhaltens erwürgt.«

Abi Jones wird nicht mehr genährt, aber sie wird gewässert. »Wie eine Topfpflanze«, sagt sie. Das Wasser wird durch einen Schlauch in ihren Unterarm geleitet. Ihr Wasser vorzuenthalten ist verboten, ihr nichts zu essen zu geben nicht. Wer denkt sich diese absurden Regeln aus? Niemand, der Tag für Tag zusehen muss, wie das Gesicht seiner Schwester einfällt und die Knochen immer deutlicher hervortreten.

»Sie wird in etwa einer Woche sterben«, hat der Arzt gesagt, als die Milchkaffees eingestellt wurden, aber diese Woche kam und ging, und jetzt ist auch die zweite schon fast vorbei.

»Sie ist eine Kämpferin«, sagt der Arzt nun und gibt es auf vorherzusagen, wann Abi kapitulieren wird. Er ist nicht mehr George Clooney, vielmehr wurde er degradiert und spielt jetzt nur noch einen Arzt in einer Fernsehwerbung.

»Sie hatte seit fünfzehn Jahren keine richtige Mahlzeit mehr«, sagt Joy dem Arzt. »Sie ist Hungern gewöhnt. Und sehr gut darin.«

»Widerspenstiges Mädchen«, tadelt Abi sich selbst. »Wieso stirbst du nicht endlich? Und erlöst uns von unserem Elend?«

»Willkommen in meinem Büro«, sagt Eli zu Pal. Es ist Anfang Juli, das Ende der zweiten Hungerwoche. Er bietet seinem Vater die Couch an, auf der der Pate ihn getröstet hat und zieht sich selbst einen Sessel herbei. Das Arrangement ähnelt dem im Sprechzimmer eines Therapeuten.

Pal hat die Hände auf die knochigen Knie gelegt, massiert sie und bedenkt Eli mit einem wohlwollenden Blick. Nicht wie der weiße Jesus, sondern eher wie Mr Rogers aus dem Kinderfernsehen, der einen Schüler aus der Nachbarschaft anstrahlt. Und Eli ist eine Kleinjungenmarionette, die es niemals wagen würde, sich aufsässig zu verhalten.

Er denkt, ich habe kein Rückgrat, denkt er. Und bin zu feige, um die Polizei zu rufen.

»Ich habe dich hierhergebeten, um dich was zu fragen.«

»Ja?« Sein Vater klingt misstrauisch.

Elis Herz dreht sich wie eine Rennmaus im Hamsterrad.

»Wieso, Pal? Wieso hast du es getan?«

Das *Es* ist ausgesprochen; der Bann ist gebrochen.

Pal schluckt, errötet, sieht zu Boden.

»Du hast sie angerührt, und deine Hände sind immer noch da. Selbst jetzt noch. Ist dir das klar?« Eli versucht, neutral zu sprechen, so wie er sich das bei einem Therapeuten vorstellt. »Sie drücken auf sie herab. Sie sind es, die sie umbringen.« Bei »umbringen« kippt seine Stimme, und er hält inne, um sich zu fassen.

Pal sieht scheu zu ihm hoch.

»Hör zu, bevor wir über Abi reden, gibt es da etwas, was ich dir sagen muss. Etwas, was ich noch keiner Menschenseele erzählt habe. Nicht deiner Mutter. Nicht deiner Schwester. Kann ich dir meine Geschichte erzählen?«

Eli fühlt sich überrumpelt und nickt nur.

»Es ist vor langer Zeit passiert. In Korea.«

Korea – die übliche Entschuldigung.

»Eines Abends waren meine Kumpel und ich in den Außenbezirken von Seoul unterwegs, um was zu trinken. Da drüben gab es nicht viele Gelegenheiten zu trinken, und wenn, dann schlug ich über die Stränge, aber an jenem Abend war ich erst bei meinem ersten oder vielleicht zweiten Bier, als ich aus Versehen einen anderen Typ anrempelte und mit Bier bekleckerte.«

Eli hat keine Ahnung, wie eine Kneipe in Korea während des Krieges ausgesehen haben könnte. Er stellt sich die Feldküche in M*A*S*H vor, alle Anwesenden in khakifarbenen Kampfanzügen.

»Der Typ, groß, muskulös, Amerikaner, lässt es einfach nicht auf sich beruhen, aber mir macht er keine Angst. Er setzt mir immer wieder zu, bis ich schließlich sage: ›Regeln wir das doch draußen.‹ Und wir beide gehen hinten raus auf die Gasse.«

Gassen in Korea? Eli hatte sich einen Dschungel vorgestellt, aber jetzt sieht er eine Gasse in Montreal vor sich: Bremsschwellen, überquellende Mülltonnen, Horden räuberischer Waschbären.

»Wir zwei sind also hinten, meine Kumpel sind noch in der Bar, und ich denke, der Amerikaner und ich werden uns die Seele aus dem Leib prügeln und uns anschließend vertragen und Freunde werden oder so was, denn das ist das Drehbuch, an das ich mich in solchen Situationen immer gehalten habe. Und ich weiß nicht, wieso, bis zum heutigen Tag weiß ich nicht, wieso ich es getan habe, Junge, das schwöre ich, aber der Amerikaner nennt mich einen blöden kanadischen Schwanzlutscher, und ich ziehe ganz ruhig meine Pistole, ich gebe ihm nicht mal Zeit zu reagieren, und jage ihm eine Kugel in den Kopf.«

»Verdammt, Pal!«, sagt Eli. Aber im Hinterkopf denkt er: Es war doch ein Bäcker in Montreal, kein G. I. in Korea, oder?

»Der Typ geht zu Boden, Kugel im Kopf, überall Blut, und ich stehe da, wahrscheinlich unter Schock, und meine beiden Kumpel kommen raus. Sie sehen, was ich getan habe, und es geht los mit: ›Jones, du verdammtes Arschloch‹ und ›Jones dies‹ und ›Jones das‹, und ich schwöre, dass ich sie auch umlege, aber mein einer Kumpel nimmt mir die Pistole weg, und der andere greift sich die des Amerikaners und drückt sie dem Toten in die Hand, damit es so aussieht, als hätte er sich selbst erschossen.«

»Selbstmord«, sagt Eli.

»Selbstmord«, wiederholt Pal. »Irgendwie komme ich

damit durch. Irgendwie kommt niemand dahinter. Ich werde an einen anderen Einsatzort verlegt und erfahre nicht einmal, wie der Kerl hieß, den ich getötet, den ich kaltblütig umgebracht habe.«

Er sieht Eli erwartungsvoll an, als könne der Junge eine rationale Erklärung dafür liefern, wieso sein Vater so ein gottverdammtes Arschloch ist, so ein kaltblütiger Mörder.

»Ich muss seitdem mit dieser Erinnerung leben, die mir keine Ruhe lässt. Und es quält mich, das Wissen um das, was ich getan habe. Aber das bleibt unter uns, ja? Du darfst deiner Mutter nichts davon sagen. Versprichst du mir das, Junge?«

Korea war nicht das Thema, um das es bei diesem Gespräch gehen sollte. Eli hat das Gefühl, völlig von der Spur abgekommen zu sein. Trotzdem sagt er: »Ja, ich verspreche es.«

Pal steht auf, bereit, den Beichtstuhl zu verlassen, als hätte er für diesen Tag die volle Punktzahl an Mea Culpas erfüllt.

»Setz dich bitte«, sagt Eli. »Ich will wissen, wie alles anfing. Mit Abi, meine ich.«

Pal setzt sich, den Blick auf den Boden zwischen sich und seinem Sohn gerichtet.

Eli wartet.

Schließlich fängt sein Vater an. »Ich weiß noch, dass ich sie eines Abends ins Bett gebracht habe.« Seine Stimme ist leise geworden, fast ein Flüstern, hat die Großspurigkeit der Korea-Geschichte verloren. »Ich bin neben ihrem Bett. Mein Gott, sie muss dreizehn gewesen sein. Sie liegt da, und meine Hand fängt an, sich auf sie zuzubewegen, und ich …«

Er schlägt die Hände vor die Augen und fängt an zu weinen. Eli sitzt erstarrt da, während das Weinen in Heulen übergeht, das Heulen in Schluchzen.

Die Tür der Kapelle geht auf und eine alte Frau mit der Frisur Königin Elizabeths auf der kanadischen Ein-Dollar-Münze kommt einen Schritt herein, zögert, geht wieder zurück und macht die Tür von außen zu.

Die Unterbrechung hat Pals Weinen beendet. Er schnieft, fährt sich mit dem Handrücken über die Nase. »Kann ich zur Toilette gehen?«, sagt er zu Eli wie ein Kind, das seinen Lehrer um Erlaubnis bittet.

Er geht. Eli rechnet nicht damit, dass er zurückkommt, aber zehn Minuten später ist er wieder da und setzt sich auf denselben Platz. Winzige weiße Partikel haben sich in seinen Bartstoppeln verfangen, als hätte er sich Wasser ins Gesicht gespritzt und sich mit Toilettenpapier abgetrocknet.

Vielleicht denkt er, dass sein Sohn nun Gnade walten lassen wird, aber Eli sagt: »Sag es mir«, und Pal fängt erneut an zu weinen. Eli lässt ihn und empfindet kein Mitleid, kein Mitgefühl, auch keine Schuld. Krokodilstränen, denkt er.

Schließlich reißt Pal sich zusammen. »Ich kann nicht«, sagt er mit rauer Stimme. »Ich kann nicht.«

Eli seufzt, wirft dem weißen Jesus einen Blick zu. Dann: »Hör zu, Pal, ich habe auch eine Kneipengeschichte, die ich dir erzählen will und die ich noch nie jemandem erzählt habe, nicht einmal Abi. Ich will, dass du da sitzenbleibst und sie dir bis zum Ende anhörst. Wenn ich fertig bin, kannst du aufstehen und gehen. Okay?«

Pal sieht verwirrt aus, sein Gesicht ist wie ein Puzzle, in dem Teile fehlen. Er sagt weder ja noch nein, aber Eli fängt trotzdem mit seiner Geschichte an. »Es gibt da eine Bar in Mile End, in die ich öfter gehe«, sagt er. »Sie heißt Le Renard, der Fuchs. Sie liegt in der St. Laurent und ist ziemlich neu, von daher wirst du sie nicht kennen. Ich treffe mich dort mit Caroline, der Tochter von Carol Jones. Und manchmal, nicht immer, gehen wir anschließend zu ihr und schlafen miteinander.«

Pals Verwirrung verwandelt sich in Neugier, und Eli erinnert sich, dass er einmal gesagt hat, dass es keine Rolle spielt, mit wem man vögelt.

»Eines Abends warte ich im Le Renard auf Caroline, aber sie kommt nicht. Sie hat mich versetzt. Sie versetzt mich oft, weil sie einen festen Freund hat und ich in ihren Augen nur ein Kind bin. Jedenfalls bleibe ich noch, um meinen Wein zu Ende zu trinken, und der Barkeeper kommt mit einem zweiten Glas zu mir und sagt, ein anderer Gast hätte es mir spendiert, und er deutet mit dem Kopf auf die Theke, und da – keine Ahnung, wieso er mir vorher nicht aufgefallen war – sitzt Bill, sitzt Falschgeld.«

Pal rutscht unruhig auf seinem Platz hin und her.

»Ich hebe mein Glas, und er kommt rüber und setzt sich. Wir reden über dies und das. Er sagt, dass er die Stadt verlässt und durch Europa reisen will. Dass er vor allem Berlin schon immer sehen wollte, weil es so cool ist, weil die Musikszene so abgefahren ist, und so weiter und so fort. Er redet und redet und redet, und irgendwann unterbreche ich seinen Monolog. ›Kann ich dich um einen Gefallen bitten, Bill?‹, frage ich, und er sieht mich misstrauisch an und sagt: ›Kommt drauf an‹, und ich sage: ›Würdest du mich ficken?‹«

Pals Augen fangen ein bisschen an zu schielen.

»Weil ich noch nie gefickt worden war. Ich hatte andere gefickt, war der Ficker gewesen, aber noch nie der Gefickte, und das sagte ich zu Bill, sagte, dass er sicher weiß, was er tut und mir nicht wehtun wird.«

»Hör auf!«, ruft Pal in demselben tadelnden Ton wie früher, wenn Eli während langer Fahrten im Rambler von hinten gegen die Rückseite des Fahrersitzes trat.

Eli sieht ihn herausfordernd an.

Pal steht auf, um zu gehen.

Eli steht auch auf.

»Du setzt dich wieder und hörst dir meine verdammte Geschichte an, so wie ich mir deine angehört habe!«

Pal starrt seinen Sohn an, seine Nasenflügel beben, und Eli denkt, dass sein Vater ihn nach all den Jahren noch einmal schlagen wird, aber das tut er nicht. Er setzt sich und starrt den Boden an.

Eli setzt sich auch und fährt fort: »Wir gehen also in Bills Loft, und ich bin furchtbar nervös. Er reißt sich die Klamotten in ungefähr zwei Sekunden vom Leib. Er ist eins fünfundneunzig groß, wirkt nackt aber wie zwei zwanzig, und die tätowierte Schlange auf seiner Brust sieht aus, als würde sie jeden Augenblick Gift verspritzen. Ich lege meine Sachen ab, als wäre ich beim Arzt und müsste mich untersuchen lassen.«

Pal beugt sich vor, stützt die Ellbogen auf die Knie und den Kopf in die Hände, sodass die Fingerspitzen seine Augen verdecken. Genauso saß Eli vor vielen Jahren in einem Kino, als Abi ihn in *Der Exorzist* reingeschmuggelt hatte.

»Bill gibt mir eine Tube Gleitgel und sagt, ich soll eine Menge benutzen, das sei der Trick. Er hat schon einen Ständer, und zieht sich ohne zu fragen ein Kondom über, was ich gut finde. Ich lege mich auf den Bauch, aber er will, dass ich mich umdrehe, Gesicht zu Gesicht, doch ich will sein Gesicht nicht sehen. Weißt du wieso?«

Pal antwortet nicht.

»Weil er aussieht wie *du*. Jedenfalls tut das Ficken nicht besonders weh, also weiß Bill offenbar tatsächlich, was er tut. Ich kriege auch einen Ständer, was mich überrascht, weil mir nämlich die ganze Zeit ›Je me déteste, je me déteste‹ durch den Kopf geht. Er fickt genau wie er redet, es dauert und dauert, und er ist schon ganz verschwitzt und riecht wie eine Mischung aus Pomade und Poutine. Damit er schneller kommt, fange ich an, leise zu stöhnen, was funktioniert, denn er fängt an, richtig laut zu stöhnen, fast zu jaulen, und am ganzen Leib zu zittern, und endlich kommt er, und ich bin erleichtert, dass es vorbei ist und ich es überlebt habe.«

Pal wiegt sich auf seinem Platz leise vor und zurück, die Hände immer noch vor dem Gesicht.

»Weißt du, was er als Nächstes macht? Genau das musst du dir anhören. Das letzte grausige Detail. Der ganze verfluchte Sinn meiner Geschichte.«

Pals Tränen laufen an seinen Unterarmen entlang in Richtung seiner Ellbogen, aber er gibt keinen Laut von sich.

»Bill legt sich quer über meinen Rücken, knabbert an meinem Ohrläppchen und flüstert mir ins Ohr: ›Du bist ein guter Junge. Du bist wie Pal!‹«

Pal fährt sich über die Augen, wischt sich den Rotz von der Nase, vermeidet es, Eli anzusehen, und als er es tut, blinzelt er, als sei sein Sohn die Sonne. »Ich dachte, du bist ein guter Mensch«, murmelt er mit verschleimter Stimme. »Ich dachte, du bist so, wie ich gern wäre. Aber du bist kalt, Eli. Und du bist wirklich fies.«

»Ja, ich bin ein Arschloch. Ein echtes Arschloch. Muss genetisch sein.«

Pal steht auf, flieht, hetzt aus der Kapelle wie ein Mann, der in Flammen steht.

Eli lehnt sich in seinem Sessel zurück und starrt die Wand an, starrt den weißen Jesus an. Der weiße Jesus starrt zurück, nicht mehr wohlwollend, sondern skeptisch, vorwurfsvoll.

»Lügner«, faucht Jesus.

»Was weißt *du* denn schon?«, sagt Eli. »Du weißt einen Scheißdreck.«

Das Schwarzweißfoto, das Eli mit der Bildseite nach unten auf dem Boden von Abis Krankenhauszimmer findet, zeigt seine Schwester im Alter von sieben Jahren in ihrem Ballerinakleidchen. Wie ist das Foto dorthin gekommen? Nun, Joy war vorhin da, und während ihrer Schicht muss sie die alten Fotoalben durchgeblättert haben. Eli kann sich seine Mutter sehr gut vorstellen: Stirn gerunzelt, grimmiges Lächeln. Tränen in den Augen? Wahrscheinlich. Das kann er ihr wirklich zugutehalten. Und er kann sich ihre billigen kleinen Alben vorstellen, jedes in einem anderen Kmart quer durch den Kontinent gekauft, jedes beschriftet mit dem Namen einer anderen Stadt, einer anderen Region, in der die Jones gelebt haben: Middlesex County, Verdun, Salt Lake City, Cook County undsoweiter.

Das Foto, das er vom Boden aufhebt, muss unbemerkt aus dem Album gerutscht sein. Auf ihm trägt Abi ein kurzärmeliges weißes Tutu-Kleid, dessen Röckchen beim Drehen mitschwingt. Ein breites weißes Haarband hält ihre weißblonden Haare aus dem Gesicht. Ihr Pony ist schief, weil Joy ihn mit der Küchenschere geschnitten hat, so wie sie es auch bei Elis Pony immer getan hat. Abi steht in Ballerina-Pose da, einen Arm über den Kopf gehoben, den anderen leicht seitlich ausgestreckt. In ihren glänzenden Ballerina-Schühchen steht sie auf Zehenspitzen auf dem Wohnzimmerteppich und lächelt ein verschmitztes kleines Lächeln, kein breites Feixen, das die Zähne sehen lässt. Sie sieht aus wie ein kleines Mädchen, das gern zum Ballettunterricht geht, nicht wie eins, das Bauchschmerzen vortäuscht, um nicht hingehen zu müssen.

Eli zeigt ihr das Foto: »Ach du meine Güte«, sagt sie. »Ist sie nicht das Süßeste, was du je gesehen hast?«

»Ja, ist sie.«

»Was ist aus der Kleinen geworden? Lebte sie glücklich und zufrieden bis an ihr seliges Ende?«

Eli steckt das Foto in das schwarze Spiralheft in seiner Büchertasche. Dann nimmt er die Wattebäusche und die Cetaphil-Sachen vom Fensterbrett. Wenn er ihr nicht jeden

Tag das Gesicht wäscht, nimmt es einen fettigen Schimmer an und riecht nach Dosensuppe. Nachdem er die Reinigungslotion abgewischt hat, trägt er etwas Feuchtigkeitscreme auf, einen erbsengroßen Klecks, so wie sie es ihm beigebracht hat.

Ihre Lippen sind spröde, schuppig und rissig. Sie hat in ihrem ganzen Leben nie Lippenstift getragen, war aber süchtig nach Fettstiften und hat die unterschiedlichen Geschmacksrichtungen gesammelt. Als sie mit dem Rambler quer durch Amerika gefahren sind, von Massachusetts nach Utah, musste Eli ihr in jedem Staat, in dem sie anhielten, Fettstifte klauen. Jetzt zieht er eine Tube Lippenpflegecreme aus der Tasche, die er im Shoppers Drug Mart hat mitgehen lassen. Mit Traubensaftgeschmack, den sie am liebsten hatte. Er tupft ihn auf ihre Lippen.

»Merci beaucoup, cher«, sagt sie.

»De rien, chère«, antwortet er. »Ich wünschte, ich könnte mehr tun. Ich wünschte bei Gott, ich hätte mehr getan.«

»Hör zu, du hast mehr als genug getan. Ich finde, es wird für dich Zeit, nach Hause zu fahren. Nicht in dein B&B, sondern in dein richtiges Zuhause. Du musst nicht bis zum grausigen Finale, der Mumie in Norman Bates' Keller, ausharren. Wenn du dich an mich erinnerst, dann mit taufrischem Teint und Cetaphil-Pflegestift-schimmernden Lippen.«

Er beugt sich vor, küsst ihre Stirn. »Merci«, sagt er.

Zurück in Montreal holt er seine Post beim Hausmeister ab. Darunter befindet sich ein Polsterumschlag ohne Absender. Er weiß, was drin ist, Abi schickt ihm jedes Jahr das gleiche Geschenk, aber dieses Mal muss sie es Wochen vorher losgeschickt haben, vor ihrer zweiten Dosis doppelt gefüllter Pop-Tarts. An seinem Schreibtisch, vor seinem Macintosh, reißt er den Umschlag auf und zieht das gebundene Schreibheft hervor. Quelle surprise: Anders als sonst ist es nicht schwarz, sondern türkis. Er blättert es durch, aber sie hat ihm keine letzte Nachricht oder Notiz hinterlassen. Die Seiten sind leer.

Eine Woche später, an seinem sechsundzwanzigsten Geburtstag, einem weiteren sonnigen sechzehnten Juli, steht er früh auf und joggt über den Friedhof auf dem Mount Royal. Eine Weile hält er inne, wandert verschwitzt durch die Reihen der Grabsteine. Als Kinder sind die Geschwister bei Besuchen in Montreal oft hierhergekommen und haben Ausschau nach Toten mit komischen Namen gehalten (Harriet Dickmann, Mitchell Fuurtz), oder nach welchen mit ihrem eigenen Familiennamen (tatsächlich liegt ein Jim Jones hier begraben).

An diesem Morgen findet Eli ein Familiengrab, auf dessen Stein der Name in Sans-Serif-Großbuchstaben eingraviert ist: CANTLIE, übersetzt: KANN NICHT LÜGEN oder auch KANN NICHT LIEGEN. »Doch, könnt ihr«, sagt Eli zu der Familie. »Ihr liegt schließlich hier!«

Eine halbe Stunde später, auf einem schmalen Lehmweg in der Nähe des Friedhofseingangs, schon auf dem Weg nach Hause, kommt ein Tier auf ihn zugetrottet. Es ist ein kleiner, kastanienbrauner Hund, eine Promenadenmischung mit langen Ohren, vielleicht ein Streuner, aber Elis Augen spielen ihm einen Streich, verwandeln den Hund für ein oder zwei Sekunden in einen Fuchs. Eli gibt den Pfad frei und bleibt im Gras daneben stehen. Als der Hund-Fuchs an ihm vorbeiläuft, dreht er den Kopf und nickt ihm grüßend zu.

Wieder in der Wohnung macht sich Eli einen Bananenshake in seinem Mixer, toastet einen Bagel, kippt Müsli in eine Schale (alles in allem sechshundertsiebzig Kalorien). Während er sein Frühstück isst, klingelt das Telefon. Einen Bissen Bagel im Mund, greift er nach dem Hörer.

»Eli«, sagt Joy.

Seine Mutter ruft nur an, um ihm zum Geburtstag zu gratulieren, lügt er sich selbst vor.

»Abi ist tot«, sagt Joy. »Sie ist heute Morgen von uns gegangen.«

Outremont, Montreal

Das Les Enfants horribles ist das Lieblingscafé der Geschwister in der Nähe ihrer neuen Wohnung. Der Name passt, schließlich hat Joy immer behauptet, sie seien schreckliche Kinder. An den Wänden des Cafés hängen verschiedene Porträts: die unheimlichen, Guillotine-vernarrten Geschwister Wednesday und Pugsley aus der Addams-Family; die verzogenen, unerträglichen Kinder, die Willy Wonkas Schokoladenfabrik besichtigen; und die makabren Zeichnungen Edward Goreys, darunter eine vom kleinen Harold Snodleigh, der einen Maulwurf mit einem Stein totschlägt.

An einem Spätsommertag Anfang Oktober, als Eli zum Frühstücken in dieses Café geht, erscheint ihm der Name besonders passend zu *Ich schwöre, ich war's nicht* und dessen liebenswertem, allerdings möglicherweise geistesgestörten sechsjährigen Erzähler und Lügengeschichtenverbreiter, Léon Doré. Eli hat ein Exemplar des Romans dabei, ein Exemplar seiner ersten veröffentlichten Übersetzung eines ganzen Buchs, die gerade von einem kleinen Montrealer Verlag namens Véhicule auf den Markt gebracht wurde. Auf dem Einband ist das Polaroid-Foto eines spitzbübischen kleinen Jungen zu sehen, der einen gestreiften Gummiball auf dem Kopf balanciert. Eli hat das Buch mitgebracht, um es zu bewundern. In seinem ganzen achtundzwanzigjährigen Leben hat ihn noch nichts stolzer gemacht.

In seiner üblichen Aufmachung bestehend aus Chinos, Sweatshirt und Doc Martens sitzt Eli an einem Tisch für vier, die Tragetasche über die Lehne seines Stuhls gehängt. Auf dem Tisch hat er seine Sachen ausgebreitet: den Roman, ein schwarzes Notizheft, sein Französisch-Englisches Wörterbuch und ein Manuskript über Kometen und Asteroiden, das er im Auftrag des Montrealer Planetariums übersetzen soll. Außerdem liegt eine blecherne Brotdose für Kinder auf dem Tisch, bedruckt mit einer New Yorker U-Bahn-Karte, auf der die unterschiedlichen Linien in einem ganzen Spektrum von Farben abgebildet sind. Eli stellt sich gerne vor, dass man ihn in seiner Nachbarschaft für eine Art exzentrischen New Yorker Künstler à la Edward Gorey hält, der seine Stifte in dieser Dose mit sich herumträgt.

»Wie fühlt es sich an, das Buch in Händen zu halten?«, fragt Abi.

»Ziemlich gut.«

»Es fühlt sich verflixt fantastisch an. Gib es zu. Lass die falsche Bescheidenheit. Wirst du es den Einheiten sagen?«

»Nein, das würde alles verderben.«

Er spricht nur selten mit Pal und Joy. Das letzte Mal hat er sie auf der Sommerhochzeit von Caroline Jones in Montreal gesehen – eine kurze, unangenehme Begegnung. Caroline hat nicht den Flickschuster geheiratet, sondern einen Schauspieler, der in einer Polizeiserie ihren Partner spielt, und der Pate hat in seiner Hochzeitsansprache gewitzelt, sollte *Revier 16* je abgesetzt werden, würde die Ehe seiner Tochter automatisch annulliert werden.

Die Kellnerin kommt, um Elis Bestellung aufzunehmen: Haferflocken ohne Milch und ohne alles, Vollkorntoast, keine Butter, ein Kännchen Pfefferminztee. Er hat Milchprodukte aus seiner Ernährung gestrichen und meidet Zucker, Salz und Öl. Sogar den Wein hat er aufgegeben. Pinot Noir ist sowieso nicht mehr das Wundermittel, das seine Wut dämpft und seine Wehwehchen heilt. Er hat etwas Besseres gefunden: intensives tägliches Training. Er sprintet den Berg hinauf, schwimmt endlose Bahnen im YMCA, hebt in einer Halle Gewichte. Ironischerweise verspürt er jetzt, wo er Arm- und Beinmuskeln aus Stahl hat, kaum noch das Bedürfnis, um sich zu schlagen und zu treten.

Sein Tisch steht am Fenster zur Straße. Draußen schiebt eine chassidische Mutter mit schief sitzender Pagenkopfperücke einen Zwillingsbuggy mit zwei kleinen Jungen über den Bürgersteig. Ob diese Brüder, die vielleicht zwei Jahre alt sind, bereits den Kopf des jeweils anderen bewohnen?

Auf der anderen Seite der Bernard Street steht das Théâtre Outremont, an dessen Artdéco-Fassade eine Pinot-Noir-farbene Weinrebe emporrankt. In einem der Fenster lächelt ein zahnlückiger Kürbiskopf aus Papier teuflisch vor sich hin, und Eli sagt zu Abi: »Weißt du noch, wie wir in Middlesex an Halloween als Karen und Richard Carpenter gegangen sind?«

Damals waren sie beide ganz normal gekleidet, und wenn jemand fragte, wen sie denn darstellten, sangen sie misstönend irgendwelche Hits der Carpenters.

Mit hauchiger Stimme singt Abi jetzt ein paar Zeilen aus »I Won't Last a Day Without You«.

Die Kellnerin bringt seine Bestellung. Während er isst und seinen Tee trinkt, überfliegt er das Planetarium-Manuskript und unterstreicht Begriffe, die er heraussuchen muss. Mitten in einer Passage über den Halleyschen Kometen sagt eine Stimme: »Élie?«

Er sieht hoch.

Eine dunkelhaarige Frau in einem voluminösen, locker von einem Gürtel gehaltenen Pullover. Unfassbar! Es ist Mademoiselle Sophie Gagnon. Auf dem Gesicht ein Lächeln, das Grübchen in ihre Wangen zaubert, steht sie an seinem Tisch. »Mon dieu«, sagt sie. »Ça fait des lustres.«

»Ja, es ist Kronleuchter her«, übersetzt er den französischen Ausdruck für »lange nicht gesehen« wortwörtlich und springt auf. Und sie küssen sich auf die Wangen wie vor vielen Kronleuchtern in ihrem Auto in Chicago.

»Ich habe mich immer gefragt, was wohl aus Eli Jones geworden ist«, sagt sie. »Und hier ist er, erwachsen, und nur einen Katzensprung von dem Haus entfernt, in dem ich aufgewachsen bin.«

Seine frühere Französischlehrerin sieht mehr oder weniger genauso aus wie an dem Tag, an dem er sie das letzte Mal gesehen hat, damals, als sie ungefähr so alt war wie er jetzt. Einen Unterschied gibt es: Eine kleine Stelle an ihrer Schläfe ist vorzeitig grau geworden, sie hat dort jetzt eine helle Strähne, ähnlich wie bei einem Stinktier, was er unglaublich schön findet.

Sie fragt, ob sie sich zu ihm setzen kann, bis ihr Essen zum Mitnehmen fertig ist. Er schiebt Wörterbuch und Brotdose beiseite und denkt, als sie sich setzt: C'est pas possible. C'est incroyable. J'en reviens pas. Mademoiselle Sophie Gagnon in seinem Lieblingscafé! Ist heute sein Glückstag oder was?

Er fängt an, sie nach ihrem Leben auszufragen – auf Französisch, um ihr zu zeigen, dass er die Sprache inzwischen beherrscht. Sophie Gagnon sagt, dass sie ihre Eltern besucht, die immer noch in dem Haus in der Nähe wohnen. Vor sechs Jahren ist sie von Chicago nach Paris gezogen, wo sie Lycée-Schülern Englisch beibringt, statt wie früher amerikanischen Kindern Französisch. Und dass sie gerade ein Sabbatjahr nimmt. Sie ist mit einem Franzosen, Loïc, verheiratet, der für die UNESCO arbeitet, und sie haben eine vierjährige Tochter, Charlotte, benannt nach der Tochter ihres Lieblingssängers, Serge Gainsbourg.

Ihr Französisch klingt pariserischer als früher, ihre Vokale sind kürzer, ihre t's abgehackter. »Qu'est-ce que tu fais dans la vie, Élie?«, will sie wissen, was er dieser Tage so treibt, und er reicht ihr das Exemplar von *Ich schwöre, ich war's nicht*. Er habe das Buch übersetzt, erklärt er und fügt hinzu, dass es der einzige Roman ist, den er bisher übersetzt hat, er aber hofft, weitere Aufträge zu bekommen.

Sophie blättert darin herum und sagt, sie glaube, sie habe schon von dem Autor, Bruno Hébert, gehört.

»Tu peux le garder«, schenkt er ihr das Buch, er habe noch weitere Exemplare.

»Je suis fière de toi.«

Dass Mademoiselle Sophie Gagnon stolz auf ihn ist, lässt Eli erröten. Er trinkt einen Schluck Tee. Was ist das für ein seltsames Gefühl in seiner Brust? Herzrasen? Glück? Womöglich Letzteres.

Er erklärt ihr, wie überrascht er ist, dass sie ihn erkannt hat. Schließlich ist er inzwischen un homme, kein garçon mehr. Und seine Haare sind jetzt schulterlang.

Die langen Haare, sagt Sophie, vergrößerten die Ähnlichkeit zu seiner Schwester. »Ta sœur s'appelle comment déjà?«

»Abigail. Kurz Abi.«

Abi habe ihr damals in Chicago erzählt, dass er nach Montreal zurückgegangen sei, um sein Französisch zu verbessern. »Ist sie inzwischen auch in Montreal?«

Eli wirft einen Blick auf die Brotdose. »Non, non, elle est à New York.« Er spielt mit dem Gedanken, sie als Dermatologin in der Upper East Side auszugeben, sagt aber stattdessen, dass sie als Künstlerin in Hell's Kitchen lebt.

»Quel genre d'artiste?«

Sie sei Fotografin. Letztes Jahr habe sie das ganze Land bereist und Frauen aufgespürt, die denselben Namen haben wie sie, um sie zu fotografieren. Eine Galerie in Chelsea habe gerade ihre Fotos von siebenundvierzig Abigail Jones ausgestellt. Einige der Abis seien sogar zur Eröffnung dagewesen. Er natürlich auch. Es sei ein großer Erfolg gewesen.

»Mais c'est dingue«, sagt Sophie.

»Ja, absoluter Wahnsinn«, bestätigt Eli, der stolz auf seine Geschichte ist. Aber auch voller Bedauern, weil er seiner Schwester die Nikon, die er für sie gekauft hatte, nie gegeben hat. Noch heute, Jahre später, steht die Schachtel ungeöffnet in seinem Schrank.

Die Kellnerin kommt mit einer großen Papiertüte mit Sophies Bestellung, und Sophie sagt, dass sie gehen muss, dass ihre Familie auf das Essen wartet. »Je peux avoir une dédicace?«, fragt sie und reicht Eli den Roman, damit er ihn signieren kann.

Auf die Seite mit »Aus dem Französischen übersetzt von Eli Jones« schreibt er, dass er ihr dafür dankt, dass sie ihm geholfen hat, von »Eli« zu »Élie« zu werden.

Sie bittet ihn, ihr auch seine Adresse zu notieren, damit sie ihm schreiben kann, wenn sie das Buch gelesen hat. Ihm seine Note schicken kann, scherzt sie, ohne seine alte Fixierung auf Zweien zu erwähnen. Was würde er sagen, falls sie es täte? Dass seine verrückten Besessenheiten ihn davor bewahren, wirklich verrückt zu werden?

Sie stehen auf und umarmen sich.

»Au revoir.«

Mademoiselle Sophie Gagnon verlässt das Café mit ihrer Essenstüte. Eli Jones setzt sich wieder und beobachtet, wie seine erste Liebe die Bernard Street hinaufgeht und verschwindet. Als sie nicht mehr zu sehen ist, schenkt er sich noch etwas Pfefferminztee ein und lässt, als kleine Belohnung an seinem Glückstag, einen Würfel Zucker hineinfallen.

»*Namensschwestern*«, sagt seine Schwester. »So sollte die Fotoausstellung heißen, die ich machen wollte. Vielleicht mit dem Untertitel *Variationen über Abigail Jones*. Ich hatte die Idee schon mit dreizehn, aber damals habe ich niemandem was davon gesagt.«

Die New-York-Dose enthält keinen Künstlerbedarf, sondern einen Plastikbeutel mit Abis Asche, ihre letzte Variation.

»Du hattest schon immer viel Fantasie«, sagt er zu seiner Schwester, »für ein so schreckliches Kind.«

Scarborough, Toronto

Die Fassade des kleinen Bungalows ist auf der rechten Seite mit rotem Backstein verkleidet, auf der linken mit vertikalen Streifen aus beigem Vinyl, was wirkt, als hätte das Gebäude zwei Gesichter. Das Dach, ein abgeflachtes Dreieck, ragt über die Backsteinseite hinaus und bildet über der Zufahrt eine Art Carport. Pals protziger New Yorker stünde in krassem Gegensatz zu dem bescheidenen Häuschen, aber das Auto ist an dem Nachmittag Anfang August, an dem ein Taxi Eli am Straßenrand absetzt, nicht zu sehen. Den Koffer in der Hand geht er über die Zufahrt. Im Vorgarten steht ein knorriger, mit zahlreichen Holzäpfeln behangener Baum, aber nur ein einziger schrumpeliger Apfel liegt auf dem Rasen. Joy muss die heruntergefallenen Früchte gewissenhaft auflesen. Das Haus hat keinen Vorder-, sondern nur einen Seiteneingang unter dem Carport. Die Tür ist nicht verschlossen. Eli öffnet sie und geht hinein.

Seit Chicago, also seit ewigen Zeiten, war er nicht mehr bei den Einheiten zu Hause, aber er hat sich öfter ausgemalt, wie es wäre, sich mitten in der Nacht in dieses ihm unbekannte Haus zu schleichen, leise zum Schlafzimmer zu gehen, zu warten, bis sich seine Augen an die Dunkelheit gewöhnt haben und er die beiden schnarchenden Gestalten im Bett ausmachen kann. Dann sein Gewehr zu heben, zu zielen, abzudrücken. Wie der Sohn im *Amityville-Horror*-Haus, der seine Eltern erschoss. Nicht, dass Eli ein Gewehr hätte. Nicht, dass er auch nur einer Fliege etwas zuleide tun könnte (in seiner Wohnung in Outremont, die im dreizehnten Stock liegt, stülpt er Wassergläser über Wespen, Grashüpfer und Marienkäfer und lässt sie auf dem Balkon frei). Trotzdem ist der Tagtraum von diesem Gemetzel ihm eine Hilfe an Tagen, an denen die in ihm schwelende Wut – auf die Einheiten, auf sich selbst –, so schlimm ist, dass nicht einmal Bankdrücken hilft.

Er wandert durch den Bungalow, obwohl die Straße in die Vergangenheit, die er damit einschlägt, voller Tücken ist. Guten Tag Resopaltisch, guten Tag Fernsehsessel, guten Tag Stereoanlage. Trotz ihres Alters haben die Möbel aus seiner Kindheit intakter überlebt als er selbst. Es gibt auch neuere. Ein viel zu wuchtiges Ungetüm von Couch. Einen großen, klobigen Fernseher. Und die Bibelots haben sich allem Anschein nach gepaart und Nachwuchs produziert; oder aber ganze Horden von ihnen sind aus anderen, weniger gastlichen Häusern hierher ausgewandert und haben sich in diesem freundlichen Land niedergelassen, wo sie niemals übersehen oder vernachlässigt werden und niemals unabgestaubt bleiben. Traurige Clowns, Ballerinen, Hunde unterschiedlicher Rassen, sogar ein Trio von »Nichts Böses sehen, hören, sprechen«-Affen.

Eli geht durch den Flur und wirft einen Blick ins Schlafzimmer. Das Bett ist nicht gemacht, die rosa Laken sind zerknüllt, die rosa Decke hängt über die eine Seite, die gerüschte rosa Tagesdecke liegt als unordentlicher Wust auf dem Boden. So viel Rosa – wie ein Bett, in dem eine Drag Queen schlafen würde. Er will dieses Zimmer, den Ort seines imaginären Doppelmords, nicht betreten und geht stattdessen ins Gästezimmer auf der anderen Seite des Flurs. Abi hat gelegentlich hier gewohnt, wenn sie zwischenzeitlich keine eigene Bleibe hatte, wie damals, als Eli sie nicht mehr in der Wohnung in Mile End haben wollte und Pal kam, um sie abzuholen.

Das Gästezimmer enthält keine aus ihrer Kindheit übriggebliebenen Möbel. Fast alles ist neu und aus Pressspan. Doch in einem hohen, schmalen Bücherregal findet er alte Taschenbücher, die ihm und seiner Schwester gehört haben. *Blumen der Nacht. Ich hab dir nie einen Rosengarten versprochen. Eine ganz normale Familie. Meine liebe Rabenmutter. Durchgeknallt.* Außerdem mehrere eselsohrige Kinderbücher von Roald Dahl. Beim Überfliegen der Buchrücken stößt er auf einen neueren Titel: *Ich schwöre, ich war's nicht* von Bruno Hébert. Er zieht das Buch heraus. Auf dem Einband, genau über dem Polaroidfoto des teuflischen kleinen Jungen, befindet sich ein Aufkleber, der Elis Nominierung für den Governor General's Award für Übersetzungen verkündet, den er schlussendlich jedoch nicht bekommen hat. Er hat den Einheiten nie von diesem Buch erzählt, wie also ist es hier gelandet? Er schiebt es an seinen Platz zurück.

Er geht erst in die Küche, dann hinunter in das möblierte Souterrain. Im dortigen Aufenthaltsraum findet er das alte geblümte Canapé, inzwischen ein bisschen fadenscheinig. Er setzt sich, um zu spüren, wie die Polster unter ihm nachgeben. Von hier aus kann er in die Waschküche sehen, wo ein großer Wäschekorb aus Weide umgekippt auf dem Boden liegt, umgeben von Kleidungsstücken und Handtüchern. Er geht hin und hebt die Wäsche auf, die sauber riecht, faltet sie und legt sie zurück in den Korb. Als Pal ihn gestern in Montreal anrief, sagte er, er habe Joy bewusstlos auf dem Boden gefunden. Es muss der Boden der Waschküche gewesen sein.

Als Eli mit dem Wäschekorb nach oben geht, hört er ein Auto in die Zufahrt einbiegen. Sein Vater ist aus dem Krankenhaus zurück. Durch die Fliegengittertür beobachtet er, wie Pal den New Yorker im Carport abstellt, den Motor ausschaltet und den Kopf aufs Lenkrad sinken lässt. Er sieht erst wieder hoch, als sein Sohn nach draußen kommt und ans Autofenster klopft.

Es ist Elis Aufgabe, Freunde, Verwandte und Kundinnen (Joy hat in der Nachbarschaft geputzt) über den Tod seiner Mutter zu informieren. Er und Pal sitzen Whiskey trinkend am Küchentisch und reichen das Telefon zwischen sich hin und her. Pal wählt, sagt den Leuten kurz, dass sein Sohn ihnen etwas mitzuteilen hat – ohne zu erwähnen, ob es gut oder schlecht ist –, und gibt das Telefon an Eli weiter, der sagt, dass Joy gestern einen Schlaganfall hatte, das Bewusstsein nicht wiedererlangt hat und kurz nach elf an diesem Morgen im Krankenhaus gestorben ist. Pal sei bei ihr gewesen. Ja, es sei ein Schock, stimmt Eli zu. Ja, sie sei genauso gestorben wie Nanny. Ja, Joy sei eine Kämpfernatur gewesen, ein großartiger Mensch, zu jung, um zu sterben, in der Mitte des Lebens dahingerafft et cetera. Ja, es sei eine Tragödie, vor allem nach Abis Tod vor erst drei Jahren. Ja, er halte sich einigermaßen, das Gleiche gelte für Pal. Nein, es werde keine Beerdigung geben: Joy habe Beerdigungen gehasst und sich sogar geweigert, eine für Abi auszurichten. Ja, er werde Bescheid geben, sollten er oder Pal irgendetwas brauchen.

Von Pals Brüdern rufen sie nur den ältesten an, Reverend

Rick, und bitten ihn, die anderen zu informieren. »Bill ist unerreichbar«, teilt Reverend Rick Eli mit. »Seit gut neun Monaten hat niemand etwas von ihm gehört. Ein Freund von ihm denkt, dass er nach Mexiko gefahren ist, um Peyote auszuprobieren und mit seinem Totemtier in Kontakt zu treten, aber ich mache mir Sorgen.«

Eli ist erleichtert, dass er nicht mit Falschgeld sprechen muss, dem er erfolgreich aus dem Weg gegangen ist, seit er aus Mile End weggezogen ist. Als die Anrufe erledigt sind, geht Pal ins Wohnzimmer, lässt sich auf die Couch fallen, beugt sich vor und stützt den Kopf in die Hände. Eli setzt sich zu ihm, legt einen Arm um seinen Vater und sagt, dass es ihm sehr leidtut. Pal sinkt gegen seinen Sohn und fängt an zu weinen, und Eli hält ihn, tätschelt seine Schulter, sagt, dass alles gut werden wird. Er tut das alles mechanisch, so wie er die Anrufe erledigt hat. Anscheinend steht er unter Schock, sagt er zu sich selbst. Oder aber er empfindet absolut nichts, nada, rien, für die Frau, die seine Mutter war.

»Die Jones fallen um wie die Fliegen«, flüstert er später, als er Junior in Brooklyn anruft, ins Telefon.

»Bruder, komm zu uns. Bleib nicht in diesem Haus. Du schuldest diesem Arschloch gar nichts.«

Eli hört nicht auf seinen Freund, seinen einzigen Freund, der jedes noch so dunkle Kapitel aus dem Leben der Jones kennt, sondern bleibt und hilft dem Arschloch. Er begleitet Pal zum Beerdigungsinstitut, um die Einäscherung in die Wege zu leiten. Dort stößt er aus Versehen eine Reihe billiger Urnen um, die wie Kegel über den Tisch rollen und mit unglaublichem Getöse auf den Boden kullern. Der Bestatter sieht fassungslos aus, aber Vater und Sohn fangen an zu kichern und können minutenlang nicht aufhören. Es ist vielleicht das erste Mal, dass sie miteinander lachen.

Doch an den meisten ihrer Tage gibt es nichts zu lachen.

Pal schlurft wie ein Zombie durch die Gegend, redet kaum, weint oft. Eines Nachmittags, als Eli noch nicht sehr lange hier ist, spricht eine Nachbarin Pal auf der Straße an, um ihm ihr Beileid auszusprechen. »Umgeben Sie sich mit Freunden«, rät sie ihm, und Pal antwortet, er habe seinen besten Freund bei sich. Dabei deutet er auf Eli, und Eli ist irgendwie stolz, hat aber gleichzeitig auch das Gefühl, einen Tritt in die Magengrube bekommen zu haben.

Er ist derjenige, der sämtliche Mahlzeiten kocht, denn Pal, in der Küche ein hoffnungsloser Fall, isst nur, wenn Eli ihm etwas vorsetzt. Eines Morgens versucht er, beim Frühstück zu helfen und schneidet eine Grapefruit in zwei Hälften, aber als er die Frucht auslöffeln will, erklärt er sie für »schadhaft«, weil er nicht weiß, dass er die einzelnen Spalten erst mit dem Messer lösen muss. Wenn er den Abwasch macht, benutzt er so viel Spülmittel, dass über dem Becken ein ganzer Gebirgszug aus Schaum aufsteigt. Seit seiner Zeit in der Armee hat er kein Bett mehr gemacht. Er hat noch nie gewaschen. Er kann eine komplizierte Apparatur bauen, die in einem Raumschiff der NASA andere Geräte herunterkühlt, weiß jedoch nicht, dass sich das Rohr eines Staubsaugers teleskopartig herausziehen und seiner Größe anpassen lässt.

Er rasiert sich nicht mehr, die grau melierten Stoppeln wachsen ungleichmäßig. Bisher hat er sich immer von Hand rasiert, jetzt schenkt Eli ihm einen elektrischen Rotationsrasierer, den gleichen Remington, den er selbst benutzt, und zeigt seinem Vater, wie er ihn in überlappenden Kreisen über seine Wangen führen muss. Rasieren – eine klassische Vater-Sohn-Aktivität, die sie bis jetzt nie miteinander geteilt haben (es war Junior, der Eli damals, in Cook County, beigebracht hat, wie man sich rasiert).

Mit seinen neunundzwanzig Jahren kann Eli immer noch nicht Autofahren, und eines Abends bittet er Pal, ihm in den Vorortstraßen von Scarborough die Grundlagen beizubringen. Auf dem Fahrersitz des New Yorker, den Rücken feucht vor nervösem Schweiß, bereit, zum ersten Mal den Fuß auf ein Gaspedal zu setzen, gesteht Eli: »Ich habe eine blaue Angst«, die französische Art zu sagen, dass man Riesenangst hat.

»Was wäre das Schlimmste, was passieren könnte?«, fragt Pal.

»Ich könnte auf einen Bordstein holpern und in eine Mauer krachen und uns beide umbringen.«

»Pffft«, macht Pal, womit er sagen will, dass es entweder nicht dazu kommen wird, oder es, falls doch, keine große Sache wäre.

Später an diesem Abend, als sich Pal im Wohnzimmer ein Spiel der Toronto Blue Jays ansieht, zeigt Eli ihm das Exemplar von *Ich schwöre, ich war's nicht*, das dieser anscheinend noch nie gesehen hat. »Es ist ein Roman, den ich übersetzt habe«, erklärt Eli.

»Lies mir doch ein bisschen daraus vor. Wie in alten Zeiten.«

Eli macht den Fernseher aus, setzt sich neben seinen Vater auf die Couch und liest ihm ein paar Seiten vor, während Pal, die in Pantoffeln steckenden Füße auf einen Hocker gelegt, seine Augen ausruht.

Wir nähern uns an, denkt Eli nervös. Der Mann hat ihn einmal vor dem Ertrinken gerettet, schuldet er ihm da nicht wenigstens ein bisschen Mitgefühl, obwohl in ihrem Fall der Schnee niemals von gestern sein wird?

Pal hat aufgehört, in seine P. A. L.-Werkstatt über der Tankstelle zu gehen; Eli hat seine Auftraggeber in Montreal angerufen und ihnen gesagt, dass er bis auf Weiteres nicht in der Stadt sein wird. Was, wenn keiner von ihnen jemals wieder arbeitet? Was, wenn sie in diesem kleinen gemieteten Bungalow bleiben, all ihre Ersparnisse aufbrauchen, allmählich immer höhere Exzentrizitätsebenen erreichen und sich in männliche Versionen von Little Edie und Big Edie aus *Grey Gardens* verwandeln?

An einem anderen Abend, als Pal mit leeren Augen und völlig teilnahmslos vor einem weiteren Baseballspiel sitzt, kommt Eli in Turnhose und Trägershirt ins Wohnzimmer, nachdem er eine Stunde lang durch die endlosen Reihen der Bungalows gejoggt ist.

»Du bist ein richtiges Muskelpaket geworden«, sagt Pal, was übertrieben ist. »Was hast du mit meinem schlaksigen Jungen gemacht?«

»Ich hebe Gewichte«, erklärt Eli. »Wenn du es dir zutraust, können wir ja mal zusammen trainieren gehen, dann zeige ich dir, was ich so mache.«

Er setzt sich neben seinen Vater auf den Fußboden, so wie als Kind, und sie sehen sich das Spiel gemeinsam an. Bald darauf streckt Pal die Hand aus und streicht über Elis schulterlange Haare. Joy hat diese langen Haare gehasst. »Du siehst damit aus wie ein Mädchen«, hat sie auf Carolines Hochzeit zu ihm gesagt. Übersetzt: Du siehst aus wie Abi.

Während sein Vater ihn tätschelt wie einen Hund, kommt er sich eigenartig vor. Es macht ihn verlegen. »Ich sollte duschen gehen, ich stinke«, sagt er und steht auf. »Möchtest du irgendwas? Was zu knabbern?«

»Bring mir eins von meinen Pseudo-Bieren.«

Pal trinkt inzwischen dieselbe Sorte alkoholfreies Bier, die Eli seiner Schwester im Parc La Fontaine untergejubelt hat. Eli geht zum Kühlschrank, der vollgestopft ist mit den Aufläufen, die Nachbarinnen – geschiedene oder verwitwete Frauen in den Fünfzigern – vorbeigebracht haben. Trostfutter. Eli hat darüber gewitzelt: »Sie sind dabei, dich einzukreisen. Sei lieber vorsichtig!«

Eines Morgens, nachdem die verwitwete Mary Johnson einen Topf Minestrone abgegeben hat, macht sich Eli daran, den Kühlschrank auszuräumen, um Platz zu schaffen. Alles, was fraglich aussieht oder riecht, fliegt in den Müll. Er macht sich auch über die übervolle Speisekammer her, wo er Dosen, Flaschen und Lebensmittelpackungen findet, die noch aus der amerikanischen Zeit der Jones stammen (im Gegensatz zu kanadischen Etiketten sind die amerikanischen einsprachig). Auch sie fliegen raus. Nachdem er die Mülltüten an den Straßenrand geschleppt hat, bietet er an, auch Joys Kleider einzupacken und zu einer Sammelstelle zu bringen, aber sein Vater erteilt ihm eine Abfuhr: »Zu früh.«

»Soll ich dann wenigstens einen Teil des ganzen Krimskrams wegräumen?«, fragt Eli. »Einen Teil der Nippessachen? Es würde dir die Hausarbeit erleichtern.«

»Nicht nötig.«

»Das Haus fühlt sich nicht nach dir an, Pal. Wo man auch hinsieht, überall stehen Bibelots und Sachen, alles Erinnerungen an Joy.«

»Ich versuche nicht, sie zu vergessen.«

Pal hat Joy so selten erwähnt, dass Eli vermutet, das sei sehr wohl der Fall. Eli jedenfalls tut es. Trotzdem hat er immer wieder Schuldgefühle, weil er so wenig bekümmert ist. Und wegen seiner Wutanfälle (als er im Medizinschränkchen auf Tussiblondchens Haarbürste gestoßen ist, hat er sämtliche Haare zwischen den Borsten herausgerissen und in der Toilette runtergespült).

Eines Abends, als sie die Minestrone essen, unternimmt Eli einen neuerlichen Versuch, über seine Mutter zu reden. »Was meinst du, was hat Joy und dich so lange zusammengehalten?«

Pal sieht seinen Sohn argwöhnisch an. »Ich kann nicht darüber reden«, erwidert er kurz angebunden.

Kann er nicht *da*rüber reden, oder kann er nicht über das *Es* reden? Das unaussprechliche *Es* hat die Einheiten zusammengehalten. Ihr gemeinsames Geheimnis. Ganz offensichtlich. Wieso kommt Eli erst jetzt auf diese Schlussfolgerung? Wie konnte er nur so schwer von Begriff sein, so begriffsstutzig? Ein schlimmer Gedanke: Hat das Es auch *seine* Bindung an seinen Vater aufrechterhalten? Hält er den Kontakt in der Hoffnung, dass Pal ihm eines Tages das »Wieso« der ganzen Sache erklären wird?

Am nächsten Morgen macht sich Eli auf die Suche nach den Familienalben. Wenn er Fotos von Joy und die alten Polaroidfotos von Abi und ihm als Kinder sieht, empfindet er vielleicht zumindest einen Anflug von Kummer. Vielleicht tauen die Fotos sein verdammtes Herz auf, das sich so hart und kalt anfühlt wie die pappigen alten Waffeleis-Sandwiches, die er aus Joys übervoller Kühltruhe ausgegraben und weggeworfen hat.

Pal sagt, die Alben sind im Regal mit den Taschenbüchern. Nein, dort hat er nachgesehen. Dann vielleicht im Schrank im Gästezimmer? Eli sieht nach, findet sie aber nicht. »Dann guck mal in die Schubladen von Joys Kommode«, schlägt Pal vor. Auch da sind sie nicht. Genauso wenig sind sie im Flurschrank, in der Zedernholztruhe im Wohnzimmer, im Unterschrank von Nannys Vitrine. Wann hat Pal die Alben zuletzt gesehen? Sein Vater kann sich nicht erinnern. »Ich schaue sie mir nie an«, gesteht er.

Eli durchforstet das kleine Haus mit einem immer beklommeneren Gefühl, das schließlich titanische Ausmaße annimmt und droht, ihn auf den Grund des Meeres zu ziehen. Aus dem Heizungsraum im Keller ruft er: »Wo zum Teufel hat sie sie hingetan, Pal? Wo hat sie sie versteckt?«

Pal hat die Suche aufgegeben, ist oben geblieben, sitzt kaffeetrinkend in seinem Fernsehsessel und wird immer blasser.

Während Eli sucht, sieht er einige der verlorenen Fotos vor sich. Abi und er als Kinder, wie sie in ihren Pyjamas unter dem Weihnachtsbaum sitzen. Sie beide in Schneeanzügen in einer Gasse in Verdun, wo sie einen Schneemann mit Karottennase bauen. Die Jones rund um das Truthahnskelett auf Nannys Esszimmertisch. Eli im Alter von sechs Jahren in der Badewanne, zusammen mit seinen beiden Schaumbadflaschen in Gestalt von Batman und Robin. Abi mit elf in einer Reifenschaukel im Hänsel-und-Gretel-Wald in Middlesex. Eli, der in Salt Lake City Körbe wirft. Eli und Junior beim Austragen der *Chicago Tribune,* während der gute alte King hinter ihrem Einkaufswagen hertrottet.

Schließlich poltert Eli wieder nach oben. »Gib es zu«, sagt er zu seinem Vater, der zusammengesunken in seinem Fernsehsessel hängt. »Du warst es, nicht wahr, du Mistkerl?«

»Nein, ich war es nicht, Junge.«

»Was hast du mit ihnen gemacht? Sie zerrissen? Einfach weggeworfen? Sie verbrannt?«

Pal schüttelt jämmerlich den Kopf.

Eli beschuldigt ihn weiter, obwohl er ihn bereits mehr oder weniger von dem Verbrechen freigesprochen hat. Es *muss* Joy gewesen sein. Wann hat sie es getan? Gleich nach Abis Tod, oder erst vor einem Monat? Was war der Auslöser? Was hat sie dazu getrieben?

In Cook County hat sie gesagt, bei einem Feuer würde man als erstes die Fotoalben retten. In Scarborough wurde ihr toter Körper gerade erst in einen Krematoriumsofen geschoben. Seine Mutter ist dem Feuer nicht entkommen, und für Eli fühlt es sich an, als hätte sie die ganze Vergangenheit der Jones mit sich in die Flammen gezerrt.

Auf dem Umschlag, einem dicken, cremefarbenen Rechteck, steht ein Absender, den Eli nicht kennt. Der Brief kommt zwar aus Scarborough, aber nicht von Pal Jones. Abgesehen davon hat sein Vater ihm noch nie einen Brief geschrieben, nicht vor Joys Tod, und auch nicht in den acht Monaten, die seitdem vergangen sind. Außerdem ist die Handschrift geschwungen und schön, nicht Pals Krickelkrakel. Eli öffnet den Brief im Aufzug auf dem Weg zu seiner Wohnung, Apartment 1407, das eigentlich die Nummer 1307 haben sollte, aber der Aberglaube der Bauherren hat den dreizehnten Stock einfach wegfallen lassen. Drinnen findet er eine cremefarbene Prägedruck-Einladung. »Heilige Scheiße!«, murmelt er vor sich hin, als er sie liest.

In der Wohnung wedelt er mit der Einladung vor dem Bücherregal herum und verkündet: »Pal heiratet.«

Oben auf dem Regal steht die New Yorker Brotdose. Im ersten Moment ist Abi sprachlos, schließlich aber sagt sie: »Wie alt ist die Braut? Dreizehn?«

Eli wird die von ihm erbetene Antwort nicht schicken. Er hat seit Monaten nicht mit Pal gesprochen. Anderthalb Monate nach Joys Tod fing Pal an, sich zu verabreden. Damals rief er Eli öfter an, um sich Ratschläge einzuholen. »Wie sind heutzutage die Regeln?«, wollte er wissen. »Ist es koscher, sich gleichzeitig mit drei verschiedenen Mädchen zu treffen?« Eli hatte keine Ratschläge zu vergeben. Er war ein neunundzwanzigjähriger zwangsgestörter arbeitssüchtiger Single von unklarer sexueller Orientierung. Was wusste er schon über Beziehungen? Sobald irgendetwas länger dauerte als drei Nächte, machte sich in ihm das erdrückende Gefühl breit, Teil einer – Himmel hilf! – Einheit zu sein.

Bei einem dieser Anrufe fragte Pal seinen Sohn, für wen er sich entscheiden würde, wäre er gezwungen, eine Wahl zu treffen: eine intelligente Gesprächspartnerin oder ein Mädchen, das witzig und »im Bett ein Knaller« ist, und Eli fragte sich, wieso zum Teufel er die Entfremdung von diesem seltsamen Mann nicht längst durchgezogen hatte. Er war vor einem Dutzend Jahren von zu Hause abgehauen und hatte sich geschworen, nie wieder mit seinem Vater zu reden, hatte davon fantasiert, dem kranken Bastard den Schädel einzuschlagen, und jetzt war er irgendwie zu seinem Vertrauten geworden. Verdammt, wie er sich selbst hasste. Als Pal eine Nachricht auf seinem AB hinterließ und sich nach Kondomen erkundigte (lieber gefühlsechte oder gerippte?), rief Eli nicht zurück und ließ eine Weile alle Anrufe auf den AB gehen. Irgendwann rief Pal nicht mehr an.

Als das Hochzeitsdatum – ein Sonntag gegen Ende Juni – immer näher rückt, rechnet Eli damit, dass sein Vater sich meldet, um zu fragen, ob er nun kommt oder nicht, aber kein Pieps von Pal.

An einem Tag Mitte Juni erinnert Abi ihren Bruder daran, dass es in der Einladung hieß, er könne eine Begleitung mitbringen.

»Lass uns zusammen fahren«, schlägt sie vor.
»Auf keinen Fall.«
»Wir könnten eine Ansprache halten.«
»Vergiss es.«
»Wir könnten unseren Daddy an die Braut übergeben.«

Eli Jones ist ganz in Schwarz gekleidet: Enge schwarze Jeans, schwarzes Oversize-T-Shirt, schwarze Doc Martens zum Schnüren. Das Beerdigungsoutfit war Abis Idee. Er hat überlegt, sich auch die Haare schwarz zu färben, aber das hat Abi abgelehnt. »Färben ist schlecht für die Kopfhaut.« Aber er hat die Brotdose mit mattschwarzer Farbe eingesprüht und hält sie wie eine Handtasche, als er an einem bewölkten Tag in Scarborough durch eine von Autos gesäumte Straße zum terrassierten Haus der Braut geht, wo der Hochzeitsempfang im dahinterliegenden Garten stattfindet.

Mary Johnson wohnt nur eine Straße von Pal entfernt. Eli hat den Namen auf der Hochzeitseinladung erkannt –

er hatte ihn auf einem Post-it auf dem Topf Minestrone vermerkt, den sie nach Joys Tod vorbeibrachte –, aber er kann sich nicht an ihr Gesicht erinnern. Alle Frauen, die damals Essen vorbeibrachten, waren für ihn nur Androide.

Als er sich Mary Johnsons Haus nähert, hört er das Geplauder der Gäste, die sich dahinter versammelt haben. An der Tür vorne hängt ein Strauß aus Chrysanthemen und Schleierkraut. THE JOHNSONS, verkündet die Fußmatte. Die Tür steht offen, also geht Eli hinein. Etwas seitlich versetzt führen mehrere Treppenstufen zum Wohnzimmer hinauf, in dem vier vielleicht neun oder zehn Jahre alte Kinder auf dem Boden sitzen, Cluedo spielen und sich eine Schüssel Cheezies teilen. Sie sehen von ihrem Spiel hoch, und ein Junge mit gegelten Haaren und Fliege fragt: »Wer bist du?«

»Der Sensenmann«, antwortet Eli.

Er geht ins Esszimmer, wo zwei junge Frauen in Dienstkleidung die Cellophanabdeckungen von Schüsseln mit grünem, Kartoffel- und Bohnensalat abnehmen und die Schüsseln durch die Küche und einen mit Pflanzen vollgestellten Wintergarten auf eine hölzerne Veranda tragen und auf einen langen Tisch stellen, der bereits mit Platten voller Essen beladen ist. Eli, der ihnen gefolgt ist, bleibt im Wintergarten stehen und besieht sich von dort die etwa fünfzig Hochzeitsgäste im Garten – die meisten müssen Verwandte und Freunde der Braut sein. In der Einladung hieß es in Bezug auf den Kleidungsstil »sportlich-elegant«. Dementsprechend tragen die Männer Freizeithemden, weitgeschnittene beige Bundfaltenhosen und Leinenjacketts, die Frauen Sommerkleider und Schuhe mit niedrigem Absatz, aber dafür jede Menge Haarspray. Gäste schlendern auf die erhöhte Veranda, um ihre Teller mit Essen vollzuhäufen, und nehmen anschließend an dem guten halben Dutzend gelb eingedeckter Picknicktische Platz, die zwanglos im Garten verteilt sind. Andere stehen in Grüppchen beisammen, reden, lachen und trinken Sekt aus hohen Plastikgläsern. Jemand macht Fotos.

Eli entdeckt Reverend Rick, der eine weiße Robe und eine Stola in Regenbogenfarben trägt. Er muss die Trauung vorgenommen haben. Eli hat sie verpasst. Er ist anderthalb Stunden zu spät dran, da er erst an diesem Morgen in Montreal losgefahren ist. Die Feier mit »Essen, Getränken, Ansprachen und Vergnüglichkeiten«, wie es in der Einladung hieß, wird den ganzen Nachmittag einnehmen.

»Ich kann Pal nirgends sehen«, sagt Abi zu Eli.

»Er ist drüben beim Schuppen. Der Typ in Veteranenuniform und Barett.«

»Du hast recht!« Pal hat Eli diese Uniform einmal gezeigt, aber er hat sie seinen Vater noch nie tragen gesehen. Die Uniform besteht aus einem marineblauen Blazer, marineblauem Barett, weißem Hemd, gestreifter Krawatte, grauer Hose und eleganten schwarzen Schnürschuhen. Der Blazer hat Messingknöpfe und ein auf der Brusttasche aufgenähtes Emblem.

»Wahrscheinlich trägt er sogar sein Verwundetenabzeichen«, sagt Abi. »Du weißt schon, den Flicken, den er bekommen hat, weil ihm in den Arsch geschossen wurde.«

Die Geschwister beobachten die Szene eine Weile, bis eine Stimme hinter Eli »Eli?« ruft.

Er dreht sich um. Jetzt erkennt er sie – die große, rundliche Minestrone-Dame. Sie trägt ein weit geschnittenes Sommerkleid, das in einem Kaleidoskopmuster in Aquamarinblau und Gelb bedruckt ist. »Ich bin so froh, dass du da bist«, sagt sie, kommt näher und schließt ihn so fest in die Arme, als seien sie Verwandte, die sich nach Ewigkeiten wiedergefunden haben. Sie riecht nach Flieder.

Dann lässt sie ihn los und tritt einen Schritt zurück, um ihn besser betrachten zu können. Ihre braunen Haare fallen in wuscheligen Locken bis auf ihre Schultern, ihre kleinen

Augen funkeln hinter einer rechteckigen, schwarz-geränderten Brille. Sie hat ein Doppelkinn, eine breite Stirn und schmale, pink geschminkte Lippen. Ihr Lächeln ist das Wärmste, das Eli je zugedacht wurde.

»Merde«, sagt Abi. »Sie könnte unsere Traummutter sein.«

Mary Johnsons Blick bleibt an Elis schwarzer Dose hängen.

»Mein Koffer«, witzelt er und hält die Dose hoch. »Ich reise mit leichtem Gepäck.«

»Du hast die Zeremonie verpasst«, sagt Mary. »Aber mach dir deswegen absolut keine Gedanken. Sie war wundervoll. Dein Onkel hat uns auf der Veranda getraut. Ach, es war magisch. Einfach magisch. Pal hat in seiner Uniform so elegant ausgesehen, so heroisch.«

Sie hebt die linke Hand. An einem ihrer plumpen Finger trägt sie einen schmalen Goldring, in den mehrere kleine Diamanten eingelassen sind.

»Félicitations«, sagt Eli.

»Übrigens, Eli, eins möchte ich dir gleich zu Anfang sagen. Ich möchte, dass du weißt, dass ich deine Mutter nicht ersetzen will. Das würde ich nie tun. Die ganze Zeit habe ich zu mir selbst gesagt: ›Mary, Pals Sohn wird nicht zu deiner Hochzeit kommen, weil er wütend auf dich ist, weil du den Platz seiner Mutter einnehmen willst.‹ Aber ich könnte deine liebe Mutter nie ersetzen. Nie. Nicht in einer Million Jahre.«

Doch, könntest du, denkt Eli. Tu dir meinetwegen keinen Zwang an.

»Ich hatte Joy engagiert, damit sie mir einen Teil der Hausarbeit abnimmt, und sie hat richtig gute Arbeit geleistet, aber leider haben wir uns nur ein einziges Mal getroffen, weil sie, ach, es ist so traurig, eine Woche später gestorben ist, und ich bedaure es so sehr, sie nicht besser gekannt zu haben. Aber ich bin zum Veteranenfriedhof gefahren, auf dem dein Vater ihre Asche beigesetzt hat, und habe zu ihrer Grabplatte gesagt: ›Joy, ich bin Mary Johnson, die Frau mit dem Grußkartenladen. Sie erinnern sich vielleicht, die Frau, die darauf bestanden hat, dass Sie nichts anderes als Murphy-Ölseife für die Hartholzböden nehmen. Und jetzt heirate ich Ihren Pal, und ich werde gut für ihn sorgen, da Sie es ja nicht mehr können. Und ich werde ihn sehr lieben, denn Pal Jones ist ein Mann, der sehr geliebt werden muss, und ich bin die Frau, die das tun wird.‹ Weißt du, Eli, wir alle brauchen Liebe, aber Pal ganz besonders. Findest du nicht auch?«

Eli nickt.

»Ach, es tut mir leid, dass ich dich so vollquassele, aber der heutige Tag ist so aufregend, so perfekt. Eigentlich sollte es ja regnen, aber bisher kein einziger Tropfen. Kein Regen an Marys großem Tag! Jedenfalls muss ich dich allen vorstellen. Du sollst meine Kinder kennenlernen, deine Stiefschwester und deinen Stiefbruder. Darf ich das sagen? Bist du damit einverstanden? Meine Tochter heißt Susan, und mein Sohn ist Garth junior. Mein erster Mann, Garth senior, er ruhe in Frieden, ist Weihnachten vor fünf Jahren gestorben.«

»Das tut mir leid.«

»Es war sein Herz, das versagt hat. Bei Joy war es das Gehirn. Es ist meistens das eine oder das andere.«

Sie nimmt Elis Hand – ihre ist feucht, ihr Griff fest –, und zerrt ihn praktisch durch den Wintergarten, auf die erhöhte Veranda und die Treppe hinunter in den Garten. Dort stellt sie ihn Unbekannten vor. »Pals Sohn, Eli, aus Montreal. Er spricht fließend französisch. Sag etwas auf Französisch, Eli.«

»Bonjour, je m'appelle Élie et je me déteste.«

»Wie schön das klingt!«

»Ihr Dad ist ein toller Nachbar«, sagt eine Frau mit einem Portweinfleck in der Form von Nevada auf der Wange. »Einmal hat er auf meine Kinder aufgepasst, als meine Mutter gestürzt war und ich sofort zu ihr musste und keine Zeit hatte, einen Babysitter zu organisieren. Pal hat sich angeboten.«

»Er kann gut mit Kindern umgehen«, sagt Mary.

»Ein Familienmensch«, nickt die Portweinfleck-Dame.

»Tabarnak!«, sagt Abi.

Mary führt Eli weiter, um ihn Garth vorzustellen, der, obwohl nur ein oder zwei Jahre älter als Eli, schon völlig kahl ist. Allerdings hat er einen perfekt gerundeten, glatten Schädel, der für eine Glatze wie geschaffen ist. Er trägt eine Ascotkrawatte, was vielleicht ironisch gemeint ist. Sein fünfjähriger Sohn, Sammy, umklammert sein Bein.

»Willkommen in der Familie«, sagt Garth.

»Was hast du in der Dose?«, will Sammy wissen.

»Eine Bombe«, witzelt Eli.

Sammys Augen werden riesig, und Garth versichert seinem Sohn, dass Eli einen Witz gemacht hat.

»Nein, habe ich nicht«, sagt Eli.

Alle lachen, sogar Eli.

Mary steuert ihn weiter zu einem Adirondack-Stuhl, in dem sich eine schwangere Frau in den Dreißigern mit einer Zeitschrift fächelt. Ihre dunklen Haare sind zu einem Knoten geschlungen.

»Entschuldige, dass ich nicht aufstehe«, sagt Susan.

»Sie ist in vier Wochen fällig«, erklärt Mary. »Deshalb haben Pal und ich die Hochzeit ein bisschen früher angesetzt. Weil ich mit dem Baby helfen will, sobald es auf der Welt ist. Es wird ein Mädchen, und sie wird entweder Irene oder Mackenzie heißen. Mir wäre Irene lieber.«

»Ach Mum, du hättest es doch toll gefunden, wenn ich das Baby an deinem Hochzeitstag bekommen hätte«, scherzt

Susan. »Vielleicht sollte ich mich von der Veranda fallen lassen, damit die Wehen einsetzen, bevor du den Kuchen anschneiden kannst.«

»Ach du!«, ruft Mary. Und an Eli gewandt: »Wir müssen Pal sagen, dass du hier bist. Er wird völlig aus dem Häuschen sein.«

Pal steht mit dem Rücken zu ihnen am anderen Ende des Gartens, in der Nähe der Schaukel der Nachbarn, und unterhält sich mit einer Gruppe von Gästen, unter ihnen Reverend Rick und ein weiterer Bruder.

Jemand vom Partyservice fragt Mary nach den Desserttellern, und während die beiden reden, entschuldigt sich Eli und verkrümelt sich, außen ums Haus herum, über die Zufahrt zur Straße, dann die Straße entlang und um die nächste Ecke. Er hat kein Ziel, nur das dringende Bedürfnis, wegzukommen. Aber als er um die darauffolgende Ecke biegt, steht er vor Pals Haus.

Er geht hin und späht durch die Fenster, die keine Vorhänge mehr haben. In einer Ecke des Wohnzimmers stapeln sich Umzugskisten. Die Bibelots wurden eingepackt, die Bilder von den Wänden genommen. Die Möbel sind noch da, wurden aber dicht gedrängt zusammengeschoben, wie Schweine in einem Kober. Wahrscheinlich wohnt Pal schon in Marys größerem, schöneren Haus. Seine Sachen, vermutet Eli, werden entweder verkauft oder entsorgt werden. Pal hat die Flucht angetreten.

»Wieso so mélancolique?«, fragt Abi. »Hattest du gehofft, ein Keramikhäschen oder ein Spitzendeckchen zu erben?«

Der Holzapfelbaum blüht, aber die meisten der Blüten liegen bereits vertrocknet auf dem Boden. Eli setzt sich auf den Teppich, den sie bilden, und stellt die schwarze Dose neben sich ab. Er fühlt sich hier nicht zu Hause, aber immerhin ruhiger als chez Mary.

»Meinst du, ich brauche eine Therapie?«, fragt er seine Schwester.

»Gott, ja! Jahre. Jahrzehnte. Dein ganzes Leben lang.«

»Haben die Therapien dir geholfen?«

»Immerhin habe ich es bis siebenundzwanzig geschafft, oder? Ohne hätte ich mich vielleicht schon viel früher ausgeklinkt.«

»War die zusätzliche Zeit es wert? Die Schmerzen wert, die du durchgemacht hast? Ça valait la peine?«

Sie antwortet nicht auf seine Frage, sondern sagt: »Hör zu, Jones, ich weiß, dass du nach meinen drei Selbstmordversuchen das Gefühl hattest: ›Jetzt mach endlich, oder gib das Bad frei.‹«

»Was?«

»Du wolltest, dass ich mich endlich ausknipse, damit du dir keine Gedanken mehr darüber machen musst, wann ich es endlich schaffen würde.«

»Red keinen Scheiß.«

»Es ist eine menschliche Reaktion, Jones, und ich kann dir nicht vorwerfen, dass du ein Mensch bist. Ich kann dir auch nicht vorwerfen, dass du wütend warst, als ich es nicht hingekriegt habe und *du* den Stecker ziehen musstest.«

»Ja, ich war wütend, aber nicht auf dich.«

»Jedenfalls hat es zum Schluss ja geklappt. Und dank der Hungerkur habe ich so viel abgenommen, dass ich jetzt in eine winzige Brotdose passe.«

Er sieht von der Dose hoch und die Straße hinunter.

»Hoffst du etwa, dass der gute Pal dich suchen kommt? Er hat keine Ahnung, wo du bist, und abgesehen davon ist es ihm egal. Er hat ja jetzt eine neue Familie. Für ihn ist alles *pal*etti.«

»Seine Stiefkinder wirken jedenfalls nicht halb so verkorkst wie wir«, gibt Eli zu.

»Tja. Das liegt wahrscheinlich daran, dass er sie nicht in die Finger gekriegt hat.«

Die Ansprachen haben angefangen, als Eli zurückkommt. Die Veranda dient nun als Podium, auf dem Gäste den anderen Gästen, die an ihren Tischen sitzen oder in Grüppchen im Garten herumstehen, Geschichten über die Neuvermählten erzählen können. Eine Hängematte hängt zwischen zwei Bäumen in der Nähe des Schuppens. Der Junge mit der Fliege liegt darin, liest ein Buch und erinnert Eli an ihn selbst im Alter von zehn Jahren. Mary und Pal sitzen auf Gartenstühlen, die dicht nebeneinander vor die Veranda gestellt wurden, und sehen zu Susan hoch, die am Geländer steht. Marys Tochter erzählt von einem Abend, an dem sie und ihr Mann sich mit Mary und Pal in einem thailändischen Restaurant zum Essen verabredet hatten. »Durch irgendein Wunder haben diese beiden Turteltauben es hinbekommen, die ganze Zeit mit Stäbchen zu essen und gleichzeitig Händchen zu halten. Mir blieb nichts anderes übrig, als mit ihnen zu schimpfen: ›He, ihr zwei, lasst den Scheiß. Ihr rückt Tony und mich in ein schlechtes Licht.‹ Und später, als ich nach vorn ging, um zu bezahlen, sagte die Kellnerin: ›Es ist so schön, Eltern zu sehen, die immer noch so verliebt sind.‹ Ihre eigenen Eltern, erzählte sie mir, könnten sich nicht einmal im selben Zimmer aufhalten, ohne sich gegenseitig die Augen auszukratzen. Und ich sagte: ›Da muss ich Sie leider enttäuschen, die zwei halbwüchsigen Turteltauben kennen sich kaum. Ihre erste Verabredung ist grade mal drei Wochen her.‹«

Alle lachen, einschließlich Braut und Bräutigam.

Susan watschelt die Stufen hinunter auf den Rasen, und Reverend Rick, der auf der Veranda steht und den Conférencier gibt, ruft: »Wer jetzt? Immer nur her mit Ihnen. Seien Sie nicht so schüchtern.«

Eine Frau mit einem winzigen Federhut, der schief auf ihrem Kopf sitzt, will gerade von ihrem Tisch aufstehen, als ein anderer Gast die Verandastufen hochsprintet.

»Mein Neffe Eli«, sagt Reverend Rick. »Pals Sohn. Hallo, Eli. Ich freue mich, dass du es geschafft hast. Besser spät als nie.«

Er klopft Eli auf die Schulter und schiebt ihn ans Verandageländer. Dummerweise gibt es kein Mikrofon, denn dann könnte Eli so tun, als handele es sich um eine Lesung. Er stellt die schwarze Dose aufs Geländer, damit Abi alles sehen kann. Wenn Eli Pal direkt ansehen würde, würde er einen Rückzieher machen, deshalb konzentriert er sich auf den Garten voller Fremder. Alles mit Medikamenten zugedröhnte Insassen des Douglas, redet er sich selbst ein.

»Ich muss Ihnen eine Geschichte aus meiner Kindheit erzählen«, fängt er an. »Sie ist eine Art Märchen. Ich nenne es ›Der Fuchs und der Waggon‹.«

Der Fotograf auf dem Rasen macht ein Foto von ihm. Eli hält inne, wirft einen Blick auf die Brotdose und schöpft aus ihr Mut.

»Vas-y«, sagt Abi. »Mach sie fertig.«

»Meine Schwester Abi war die eigentliche Geschichtenerzählerin der Familie Jones, und ich wünschte, sie wäre hier, um Ihnen die Geschichte selbst zu erzählen, aber sie ist vor vier Jahren gestorben.«

Eli schluckt schwer und fährt fort: »Ich bin an ihrer Stelle hier. Ich bin hier, um Ihnen ein bisschen etwas über Pal zu erzählen, über die Art Vater, die er für mich und Abi war.«

Die Gesichter sehen begeistert aus. Mary klatscht und gibt einen kleinen Quietscher von sich, und als Eli zu ihr hinsieht, erhascht er auch einen Blick auf seinen Vater und sein starres Lächeln.

»Die Geschichte ereignete sich an meinem zwölften Geburtstag, einem sechzehnten Juli, als wir noch in Middlesex

County in Massachusetts lebten.« Ohne seinen Vater anzusehen fügt er hinzu: »Wenn du nachdenkst, Pal, erinnerst du dich vielleicht auch an diesen Tag.«

Er legt die Hände auf das Geländer wie ein Priester auf der Kanzel. Reverend Eli. »Damals wohnten wir in einem Haus, das meine Schwester und ich den ›Waggon‹ nannten, einem langen rechteckigen Anbau an der Rückseite einer alten, maroden Villa. Neben dem Waggon gab es eine große Wiese voller Unkraut und hoher Gräser, und Abi und ich lagen oft auf dieser Wiese und lasen. Wir waren beide Leseratten. Bücher waren unsere besten Freunde. Wir hatten die Bücher, und wir hatten einander.

Jedenfalls nehme ich an meinem Geburtstag die Abkürzung über die Wiese neben dem Waggon, nachdem ich den ganzen Vormittag in dem Laden geholfen habe, in dem meine Mutter arbeitet. Ich bahne mir meinen Weg durch das hohe Gras und stoße auf einen Fuchs, der auf dem großen, zusammengeklappten Pappkarton liegt, auf dem Abi immer ihre Bücher liest.

Meine Schwester behauptet immer, eine Superkraft zu besitzen, nämlich dass sie sich, wann immer sie aus welchem Grund auch immer ihren Körper hinter sich lassen will – aus Langeweile, weil sie Schmerzen oder Angst hat oder krank ist – in einen Hund oder eine Katze, eine Rennmaus, eine Kuh, ein Pferd, egal in welches Tier, hineinversetzen kann. Sie kann diese Tiere *bewohnen*.

Ich bin inzwischen zwölf Jahre alt, zu alt, um Fantasiegeschichten über das Bewohnen von Tieren zu glauben, glaube aber trotzdem immer noch alles, was meine Schwester sagt. Ich stehe da, ohne ein Geräusch zu verursachen, und beobachte einfach nur diesen Fuchs, und nach einer Weile flüstere ich: ›Abi, bist du das?‹ Und der Fuchs öffnet seine orangebraunen Augen, steht auf, sträubt sein rostrotes Fell und sieht mich fragend an. ›Was machst du in diesem Fuchs?‹, frage ich, und der Fuchs antwortet mit Abis Stimme: ›Ich bin aus mir selbst geflohen, Jones.‹ Ich schwöre, genau das höre ich. Dann läuft der Fuchs davon, läuft mit Gazellensprüngen über die Wiese, und auch ich laufe los, laufe zum Waggon.«

Das Publikum hat sich in Androiden verwandelt. Eli kann keine Gesichter mehr sehen, sondern nur noch leere Flächen. Selbst Mary ist nur eine leere Fläche. Pal dagegen nicht. Sein Mund steht offen, er sieht aus, als hätte er einen Schlag in den Magen abbekommen.

»Seitlich am Waggon gibt es eine Tür, die direkt in Abis Zimmer führt, und ich reiße sie auf, um ihr zu erzählen, dass ich sie in einem wunderschönen Fuchs gesehen habe. Meine Schwester liegt im Bett, eine Dornröschengestalt unter den Decken, und neben ihr auf dem Bett sitzt mein Vater.«

Pal klappt den Mund zu.

»Es ist komisch, dass Pal hier ist, er sollte in dem Eisenwarengeschäft sein, in dem er arbeitet. Er steht auf und kommt, einen Finger auf die Lippen gelegt, auf mich zu. ›Pst, Junge, sei leise‹, flüstert er. ›Deiner Schwester geht es nicht gut. Sie hat sich irgendwas eingefangen, deshalb bin ich heute zu Hause geblieben. Ich habe ihr was vorgelesen, aber sie ist eingedöst.‹

Er hat ein Buch in der Hand, ein Kinderbuch, das er jetzt hochhält. Wissen Sie, welches Buch es war?«

Hier sieht Eli seinen Vater an. »Pal, erinnerst du dich? Ich weiß, es ist lange her, aber vielleicht erinnerst du dich, was du in diesem Zimmer gemacht hast, welches Buch du deiner kranken Tochter vorgelesen hast, nachdem du sie ins Bett gebracht hattest?«

Pal schüttelt den Kopf, kann Eli aber nicht ansehen, sondern starrt die Reihe der Tulpen an, die am Fuß der Veranda wachsen.

»Hat jemand eine Vermutung? Ich gebe Ihnen einen Hinweis. Das Buch war von Roald Dahl.«

Marys Tochter, die sich wieder in dem Adirondack-Stuhl niedergelassen hat, ruft: »*Der fantastische Mr. Fox.*«

»Susan kennt sich mit Kinderbüchern aus«, sagt Eli. »Sie hat Recht, das schwöre ich beim Grab meiner Schwester.« Er hebt die Hand und berührt die Brotdose. »Es war *Der fantastische Mr. Fox* von Roald Dahl.«

Ein »Ahhhh« aus dem Publikum. Zudem wird hier und da geklatscht.

Während des Rests seiner Geschichte sieht Eli ausschließlich seinen Vater an, oder vielmehr sein Barett, da Pal sich weigert, den Kopf zu heben und nur die Reihe der Tulpen anstarrt, während Mary seine Hand umfasst hält.

»Und Pal und ich gehen gemeinsam auf die Wiese, und ich zeige ihm, wo ich den echten Fuchs gesehen habe, und wir setzen uns, beide erstaunt, auf die kleine Insel aus Pappe inmitten dieses Meers aus Gras, und er liest mir Roald Dahl vor, und obwohl ich, wie Abi, zu alt für das Buch bin, fühlt es sich an wie das schönste Geburtstagsgeschenk, das ich je bekommen habe – mein Vater, der mir die Geschichte des schwanzlosen Mr. Fox vorliest.«

Eli hebt die Brotdose vom Geländer.

»Das ist die Szene aus meiner Kindheit, die sich am tiefsten in mein Gedächtnis eingebrannt hat. Ich werde sie nie vergessen. *Nie*.«

Das zweite »Nie« klingt wild, zornig.

»Jedenfalls wollte ich Ihnen vom ›Fuchs und dem Waggon‹ erzählen, und davon, was Pal so alles mit seinen Kindern gemacht hat.«

Eli und seine Brotdose sitzen auf dem Bordstein vor Mary Johnsons terrassiertem Haus. Er ist nicht geblieben, um sich den Rest der Ansprachen anzuhören, aber er bekommt Fetzen mit, auch wenn die Stimmen zu weit entfernt sind, um Worte ausmachen zu können. Er hört auch das Geräusch eines Kindes, das irgendwo in der Nähe Körbe wirft.

Vor dem Haus fährt ein Taxi vor, und ein alter Mann mit Strohhut, Hosenträgern und Gehhilfe schlurft über die Auffahrt darauf zu. Der Taxifahrer verstaut die Gehhilfe im Kofferraum und hilft dem Mann auf den Rücksitz. Ehe das Fahrzeug wegfährt, dreht der alte Mann sich um und gibt Eli das Daumen-hoch-Zeichen, als hätte er etwas Gutes getan.

»Hat meine Geschichte dir gefallen, Jones?«

»Comme ci, comme ça«, sagt Abi. Du hast ihn nicht fertig gemacht.«

»Er hat sich aber in die Hose gemacht.«

Kurz darauf gehen die Geräusche aus dem Garten in Gemurmel über. Die Ansprachen müssen vorbei sein. Eli wartet, ohne zu wissen worauf. Etwas später fährt der Wagen eines Scherenschleifers, JACKIE MESSER, langsam durch die Straße. Jackie lässt seine Klingel ertönen, aber niemand kommt mit Messern oder Scheren aus den Häusern gelaufen. Doch Pal kommt in seinen glänzenden schwarzen Lederschuhen über die Zufahrt geklappert und setzt sich ein paar Schritte von Eli entfernt auf den Bordstein. Die Brotdose steht zwischen ihnen. An Pals linkem Ärmel befindet sich ein goldener Streifen auf dunkelgrünem Stoff – sein Verwundetenabzeichen. Am liebsten würde Eli den Fetzen abreißen und an sein eigenes T-Shirt heften, schließlich ist auch er verwundet worden.

Zuerst sagt keiner von ihnen etwas; sie beobachten eine schwarze Katze im Garten gegenüber, die ein schwarzes Eichhörnchen einen Baum hochjagt. Das Eichhörnchen sitzt auf einem Ast und keckert hysterisch, während die Katze auf dem Rasen unter dem Baum nach oben sieht und versucht, das Eichhörnchen mit dem unverwandten Blick ihrer gelben Augen zu hypnotisieren.

»Danke für deine Geschichte«, sagt Pal schließlich.

»Sie war mein Hochzeitsgeschenk an dich. Ich habe den Schluss in ein Happy End umgeändert.«

»Ja, danke.«

Jackie kommt immer noch klingelnd in der entgegengesetzten Richtung die Straße entlang, aber immer noch ist niemand interessiert.

»Den Schluss einer anderen Geschichte habe ich auch umgeändert«, gesteht Eli. »Den einer Geschichte, die ich dir vor ein paar Jahren erzählt habe. Die über Falschgeld und mich. Ich *habe* ihn in einer Bar getroffen und bin mit ihm nach Hause gegangen, weil ich dachte, wenn ich mit ihm schlafe, hört er auf, Abi Drogen zu geben. Es sollte eine Art Tauschgeschäft sein, und wahrscheinlich wollte ich auch wissen, wie es sich anfühlen würde. Ich hatte das Gefühl, es wissen zu müssen. Wenn ich es wüsste, würde ich es vielleicht besser verstehen.«

Pal schluckt, sein großer Adamsapfel hüpft auf und ab.

»Aber als er sich ausgezogen hatte, wollte ich es nicht mehr wissen. Ich habe einen Rückzieher gemacht und bin abgehauen und nach Hause gerannt. Und habe dich angerufen, als wärst du mein Retter oder so was.«

»Ich weiß«, sagt Pal. »Ich habe es aus Bill rausgeholt.«

»Ist er immer noch verschwunden?«

»Ja«, sagt Pal. »Und er wird nicht gefunden werden.«

Der Ingrimm in der Stimme seines Vaters lässt Eli vermuten, was er da andeutet. Sein Magen macht einen Salto.

»Oh Gott, was hast du gemacht?«

»Nichts, was du wissen müsstest.«

Der Junge sucht Blickkontakt zu seinem Vater, aber der starrt die Katze und das Eichhörnchen an.

»Mein Gott, Pal ... du hast doch nicht?«

Den Blick immer noch geradeaus gerichtet, sagt Pal: »Es musste erledigt werden.«

Wie kommt es, dass jedes Mal, wenn Eli ernsthaft mit diesem Kerl reden will, irgendjemand abgemurkst wird? Testet Pal ihn, um zu sehen, wie viele Geheimnisse er für sich behalten kann?

»Mr Jones und du«, sagt Abi, »erzählen sich gegenseitig Märchen.«

Sie könnte Recht haben. Diese Brudermordgeschichte könnte reine Erfindung sein. Vielleicht will sich Pal das Verschwinden seines Dealer-Bruders einfach nur aus irgendwelchen perversen Gründen als Verdienst anrechnen. Elis Geschichte über die sexuelle Begegnung mit ihm war gelogen, jetzt lügt Pal ihm etwas von seiner Ermordung vor.

»Er will dir einfach nur Angst machen, damit du die Klappe hältst«, sagt Abi. »Und dir zu verstehen geben, dass du auch verschwinden könntest, wenn du redest.«

Pal merkt, dass Eli wie gebannt auf die Brotdose starrt. »Was hast du in dem Ding?«, fragt er beiläufig, wie jemand, der nicht gerade einen Mord gestanden hat. »Dein Mittagessen?«

»Äh, nein – deine Tochter.«

Pal beäugt die Dose argwöhnisch.

»Ihre Asche. Du weißt doch, dass Joy sie mir geschickt hat.«

Pal nickt.

Eli vermutet, dass Joy nicht wollte, dass Abis Asche ihr Zuhause verunreinigt. Zum Glück hat sie sie nicht einfach weggeworfen wie die Fotoalben aus Cook County, Salt Lake City und den anderen Orten.

»Willst du sie mal halten?«, fragt Eli.

Pal schüttelt den Kopf.

»Gut. Ich hätte dich sowieso nicht gelassen.«

Pal geht nicht darauf ein, Eli langzuckt, dann sitzen Vater und Sohn eine Weile schweigend da. Auf der anderen Straßenseite hievt ein Nachbar Lebensmitteleinkäufe aus seinem Kofferraum. Ein Grundstück weiter schlagen zwei Brüder mit ausgeleierten Badmintonschlägern einen Federball hin und her. Auf der Straße saust ein Teenager mit neonpinken Schnürsenkeln auf einem Skateboard vorbei. Irgendwo weiter weg fängt ein Rasenmäher an zu dröhnen.

Schließlich holt Eli tief Luft und stößt sie langsam wieder aus. »Für mein Schweigen«, sagt er, »will ich etwas von dir.«

Ein argwöhnischer Blick Pals, als würde Eli Schweigegeld verlangen. »Ich will, dass du mich nie wieder kontaktierst. Dass das mit uns ein für alle Mal vorbei ist. Okay?«

Auch Pal holt tief Luft und stößt sie wieder aus. Sieht zum Himmel auf, einer endlosen, schiefergrauen Fläche, und dann seinem Sohn in die Augen. »Okay«, sagt er mit ausdruckslosem Gesicht, als hätte sein Sohn nur gefragt, ob er sich das Auto ausleihen kann, und er hätte ja gesagt.

Mary kommt mit zwei Tellern mit Hochzeitskuchen und Gabeln aus dem Haus. »Jungs«, ruft sie, während sie über die Zufahrt stakst. »Ich will euch nicht stören, aber vielleicht habt ihr ja Lust auf etwas Süßes?« Sie tritt zu ihnen und reicht ihnen die Teller. Der Kuchen passt zu ihrem Kleid – aquamarinblaue Glasur verziert mit gelben Blumen aus Zucker.

»Danke, mein Liebes«, sagt Pal.

Mary strahlt ihn an, Pal strahlt zurück.

Hat er Joy je angestrahlt? Ihre Hand gehalten? Sie ›mein Liebes‹ genannt? Wahrscheinlich schon, aber Eli hat kein Bild vor Augen.

»Mich hat er angestrahlt«, sagt Abi. »Und meine Hand gehalten und mich ›mein Liebes‹ genannt.«

Mary geht über die Zufahrt zurück, und Vater und Sohn essen ihren Kuchen. Eli findet, dass er nach nichts schmeckt. Als er fertig ist, stellt er den Teller auf den Rasen und steht auf. Er spielt mit dem Gedanken zu sagen, dass das, was Bill Pal angetan hat, egal was es war, nicht entschuldigt, was Pal Abi angetan hat. Aber er sagt nur: »Ich gehe jetzt.«

Pal steht ebenfalls auf. Er sieht erleichtert aus, fast dankbar. »Tschüss, Junge«, sagt er. »Ich wünsche dir ein gutes Leben, okay?«

Angesichts der Uniform seines Vaters erwartet Eli halb, dass er salutiert, aber Pal hält ihm die Hand hin. Eli nimmt sie, und Pal drückt fest zu, zementiert ihre Abmachung, und lässt seinen Sohn dann los. Eli hebt die Brotdose auf und geht, ohne sich noch einmal umzusehen, die Straße entlang. Sein Vater hat ihn weggehen lassen, ohne Einwände zu erheben, und er rechnet damit, dass er, sobald er um die Ecke gebogen ist und Pal ihn nicht mehr sehen kann, zusammenbricht und zu weinen anfängt, aber das tut er nicht. Jetzt sind alle weg, denkt er. Abi, Joy, Pal, Bill – sie alle sind aus Jones-Town entkommen, sie alle, nur er nicht.

»Deine Rache«, sagt Abi zum Beweis, dass sie keineswegs weg ist, »war nicht besonders rachelastig. Du hast Pal den Pelz zwar gewaschen, aber ohne ihn nass zu machen.«

Eli bleibt stehen, langzuckt, hat ein bisschen Mühe beim Atmen.

Abi hat Recht. Und jetzt? Er lässt sich alles noch einmal durch den Kopf gehen, während er um den Block spaziert, vorbei an einem Rasen, der gesprengt, einer Hecke, die geschnitten, einer Garagentür, die neu gestrichen, einem Kabrio, das gewaschen wird. Wieder landet er vor Pals Haus und bleibt stehen. Es jetzt in Brand zu stecken würde absolut nichts bringen.

In der Ferne ist erneut die Klingel des Scherenschleifers zu hören. »Vielleicht hat Jackie ja ein paar Messer, die er dir verkaufen würde«, sagt Abi. »Dann könntest du bis an die Zähne bewaffnet zur Hochzeit zurückgehen.«

Er setzt seinen Weg fort, geht dahin zurück, wo Mary

Johnson lebt, seitlich am Haus vorbei, vorbei an den Blumenbeeten, die Brotdose mit einem Gefühl der Sinnhaftigkeit vor und zurück schlenkernd wie ein eifriger Drittklässler, der sich auf das neue Schuljahr freut. Als er den Garten erneut betritt, kommt Mary gerade mit einem Tablett mit schokoladeüberzogenen Erdbeeren die Verandastufen herunter. »Da bist du ja wieder«, ruft sie erfreut. »Pal hat gesagt, du musstest wegen deiner Arbeit dringend nach Hause.«

Er beachtet sie nicht, sondern marschiert, sich um Gästegrüppchen herumschlängelnd, über den Rasen. Einige der Gäste lächeln oder nicken ihm freundlich zu, wahrscheinlich wegen der herzerwärmenden Märchengeschichte, die er ihnen erzählt hat. Sein Herz aber ist nicht warm, schon seit Kronleuchtern fühlt es sich an, als sei es stehengeblieben, und dennoch fahren seine Augen fort zu sehen, seine Lungen zu atmen, seine Arme und Beine, sich zu bewegen.

Pal steht mit dem Rücken zu Eli in der Nähe des Schuppens, zusammen mit Susan Johnson, Reverend Rick und der Frau mit dem winzigen Hut, die unaufhörlich plappert. »Ich bin Krebs«, sagt sie, »mein erster Mann war auch Krebs, wir waren also sozusagen doppel krebsartig. Wundert es da jemanden, dass die Ehe innerhalb eines Jahres den Löffel abgegeben –«

»Pal«, unterbricht Eli.

Sein Vater dreht sich um. Eli holt aus. Die Brotdose knallt Pal mitten ins Gesicht. Sein Kopf schnellt zurück, das Barett fliegt zu Boden, die Dose klappt auf und die Tüte mit der Asche fällt heraus. Die Krebs-Lady kreischt. Pal taumelt nach hinten, gegen Reverend Rick, der versucht, ihn zu halten, aber er entgleitet ihm und landet auf seinem schrapnell-durchsiebten Hintern im Gras. Blinzelnd und mit tränenden Augen hebt er die Hand an die Wange, die sich bereits dunkelrot verfärbt.

Alle verstummen und starren Eli an, dessen Herz so schnell schlägt wie das eines Eichhörnchens. »Das war Abis Geschenk an dich«, sagt Eli zu seinem Vater.

Pal schüttelt den Kopf, wie um ein paar gelockerte Schrauben zurechtzurücken, und rappelt sich dann hoch, bereit, sich auf seinen Sohn zu stürzen, ihn kaltzumachen, aber Reverend Rick hält ihn zurück. Pal sieht fuchsteufelswild aus, seine Augen sind Douglas-verrückt, die Augen eines echten Wahnsinnigen. »Lass mich in Ruhe!«, brüllt er seinen Sohn an. »Verschwinde aus meinem Leben!« An dieser Stelle deutet er in Richtung Straße. »Verschwinde und lass dich nie wieder blicken!«

Die Tüte mit der Asche liegt vor Susan auf dem Rasen. Sie ist ganz geblieben, das dicke Plastikmaterial hat verhindert, dass sie geplatzt ist. Eli hebt sie auf, legt sie zurück in die Brotdose, schließt den Deckel. Susan, die Hände schützend um den schwangeren Bauch gelegt, weicht einen Schritt zurück, als fürchte sie, Eli könne sie als Nächstes attackieren. »Lass dir einen guten Rat geben«, sagt er zu ihr. »Lass diesen verdammten Kinderschänder bloß nicht in die Nähe deines kleinen Mädchens.«

Damit dreht er sich um und geht, den Kopf gesenkt, um die Blicke der anderen nicht zu sehen, aber er erhascht einen Blick auf Mary Johnson, deren Tablett während des ganzen Tohuwabohus in Schieflage geriet, sodass die schokoladenüberzogenen Erdbeeren auf den Rasen rutschten, wo sie herumliegen wie Hundekötel. Das Funkeln in ihren Augen ist verschwunden und hat einem finsteren, durchdringenden Blick Platz gemacht, den sie auf Eli abschießt, der ihren großen Tag nicht nur vermasselt, sondern ein für alle Mal versaut hat.

Kurz bevor Eli um die Hausseite herum verschwindet, macht der Hochzeitsfotograf noch ein Foto von ihm, als sei er ein flüchtender Verbrecher.

Wird Pal seinen Sohn umbringen? Nein, er wird seiner neuen Familie erzählen, dass er ein Fall für die Klapse ist, so wie auch seine Tochter ein Fall für die Klapse war, und sie werden ihm glauben. Aber sie werden sich auch fragen, wieso zum Teufel die beiden durchgeknallten Jones-Kinder derart missraten konnten. Aber was die Johnsons denken, soll nicht Elis Sorge sein. Er hat Wichtigeres zu tun, hat, wie die Franzosen sagen würden, andere Katzen, die ausgepeitscht werden müssen.

Zwei schreckliche Kinder gehen gemeinsam eine Straße in Scarborough entlang. »Bravo«, sagt das eine zum anderen. »Das war viel besser als ein Backstein in einem Weihnachtsstrumpf.«

Manhattan, New York

Belvedere Castle, dessen Aussichtsplattformen einen ausgezeichneten Blick über den Central Park bieten, erhebt sich auf einem Felsen. Von da, wo Eli neben Junior und Alyssa am Ufer des Turtle Pond steht, kann er das Schloss sehen, dieses pseudo-mittelalterliche Bauwerk, dessen Teile sich allesamt, einschließlich der amerikanischen Flagge, die vom Turm weht, im Wasser des Teichs spiegeln.

»Dieses Schloss ist ein sogenanntes »Folly«, sagt Alyssa, die aussieht wie jemand, der sich über den eigenen inneren Monolog amüsiert. »Also eine ›Narretei‹, ein absolut sinnfreies Gebilde. Jedenfalls sind damit kunstvolle Bauwerke gemeint, die keinem wirklichen Zweck dienen und einfach nur schön aussehen sollen. Von daher ist es vielleicht närrisch, sie auch nur zu bauen.«

»Vielleicht ist das, was ich tue, auch närrisch«, sagt Eli.

»Das ist es nicht«, widerspricht Junior. »Es ist wunderschön.« Er trägt immer noch die Schildpattbrille, was sehr passend ist, da sie am Turtle Pond mit seinen Schildkröten eine Mission zu erfüllen haben.

Eli beobachtet, wie das Schloss sich im grünen Wasser kräuselt, als ein Ententrio vorbeischwimmt. Die Kolben des Schilfs am Ufer sehen aus wie Würstchen im Maisteigmantel. Als er seinem Freund und seiner Freundin von seinem Vorhaben erzählt hat, Abis Asche überall in Manhattan zu verstreuen, schlug Alyssa vor, als Erstes hierher zu kommen. Sie war eine Woche vorher hier gewesen, um für ein Kinderbuch, *Schildkrötensuppe*, das sie gerade illustriert, Skizzen von Dosenschildkröten zu machen.

Als die drei etwas näher an das betonierte Ufer des künstlich angelegten Teichs herangehen, kommen ein halbes Dutzend Schildkröten auf sie zu, paddeln gemächlich durch das suppendicke Wasser. Ihre Panzer sind so groß wie Dessertschalen. Ein leuchtend orange-roter Streifen verläuft von jedem ihrer Augen zum Halsansatz, als weinten sie feurige Tränen.

»Sie denken, wir wollen sie füttern«, sagt Junior, als die Schildkröten ihnen die Hälse entgegenrecken.

Eli bückt sich, stellt die schwarze Brotdose ins Gras, öffnet die Schließen und nimmt den Deckel ab. Am Abend hat er die Asche aus dem ursprünglichen Plastikbeutel in einen großen Zipperbeutel umgefüllt, den er jetzt öffnet. Er greift hinein. Die Asche fühlt sich ein bisschen grobkörnig an, wie Maismehl. Er holt eine kleine Handvoll hervor und sieht sich um. Ein paar Meter weiter hat eine junge Mutter einen Buggy näher ans Wasser geschoben, damit ihr kleines Mädchen die Schildkröten besser sehen kann.

»Verstoße ich gegen irgendein Gesetz?«, fragt Eli seinen Freund.

»Wen interessiert das schon?«, antwortet Junior.

»Sollte es nicht gerade dich interessieren? Schließlich bist du Anwalt.«

»Für Familienrecht. Und ich rate dir, das hier um deiner Familie willen zu tun.«

»Und ich rate dir, es um *deinetwillen* zu tun«, sagt Alyssa.

Eli fängt an, die Asche am Rand des Teichs zu verstreuen. Einige Partikel schwimmen, andere gehen unter. Schildkröten schnappen sich Stückchen von Abi. Einige spucken sie wieder aus, andere schlucken sie. Den Rest der Handvoll Asche schleudert Eli weiter weg in den Teich, was weitere Schildkröten und eine Stockente anlockt, die Abi bewohnen kann.

Junior legt Eli die Hand auf die Schulter. »Wir sehen uns, Schwester«, sagt er.

»Ruhe in Frieden«, sagt Alyssa.

»Unruhe in Frieden«, sagt Eli.

»Ha!«, macht Abi.

Die Wohnung in Hell's Kitchen ähnelt der, die die Geschwister sich erträumten. Sie liegt in einem fünfstöckigen Gebäude in der West Forty-eigth Street, über dessen Fassade sich eine Feuertreppe aus Metall zieht. Der Bürgersteig davor schimmert fettig, als hätte jemand ihn mit Öl eingesprüht. Als Eli mit seinem Koffer darauf zugeht, sieht er drei Ratten, die um die davorstehenden Mülltonnen herumhuschen. Entfernte Verwandte von Barney und Bernice, denkt er.

Im Gebäude riecht es nach gekochtem Reis, die Beleuchtung gehört zu der fluoreszierenden Sorte, die blasse Gesichter wie das von Eli noch blasser aussehen lässt. Im vierten Stock steckt er den Schlüssel in die Tür und betritt einen schmalen, vollgestellten Flur, der direkt in eine Küche mit einer freigelegten Backsteinwand führt, an der ein Metallgestell mit eingebeulten Töpfen und Pfannen hängt. Dutzende Gläser mit Kräutern und Gewürzen stehen auf dem Küchentisch, als würde niemand ihn je benutzen, um daran zu essen. Ein kleines Fenster, das auf einen Lichtschacht hinausführt, beherbergt eine Klimaanlage.

Eine hölzerne Schiebetür mit Milchglasscheibe trennt die Küche vom Wohnzimmer, in dem sich überall Bücher stapeln. Es gibt einen Kamin, der aber nicht funktioniert, auch in ihm sind aufgestapelte Bücher untergebracht. Auf dem Kaminsims stehen Tierfiguren aus Plastik – ein Gürteltier, ein Känguru, ein Nilpferd, ein Panda, eine Giraffe. Bedauerlicherweise kein Fuchs, und Eli ärgert sich über sich selbst, weil er Nannys kleinen Red-Rose-Keramikfuchs nicht mitgebracht hat. Er öffnet den Reißverschluss seines Koffers, holt die Brotdose hervor und stellt sie zu dem Zoo auf den Kaminsims.

Nachdem er zwei Tage auf Juniors und Alyssas Couch geschlafen hat, haben sie ihm diese Wohnung angeboten. »Nicht um dich loszuwerden, Bruder«, sagte Junior. »Aber vielleicht wärst du lieber richtig mitten in Manhattan, da das Abis Traum war.«

Die Wohnung gehört Alyssas Freundin Kate, die den Sommer über in der Türkei unterrichtet und Alyssa gesagt hat, sie könne die Wohnung nötigenfalls benutzen. »Jetzt ist nötigenfalls«, meinte Alyssa.

Diese Kate scheint eine Sammlerin zu sein, denkt Eli, als er die Wohnung erkundet. Im Schlafzimmer sitzen drei fadenscheinige Teddys nebeneinander auf dem Doppelbett. Im Badezimmer beherbergt der Rand der Wanne ein Dutzend Shampoo- und Conditionerflaschen, wie ein Regal in einer Drogerie. In der Küche quellen die Schränke über vor Aufbackschalen aus Aluminium, leeren Joghurtbechern, ausgewaschenen Erdnussbuttergläsern. Der begehbare Schrank im Flur platzt fast vor weiteren Büchern, Pappschachteln, dicken Aktenmappenstapeln, einer Hängeregistratur, einem Wust von Kleidungsstücken.

Abi hätte sich sofort in diese Wohnung verliebt. Eli geht zurück in die Küche, kramt in der Besteckschublade herum, findet einen Kaffeemesslöffel aus Edelstahl, geht damit zum Kaminsims und klappt die Brotdose auf. Er füllt den Messlöffel halb mit Asche und trägt ihn zu dem begehbaren Flurschrank, quetscht sich hinein und verstreut die Asche hinter der Hängeregistratur, wo mit ziemlicher Sicherheit nie ein Staubsauger hingelangen wird.

»Jetzt wirst auch du für immer hier sein«, sagt er.

Diese Wohnung in Hell's Kitchen ist der einzige Innenraum, in dem er die Asche seiner Schwester platziert. Alle anderen Orte sind im Freien. In den folgenden Tagen verstreut er Stückchen von Abi auf Unmengen von Bürgersteigen. Vor dem berühmten gegiebelten Dakota-Building in der Upper West Side, wo die Außenaufnahmen für *Rosemaries Baby* gefilmt wurden. Vor dem sechzehn Stockwerke hohen Backsteingebäude in der Park Avenue, in dem J. D. Salinger aufwuchs. Vor dem hohen, schmalen, mit Terrakotta-Ornamenten verzierten Decker Building, in dem Andy Warhol seine zweite Factory eröffnete. Vor dem Chelsea Hotel mit seinen schmiedeeisernen Balkonen, vor dem Guggenheim mit seiner Toilettenschüssel-Architektur. Vor einem bienenstockartigen Gebäude im West Village, Westbeth Artists Housing, wo Diane Arbus Selbstmord beging. Und vor der 57 Great Jones Street in NoHo, North of Houston Street, einem gedrungenen, zweistöckigen Gebäude mit halbmondförmigen Fenstern, wo Jean-Michel Basquiat an einer Überdosis Heroin starb.

Auf den Bürgersteigen vor dem Strand Bookstore, der Hafenbehörde, dem MOMA, dem CBGB, dem Flatiron Building. Und in Parks: dem Washington Square Park, dem Christopher Park, dem Riverside Park, dem Tompkins

Square Park. Sogar ein paar Schritte entfernt von einem Obdachlosen in Harlem, einem Jones, der auf einem zusammengedrückten Pappkarton sitzt und dessen Kleidung mit Jackson-Pollock-Farbklecksen übersät ist.

Ein bisschen Abi hier, ein bisschen Abi da. Er öffnet die schwarze Brotdose, steckt die Hand in den Zipperbeutel und verstreut die Asche, als verfütterte er Brotkrumen an Tauben. Niemand wirft ihm auch nur einen zweiten Blick zu: Das hier ist schließlich New York. Er hofft, dass die Seele seiner Schwester an Schuhsohlen haften bleibt und auf diese Weise durch die Stadt getragen wird und jeden Teil Manhattans bestäuben kann.

Im Black-and-White in SoHo hat er das Gefühl, in einen Cartoon aus dem *New Yorker* hineinspaziert zu sein. Alles ist weiß gestrichen und schwarz umrandet. Die kleinen viereckigen Tische, die Holzstühle, die Halbkugellampen, die von der Decke hängen. Der weiße Boden ist mit einem schwarzen Fischgrätmuster bemalt, an die weißen Wände wurden in Schwarz kunstvolle Bilderrahmen ohne Bilder darin gezeichnet. Auch Zeichnungen großer Topfpflanzen befinden sich an den Wänden. Eli wählt einen Tisch neben einem Philodendron, stellt seinen schwarz-weißen Rucksack auf den Tisch und sieht sich um. Alles hier wirkt zweidimensional.

Das Black-and-White wurde im Vorjahr eröffnet. Eli hat in einer Montrealer Zeitschrift davon gelesen und sich selbst das Versprechen gegeben, hierher zu kommen, sollte er es je nach Manhattan schaffen. Heute trägt er eine schwarze Jeans und die schwarzen Cowboystiefel. Außerdem ein langärmliges weißes T-Shirt mit schwarzen Querstreifen, ähnlich denen, die die Gondolieri tragen. Normalerweise mag er keine Streifen, er hat dieses T-Shirt extra für seinen Besuch hier gekauft.

Es ist halb elf Uhr an einem Dienstagmorgen und folglich nicht sehr voll. Die einzigen anderen Gäste sind drei Teenager, ebenfalls ganz in Schwarz und Weiß gekleidet. Alle haben schwarze Haare, was perfekt passt, während Elis strohblonde Haare seinem Gefühl nach wie ein kleiner Affront wiken.

Die Kellnerin trägt einen weißen Rock, der aussieht, als sei er aus Papierservietten gemacht. Außerdem mattweißen Lippenstift. Die Speisekarte, die sie ihm vorlegt, ist ein schwarzes Notizheft. Perfekt. Er bestellt weder einen rosafarbenen Erdbeershake noch einen orangefarbenen Karottenmuffin, sondern schlicht einen schwarzen Tee.

Es ist der sechzehnte Juli, Eli Jones' Geburtstag. Er ist jetzt dreißig Jahre alt und fragt sich, in welchem Alter er aufhören wird, sich wie ein Junge zu fühlen. Er schnallt seinen Rucksack auf, entnimmt ihm einen schwarzen Filzstift und ein türkisfarbenes Notizbuch, das wie ein Farbklecks wirkt, und legt es mitten auf den Tisch.

Er schlägt das Heft auf, das seine Schwester ihm vor Jahren geschickt hat. Zwischen Deckel und erster Seite steckt das letzte noch existierende Foto, in Schwarz-Weiß, das er von Abi als Kind hat: seine Schwester im Alter von sieben Jahren in ihrem Ballerinakleidchen.

»Wieso Türkis?«

»Weil es die Farbe des Schwimmbads in Verdun ist«, sagt sie. »Wir waren dort immer so glücklich. Ursprünglich wollte ich dir ein Dunkelrotes schicken, aber das hat zu sehr nach Traubensaft ausgesehen. Zu sehr nach Jones-Town.«

Die Kellnerin bringt seinen Tee in einem weißen, mit schwarzen Tropfen bemalten Becher, und dazu eine kleine schwarze Zuckerschale mit weißen Zuckerwürfeln. Er benutzt die Zuckerzange, um alle fünf Würfel in seinen Tee zu werfen.

Dann nimmt er den Zipperbeutel, der inzwischen fast leer

ist und höchstens vielleicht noch einen Teelöffel seiner Schwester enthält, aus dem Rucksack, macht den Beutel auf, kippt den Inhalt in seinen Tee und rührt die Flüssigkeit so energisch um, dass der Löffel klappert, hebt den Becher an seine Lippen und nimmt einen kleinen Schluck. Er schmeckt zahnschmerzsüß, doppelt-gefüllte-Pop-Tarts-süß. Er trinkt einen größeren Schluck. Bei fünf Zuckerwürfeln enthält der Tee achtzig Kalorien. Eli weiß nicht, ob Abis Asche noch ein paar weitere hinzufügt.

Zum Schluss holt er die Nikon aus dem Rucksack und legt sie auf den Tisch. Die kantige 35-mm-Kamera mit ihrem Zoom ist eine echte Schönheit. Eigentlich wollte er Schwarz-Weiß-Filme für die Fotos benutzen, die er aufnehmen will, aber seine Schwester will Farbe, also benutzt er Farbe.

Er sieht auf seine Uhr. Um Punkt elf betritt eine Frau das Black-and-White. Er weiß instinktiv, dass sie es ist, seine Geburtstagsverabredung zum Kaffee, und steht auf und winkt.

Sie muss Anfang sechzig sein, hat wilde Haare, die Ansätze schneeweiß, die Enden platinblond. Dicke, wellige Haare, die aussehen, als seien sie explodiert, aussehen, als seien sie eine Perücke, was sie aber nicht sind. Ihre Augenbrauen sind schwarz, ihre Lippen scharlachrot. Sie trägt einen Hut, aus dem in alle Richtungen orangefarbene Federn ragen. Ihr Kordelzugbeutel ist im selben Orange gehalten. Ihre Bluse, mit einem chinesischen Blumenmuster, ist aus lavendelfarbener Seide und reicht ihr bis zu den Hüften. Darunter trägt sie eine Blue Jeans, außerdem Cowboystiefel, abgestoßen und halb abgesäbelt.

Oh mein Gott, sie ist perfekt, denkt Eli.

»Sie ist Diane Arbus/Cindy Sherman-perfekt«, sagt Abi.

Als er die Frau anrief, nachdem er ihren Namen und ihre Nummer im Telefonbuch gefunden hatte, dachte er, sie würde einfach auflegen. Er war darauf vorbereitet, dass sie sagen würde, unter keinen Umständen werde sie sich mit einem fremden Mann in einem Café in SoHo treffen. War er verrückt? Er war hier schließlich in Manhattan – Spinner, Perverse, Leute, die einem irgendwas andrehen wollen, lauerten hinter jeder Ecke. Aber sie legte nicht auf. Sie hörte sich seine Geschichte an, die er, seiner Meinung nach völlig falsch, hervorsprudelte. Trotzdem willigte sie ein, ihn zu treffen und sich von ihm fotografieren zu lassen.

Es ist ein gottverdammt unglaubliches Wunder, denkt er jetzt. Ein perfekter Anfang für dieses neue gemeinsame Projekt, das er und seine Schwester sich vorgenommen haben.

Die Augen der Frau blinzeln ein bisschen, als trage sie normalerweise eine Brille, habe sie heute jedoch weggelassen. Sie tritt an seinen Tisch und hält ihm die Hand hin. »Sie müssen Eli Jones sein«, sagt sie.

Er nimmt ihre Hand. Sie ist warm, lebendig. Gibt ihm das Gefühl, selbst wärmer und lebendiger zu sein.

»Und Sie müssen Abigail Jones sein«, sagt er.

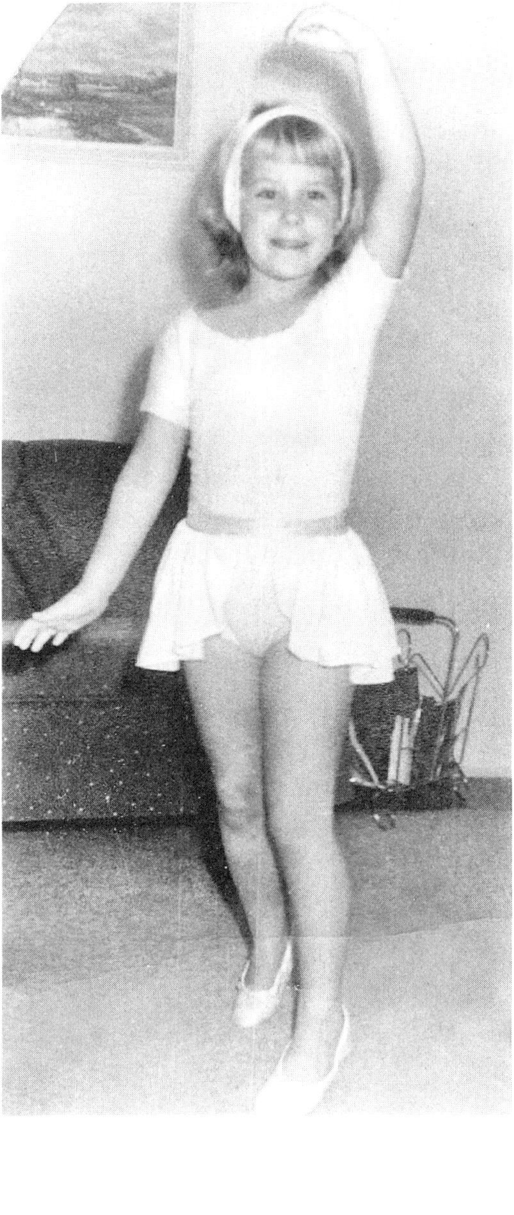

Dank

Danke, Pamela Murray. Danke, Dean Cooke und Ron Eckel. Danke, Tilman Lewis und Sue Sumeraj. Danke, Antoine Tanguay, Tania Massault und Catherine Leroux. Danke, Lori Saint-Martin und Paul Gagné. Danke, Jessica Grant und Ross Rogers.

La Belle Bête, der Roman, den Eli im Kapitel »Cook County« übersetzt, wurde verfasst von Marie-Claire Blais und ursprünglich 1959 vom Institut littéraire du Québec herausgebracht.

»Cherub«, die Kurzgeschichte, die Eli im Kapitel »Toronto« rezitiert, basiert auf »Spasm«, einem Stück, das ich für die Sammlung *I Never Talk About It* von Véronique Côté und Steve Gagnon übersetzte, veröffentlicht 2017 von QC Fiction, einem Imprint von Baraka Books. Die französische Originalausgabe des Buchs, *Chaque automne j'ai envie de mourir*, erschien 2012 bei Hamac.

C'est pas moi, je le jure!, der Roman, den Eli im Kapitel »Outremont« übersetzt, stammt von Bruno Hébert und erschien 1997 bei Boréal. Nur das erste Kapitel wurde ins Englische übersetzt, von mir selbst, und erschien 2014 als »It's Not Me, I Swear«, in der *Malahat Review*.

Über den Autor

Neil Smith lebt in Montreal, Kanada. Sein Debüt *Bang Crunch* wurde von der *Washington Post* zum Buch des Jahres gewählt. Sein Roman *Boo*, auf Deutsch 2017 erschienen, gewann den Paragraphe Hugh MacLennan Prize for Fiction und wurde in sieben Sprachen übersetzt. Smith arbeitet auch als Übersetzer vom Französischen ins Englische.

Über die Übersetzerin

Brigitte Walitzek, geboren 1952, lebt in Berlin. Seit 1986 ist sie Übersetzerin, u. a. von Margaret Atwood, Peter Behrens, Jane Bowles, Margaret Forster, Germaine Greer, Carson McCullers, Beverley Nichols, Jeanette Winterson und Virginia Woolf.